Ingelore Oomen-Welke /
Christoph von Rhöneck
(Hrsg.)

Schüler: Persönlichkeit und Lernverhalten

Methoden des Messens und Deutens
in der fachdidaktischen Unterrichtsforschung

gnv Gunter Narr Verlag Tübingen

CIP-Titelaufnahme der Deutschen Bibliothek

Schüler: Persönlichkeit und Lernverhalten : Methoden d. Messens u. Deutens in d. fachdidakt. Unterrichtsforschung / Ingelore Oomen-Welke ; Christoph von Rhöneck (Hrsg.) – Tübingen : Narr, 1988
(Tübinger Beiträge zur Linguistik ; 327)
ISBN 3–87808–414–5

NE: Oomen-Welke, Ingelore [Hrsg.]; GT

Erscheint gleichzeitig als Band 9 der Ludwigsburger Hochschulschriften

Gedruckt mit Unterstützung der Deutschen Forschungsgemeinschaft

Dischingerweg 5 · D-7400 Tübingen 5

Druck: Laupp & Göbel, Tübingen-Kilchberg
Printed in Germany

ISBN 3–87808–414–5

Schueller

Schüler:
Persönlichkeit und Lernverhalten

Tübinger Beiträge zur Linguistik

herausgegeben von Gunter Narr

327

Inhalt

Fachdidaktische Unterrichtsforschung an Beispielen

INGELORE OOMEN-WELKE / CHRISTOPH VON RHÖNECK / HEINER WILLENBERG

ZUR BESCHREIBUNG VON SCHÜLERPERSÖNLICHKEIT UND LERNVERHALTEN MIT EMPIRISCHEN UND INTERPRETATIVEN METHODEN DER SOZIALWISSENSCHAFTEN

Wenn Beobachter des Unterrichtsgeschehens ihr Augenmerk weniger auf die Unterrichtsplanung und die angebotenen Lernwege als auf das Verhalten der Schüler und deren Verstehenshypothesen richten, nehmen sie die Schüler in wichtigen Teilbereichen ihrer Persönlichkeit wahr. Lernen in der Schule ist nicht die technisch zu betrachtende Eingabe eines Lernstoffes durch die Lehrmittel und seine Reproduktion durch die Schüler, vielmehr ist es das Zusammenspiel von Sachverhalten der Welt, Zugangsweisen der Fachwissenschaften und Faktoren der Persönlichkeit der Lernenden. In diesem Feld bewegen sich die in diesem Band zusammengestellten Beiträge. Die Aussagen zu den Aspekten von Schülerpersönlichkeiten können recht unterschiedlich sein, die Perspektiven von Lehrern (Beispiel 1) und Fachdidaktikern mit je eigener Fragestellung (Beispiele 2 und 3) spielen auf jeweils verschiedenen Ebenen. Das wollen die folgenden Beispiele zeigen, die nur den Blick eröffnen, nicht schon Ergebnisse sein sollen.

1. Beispiele

1.1 Aus einer Lehrerbeurteilung:

(Vgl. näher in diesem Band den Beitrag von Oomen-Welke.)

"Oktober: Der Schüler Ali ist im Schuljahr 1984/85 als Wiederholer neu in die türkische Klasse 3 gekommen. Seine schriftlichen Leistungen im Deutschen sind katastrophal: er liest schwerfällig, schreibt kaum erkennbare Wörter und ist außerstande, einen kleinen deutschen Text zu verfassen. Bei der Überprüfung für die Sonderschule ist Ali als Grenzfall eingestuft worden. Eine Reihe von Persönlichkeitsmerkmalen, die stören, müssen genannt werden, zum Beispiel seine übertriebene Devotion und Servilität Lehrern gegenüber, eine anscheinend hinterhältige Destruktionslust, wenn er sich nicht beobachtet glaubt, ständiges Petzen, Spielverderben durch Verraten und ähnliches mehr. Im mündlichen Ausdruck ist Ali gewandter als andere Kinder der Klasse, obwohl er genau wie die anderen fast nur unter Türken lebt. Er zeigt sachunterrichtliches Interesse, allerdings instabil und nicht über längere Distanzen. Seine Arbeitshaltung ermangelt der Konzentration und des Durchhaltevermögens. Er geht oft Aufgaben mit großen Reden an, kann die Probleme dann aber nicht lösen und gibt auf.

April: Ali hat sich verändert, seitdem er sich in der Klasse anerkannt fühlt. Er kann sich nun eine Viertelstunde lang konzentrieren, bleibt länger an der Lösung anstehender Probleme, leistet mündlich oft gute Unterrichtsbeiträge, petzt nicht und ist kein Spielverderber mehr. Er liest besser und schreibt ausgeglichener. Schließlich ist er einer der wenigen Schüler der Klasse, die den Dativ benutzen können und Ansätze zum Erwerb des Genitivs zeigen, das Unterrichtsangebot also nutzen können. Trotzdem liegen seine schriftlichen Leistungen im Deutschen weiter bei höchstens ausreichend."

Die Lehrerin beobachtet Alis Veränderung in seinem Sozialverhalten und auch im sprachlichen Lernfortschritt. Es ist zu fragen, wie für ihn persönlich diese Veränderung möglich wurde, ob sein neues Verhalten ihm das Sprachlernen ermöglicht hat, ob seine Interaktion mit der Lehrerin und vielleicht sein neues Selbstbild dabei eine Rolle spielen usw. Lehrer beantworten solche Fragen aus ihrem Verständnis der Institution Schule und der Interaktion im Unterricht, aber sicherlich auch aus ihrem Bedürfnis nach Erfolg im beruflichen Handeln. Fragen dieser Art werden differenziert in der Unterrichtsforschung gestellt, Antworten werden beabsichtigt, sicher aber nicht vollständig gegeben. Schon die Fragestellung ist ein Prozeß des Bewußtwerdens.

1.2 Aus einem Forschungsbericht zur Erfassung von Interesse und Lernerfolg im Physikunterricht:

(Vgl. näher in diesem Band den Beitrag von v. Rhöneck/Grob.)

"Da wir in diesem Schulversuch hinter verschiedene Persönlichkeitskennwerte wie Interesse, Erfolgsmotivation oder die Entwicklung des formalen Denkens für die einzelnen Schüler blicken wollen, wenden wir statistische Verfahren wie die Analyse von Faktoren der Schülerpersönlichkeiten nicht nur auf die gesamte Population, sondern auch auf einzelne Schüler an. Die Ausprägung der Faktoren für bestimmte auffällige Schüler läßt sich mit den persönlichen Eindrücken aus dem Unterricht vergleichen.

Der Schüler Gam fällt durch die besten Ergebnisse im Test zum formalen Denken (Lawson-Test) sowie im Intelligenztest auf und muß auch als sehr leistungsmotiviert eingestuft werden. Er ist aber kein guter Lerner im Bereich der Elektrizitätslehre, da er nur mäßig interessiert ist und die neue Sichtweise der Physik nicht "an sich ranläßt", d. h. in den Übungs- und Leistungstests schlechte Ergebnisse zeigt. Am Unterrichtsgeschehen beteiligt er sich kaum. Außerdem ist er für die Entwicklung von (physikalisch nicht akzeptablen) Schülervorstellungen empfänglich, die sogar im Endtest noch gehäuft auftreten.

Der Schüler Del hingegen erscheint weder intelligent noch leistungsmotiviert. Er ist auch kein ausgesprochen formaler Denker. Diese Schwächen kann er jedoch mit seinem Interesse am Unterrichtgeschehen und mit seiner Offenheit gegenüber der physikalischen Sichtweise leicht ausgleichen. Er wird schnell zu einem der besten Schüler und dominiert im Unterricht. Bald sieht die Klasse in ihm den Experten für Elektrizitätslehre.

Eine andere Beobachtung zur Erfolgsmotiviertheit: Im Interessentest zur Physik aus dem IPN (s. Beitrag von E. Todt) wird unter anderem nach dem Berufswunsch der Schüler und auch nach einem Ausweichberuf mit der Formulierung "Wenn das nicht geht, was möchtest du dann werden?" gefragt. Eine kleine, unscheinbare Schülerin nennt als Berufsziel "Fotomodell" und beantwortet die Zusatzfrage mit: "Es wird schon klappen." Zum Erstaunen der Tester erreicht diese Schülerin beim Test zur Leistungsmotivation (s. den Beitrag von H. Schmalt) einen einsamen Spitzenwert bei der Erfolgsorientierung (NH1-Kennwert)."

Diese drei Schüler stehen als Beispiele dafür, wie Motivation, Interesse und Erfolgsorientiertheit nach Ansicht von Unterrichtsforschern generell den Unterricht beeinflussen. Deswegen halten sie es für wichtig, diese Faktoren, denen auch in diesem Band besondere Aufmerksamkeit gewidmet wird, zu messen, um sie genau zu kennen. In solchen Ansätzen geht es um die Vergleichbarkeit der Schüler und um die Aussagekraft der - vor allem quantitativen - Faktorenkorrelationen für erfolgreiches Lernen, das sich im naturwissenschaftlichen Unterricht vielfach nach (falschen) Schülervorstellungen und (richtigen) fachwissenschaftlichen Repräsentationen klassifizieren läßt.

1.3 Kommentierter Protokollausschnitt einer Videoaufzeichnung im Rahmen eines Forschungsvorhabens zum Verstehen von Literatur:

(Vgl. näher in diesem Band den Beitrag von Lange/Willenberg.)
Aus einer Unterrichtsstunde über den Rattenfänger von Hameln in einer siebenten Klasse der Realschule.[1] (Die Randziffern zählen jede selbständige Aussage im Unterricht. / bedeutet eine Sprechpause von ca. 1/2 Sekunde)

33 Chris: Warum mußte er Rache an den Kindern verüben? Der kann ja den Bürgermeister / den Bürgermeister und nicht die Kinder...

34 Zlatko: Ich würd in die nächstbeste Stadt laufen

35 L: Ich find das, was der Chris gesagt hat, gut. /// Ihr habt das ganz gut beschrieben, zwar geheimnisvoll, seltsam, aber auch gemütlich, wurde von der Nicole gesagt, auch der Axel hat das nochmal /

36 Niko: wiederholt

37 L: Richtig. Er hat also gesagt, dieser Rattenfänger muß ein ganz patenter Mensch gewesen sein. Chris, wiederhol nochmal die Fragestellung.

38 Chris: Warum mußten die Kinder dran glauben? (Gelächter)

39 L: Dazu hätt ich ganz gern eure Meinung gehört.

40 Schüler: Zu Chris, ich glaub, wenn es den Bürgermeister allein getroffen hätt', dann hätt's wahrscheinlich nicht so viel ausgemacht. Aber wenn der die Kinder von der ganzen Stadt nimmt, dann kommt von jeden Eltern (einer), kommen zum Bürgermeister (und fordern): "Was tun?" Das find ich ja viel ärger, als wenns nur der Bürgermeister wär.

41 L: Der Rattenfänger hat die bestraft, die nicht bezahlt haben.

42 Theo: Warum lockt der mit der Flöte die Ratten ins Wasser, das hätt er ganz anders machen können.

---

[1] Willenberg, 1987, S. 23

43 L.: Das ist jetzt 'n bißchen 'n technisches Problem, wie fange ich Ratten? Ich mein, der hat es gelernt mit der Flöte /// Nochmal die Frage, die der Chris aufgeworfen hat: warum rächt der Rattenfänger sich an den Kindern, die ja sowieso ///
44 Niko: unschuldig sind
45 L.: unschuldig und hilflos

Interpretation der Szene:

"In diesem kurzen Ausschnitt findet sich bereits eine Fülle beobachtbarer Fakten und Probleme für den Unterrichtsforscher. Greifen wir einige heraus und deuten sie:

a Die Steuerung des Lehrers verstärkt die Aussage eines Schülers (Chris:33) und stellt sie in den Mittelpunkt, weil darin nach seiner Meinung das Problem der Gerechtigkeit in einer verständlichen Frage angepeilt wird. Der Lehrer berichtete im Nachträglichen Lauten Denken (NLD), daß dies der Schwerpunkt seiner Sachanalyse gewesen sei. Die Ballade vom Rattenfänger habe für ihn drei Komponenten, nämlich die der mangelnden Gerechtigkeit etablierter Bürger gegenüber einem Fahrenden; dann einen historischen Hintergrund, der schwer zu klären sei, weil immer noch nicht feststehe, welches konkrete Ereignis, welche geschichtliche Konstellation damit gemeint seien; schließlich die Übertragung des Stoffes in moderne Bearbeitungen und Lieder (z. B. Fredrik Vahle und Konstantin Wecker).

b Die Rezeption der Schüler ist differenzierter: einige von ihnen sind durch die offenkundige Verletzung von Moral und Gewalt gegenüber Kindern betroffen, aber eben nur einige - in unserem Ausschnitt geht nur ein Mitschüler (Schüler:40) auf die durchaus kluge Fragestellung von Chris ein, obwohl Chris in der Klasse zu den Tonangebenden gehört. Was Theo (Theo:42) fragt, wehrt der Lehrer als technisches Problem ab (L.:43), weil es seinem Konzept zuwider läuft. Im nachträglichen Gespräch mit der Klasse über die Videoaufnahme (NLD) wurde deutlich, daß eine größere Schülergruppe an der Frage interessiert war, wie denn eine solch eklatante Verführung von Kindern (nicht nur von Ratten) eigentlich vor sich gehen könne. Wie erhält ein derartiger Mann eine solche Macht über Menschen? Was ist eigentlich das Paradies, von dem der einzig zurückgekehrte Junge berichtet?

c Einzelne Schüler haben in diesem Verstehensspiel recht unterschiedliche Rollen inne: Chris dominiert in der Klasse sonst eher durch körperliche Stärke als durch Deuten und Verstehen. In dieser Stunde kann er allerdings ein emotionales Motiv, die Benachteiligung Jugendlicher, in ein begrifflich geformtes Problem umsetzen und, vom Lehrer unterstützt, ein Stück der Diskussion bestimmen. - Niko fällt dadurch auf, daß er dem Lehrer zweimal einen Satz ergänzt (L.:35/37 und 43 und Niko:36 und 44). Man könnte geneigt sein, dies als Anzeichen starken Interesses zu deuten, das vorauseilend mitdachte. Später äußerte Niko (NLD), er habe damit den Lehrer nicht ärgern wollen, sondern der Fortgang des Satzes sei ihm einfach klar gewesen. Das Thema habe ihn sowieso nicht gereizt, weil es ihm so bekannt vorgekommen sei. In Niko entdecken wir vielleicht den Schülertyp, der den Lehrer vorwärts treiben möchte. Hier gelingt ihm dies nicht, zumal er sein Unbehagen nicht mit einem Themenvorschlag untermauern kann, wie er es bisweilen sonst macht."

Diese Unterrichtsreflexion setzt auf der Ebene der Interaktion ein und nimmt das Schülerinteresse an den Inhalten zum leitenden Gesichtspunkt, das der Lehrer stören oder lenken kann. Diese Perspektive kann mit berechtigten Interessen des Lehrers kollidieren, wie in b des Kommentars zu spüren ist. Das angewandte Verfahren, die - qualitative - Inhaltsanalyse, spielt ebenfalls in diesem Band und allgemein in der Unterrichtsforschung eine Rolle, ergänzt von quantitativen Verfahren.

2. Grenzen der Verhaltens- und Persönlichkeitsanalyse bei fachspezifischen Fragestellungen

2.1. Von der Fachdidaktik zur fachdidaktischen Unterrichtsforschung

Während der Begriff der Didaktik allgemein für Unterrichtslehre verwendet wird, spricht man seit den 60er Jahren - zunächst zögernd - auch von Fachdidaktik. Gemeint ist mit diesem neuen Begriff vor allem die Abwendung von der Fachpädagogik, nach der ein Schulfach aus primär pädagogischen Gründen und nicht um des Gegenstandsbereichs willen unterrichtet wurde und die mithilfe der Erziehungswissenschaft und der allgemeinen Didaktik den Schüler und seine vorweggenommenen Ziele spekulativ in den Mittelpunkt ihres Interesses rückte. Dies zeigte sich insbesondere an den Schulfächern, denen keine wissenschaftliche Disziplin entspricht (Heimatkunde, Gemeinschaftskunde). Es galt in besondere Maße für die volkstümliche, weniger für die höhere Bildung, und hing mit den einübungsorientierten Lehrplänen der Volksschule, aber auch mit der unterschiedlichen Lehrerbildung für diese Schularten zusammen.

Zwei neue Orientierungen ergeben sich daraus seit der Mitte der sechziger Jahre: einerseits die kritisch-reflektierende Auseinandersetzung mit den tradierten Inhalten der Schulfächer[2], andererseits eine Hinwendung zu den Fachwissenschaften, aus denen man Fachdidaktik und Fachmethodik als Unterrichtsmethodik quasi abzuleiten versucht, so daß wissenschaftslogische Überlegungen und Entscheidungen im Unterricht dominieren.[3]

Erste Versuche, die Fachdidaktik empirisch zu betreiben, kennen wir vom Anfang der 70er Jahre. Als eine Konsequenz der kritischen Sichtung unterrichtlicher Inhalte versuchte man in doppelter Hinsicht, die Fachdidaktik empirisch zu fundieren: einerseits durch Aufarbeiten der aktuellen Lehrwerke und Lehrpläne, deren inhaltliche Frequenzen man

---

[2] Vgl. den Titel des Werks von Ivo/Merkelbach 1972: "Abschied vom klassischen Schulfach."

[3] Vgl. Wolfrum ^{3}1980, die Rezension von Wolff 1981, S. 5-7.

auflistete, um aus den Übereinstimmungen Richtlinien für künftige fachdidaktische Werke zu entwickeln,[4] andererseits durch Überprüfen von Unterrichtsmodellen an realen Klassen, um zu sehen, welche Konzepte realisierbar sind und welche nicht.[5]

Dadurch, daß in den 70er Jahren das Interesse an Kommunikation und gesprochener Sprache dominierte, ja diese in Deutschland erst richtig zum Forschungsgegenstand wurden, sowie durch die Revision der Lehrplaninhalte wurde der Unterricht selbst zu einem Feld der fachlichen, fachdidaktischen und methodischen Innovationen. Die Prinzipien der Kommunikation wurden im Rahmen einer kommunikativen Didaktik auch an Unterrichtsmitschnitten untersucht, Schüler - Lehrer - Interaktion in verschiedenen Fächern wurde als kommunikatives Verhalten konzipiert. Von soziolinguistischen Ansätzen ausgehend, gewann eine sozialpädagogische Komponente Raum in der Erforschung des Unterrichts (schichtenspezifisch und später auch feministisch). Die Speicherung und Auswertung der aufgezeichneten Daten wurde zunehmend durch die elektronische Datenverarbeitung erleichtert, so daß mehr Daten auch von kleinen Forschergruppen bearbeitet werden konnten. Dadurch nahm die Zahl der empirischen Projekte zu. Gleichzeitig jedoch entwickelte sich zwischen den repräsentativ Forschenden und den exemplarisch Erhebenden eine Rivalität, die kurz mit "harte oder weiche Empirie?" umschrieben wird. Inzwischen hat sich die Tendenz herausgebildet, nicht mehr nur die Durchschnitte vieler Klassen zu suchen, sondern auch die Lernprozesse einzelner Schüler oder Schülergruppen über einen gewissen Zeitraum zu verfolgen, wie es auch in diesem Band geschieht, weil letztlich die Lernfortschritte von Individuen der Prüfstein des Unterrichts sind. Auf diese Weise kam eine größere Nähe von Forschung und Unterrichtspraxis zustande, und das Spektrum der fachdidaktischen Unterrichtsforschung ist mittlerweile breit gefächert: Vom "Erzählen in der Schule"[6] reicht es bis zur Untersuchung von Schülervorstellungen in den naturwissenschaftlichen Fächern.[7] Die Beispiele dieser Einleitung zeigen Ausschnitte daraus: Die Vermutung einer Lehrerin, daß Alis perönliche Befindlichkeit in seiner neuen Klasse Auswirkungen auf sein Lernverhalten und seinen Lernerfolg im Fach Deutsch habe; die Feststellung von Physikdidaktikern, daß ein normal begabter Schüler mit Interesse an der Sache eher naturwissenschaftliche Repräsentationen aufbaut als ein gut begabter mit größerer Leistungsmotivation, aber geringerem Interesse; die Beobachtung von Deutschdidaktikern, wie ein Lehrer im Unterricht den Schülern den von ihm konstruierten Sach-Sinn überstülpt und damit am Interesse vieler Schüler

---

[4] z. B. Messelken 1971
[5] z. B. Kemper 1974
[6] Ehlich 1984
[7] Alltagsvorstellungen. Naturwissenschaften im Unterricht Physik/Chemie 13/1986.

vorbeilenkt, die sich vielleicht doch auf die Sache hätten einlassen wollen.

2.2 Grenzen der Fachdidaktik - Bestimmung fachdidaktischen Handelns

Diese Beispiele gehen ein Stück über das hinaus, was mit den Verfahren der konventionellen Fachdidaktik beschrieben wird. Fachdidaktik beantwortet herkömmlicherweise die Frage nach dem "Was und Warum?" des Unterrichts, auch wenn sie als "Theorie der pädagogisch geleiteten Auseinandersetzung des Menschen mit den objektiven Gehalten der geschichtlich gewordenen Welt"[8] idealisierend umschrieben werden kann. Fachdidaktik liefert vor allem fachbezogene Entscheidungskategorien für bestimmte Inhalte.[9] Das heißt, sie wählt das Objekt des Erkennens und Lernens. Sie bezieht zwar, wenn sie sich außerdem an erziehungswissenschaftlichen Ergebnissen, am Subjekt im Erkenntnis- und Lernprozeß, orientiert, Schülertypen mit ein, überläßt jedoch das unterrichtliche Vorgehen im einzelnen der Methodik. Die Evaluationskomponente wird nur sehr zögernd berücksichtigt, meist in Form der Korrekturmodelle für Klassenarbeiten,[10] so daß sich die Fachdidaktik insgesamt mit den konkreten Erfolgen des Unterrichts als ihren eigenen Ergebnissen bislang nicht stark beschäftigt hat. Wir denken aber, daß sie ihren Gegenstandsbereich ausweiten sollte, indem sie sich um Erforschung möglichst vieler Aspekte des Unterrichtsgeschehens bemüht. Damit kommt der fachdidaktischen Unterrichtsforschung über ihre bisherigen konzeptionellen Aufgaben hinaus noch eine aufklärerische Funktion bezüglich des Unterrichtsgeschehens zu. Nur wenn wir mehr über das Lernen der Sachen durch die Schüler und über die Bedingungen dieses Lernens wissen, können wir in fachdidaktischer Hinsicht Fortschritte erzielen und vielleicht bei bildungspolitischen Entscheidungen Gehör finden.

Dazu müssen die Fachdidaktiken fachwissenschaftliche Erfordernisse mit schüler- und gesellschaftsbezogenen allgemeindidaktischen Kriterien in Einklang bringen. Während Erziehungswissenschaftler immer wieder den Primat der allgemeindidaktischen Aspekte vor den fachwissenschaftlichen betonen (und manche von ihnen darüber die Frage nach den Erkenntnisgegenständen vernachlässigen), schlägt andererseits den Fachdidaktikern ihr fachwissenschaftliches Gewissen, und das umso mehr, je weiter fachwissenschaftliche Ergebnisse vom Alltagswissen entfernt sind, z. B. in den naturwissenschaftlichen Fächern, und je bildungsorientierter (im herkömmlichen Sinne) die Schulart ist. Dabei spielen auch die Vorgaben der Lehrpläne, die als 'verordnete' Fachdidaktik meist stofflich orientiert sind, eine entscheidende Rolle. In ihnen sind fachdidaktische Tendenzen, wenn auch oft verengt oder einseitig, sichtbar, während die

---

[8] H. H. Becker nach Nicklis 1973, S. 253.

[9] G. Bittner beschreibt die Aufgaben der Fachdidaktik in acht Punkten als Zusammenspiel fachlicher, historischer, psychologischer, pragmatischer und methodischer Gesichtspunkte; vgl. Nicklis. 1973, S. 254.

[10] z. B. Beck/Payrhuber 1975: Aufsatzbeurteilung heute. Ivo 1982.

Schüler nur am Rande in den Blick kommen. Die mangelnde Berücksichtigung der Schüler in schulischen Lernprozessen soll an der folgenden authentische Äußerung eines Chemielehrers in der Realschule beispielhaft dokumentiert werden:

> "Natürlich hätt ich auch gern / daß die Schüler n bißchen / Chemie verstehen / aber was soll ich machen / mit einer Wochenstunde / ich komm ja schon so mit m Stoff nicht durch."

Dieses decouvrierende Beispiel - das wir nicht nur dem Lehrer anlasten wollen, sondern den Zwängen, in denen er steht - demonstriert ein Bewußtsein des Lehrers über den faktischen Primat fachwissenschaftlicher Entscheidungen vor Schülerbedürfnissen. Aus ihm wird verständlich, wie es möglich ist, daß Schülervorstellungen und Lehrervorstellungen über die Gegenstände des Unterrichts Jahre hindurch zu keiner Annäherung kommen. Es erhellt die Notwendigkeit eines Neuansatzes mit neuen Orientierungen, die sowohl in als auch außerhalb der Fachwissenschaften liegen, ferner die Notwendigkeit, sich verstärkt bewußt zu werden, was man unter Unterrichtserfolg eigentlich verstehen will und welche Elemente ihn zustande bringen. Unterricht unter allen seinen Aspekten ist zu untersuchen; das Feld der Unterrichtsforschung muß angesiedelt sein zwischen den Polen der Subjekte - der Schüler und der Lehrperson mit ihren sozialen und psychischen Hintergründen, beide in Interaktion und interdependent - und der Objekte - der Gegenstände, denen das Erkenntnisinteresse (wessen?) gilt und die im Hinblick auf die Subjekte neu ausgewählt und geordnet werden müssen. Die Spannung zwischen Gegenstand und erkennenden Subjekten zu beschreiben, ist das Ziel fachdidaktischer Unterrichtsforschung in Langzeitbeobachtungen einzelner oder mehrerer Klassen und Schüler, in Querschnitten und Tests. Erst wenn wir etwas über die Bedingungen des Lernerfolgs im Unterricht wissen, können wir planvoll handeln. Didaktische Entscheidungen sollten sich gründen können auf Kenntnis von Prozessen, die in Klassen ablaufen, auf die Konsequenzen von Unterrichtskonzepten im allgemeinen und von Interaktionen in besonderen Fällen. Sie sollten die Persönlichkeiten der Schüler und deren Komponenten differenzierend berücksichtigen. Damit müssen Fachdidaktiker die eigenen Grenzen überwinden und ohne Scheu Methoden und Ergebnisse der Sozialwissenschaften einbeziehen. Fachdidaktische Unterrichtsforschung ist demnach eine Integrationswissenschaft. Gegenüber zahlreichen pädagogischen Fragestellungen wollen wir hier noch die Bedeutung des Erkenntnisgegenstandes hervorheben: Unterricht sollte sachangemessen sein, also auch der Wissenschaft gegenüber haltbar, wobei die Sache nicht unabhängig vom erkennenden Menschen zu erforschen ist: Die Schüler sollen ihre Kenntnis der Sachen und ihr Wissensbedürfnis im Unterricht wiederfinden, jedoch durch Unterricht weiteren Zugang unter neuen Aspekten zur Sache gewinnen bis hin in Bereiche, die nicht mehr anschaulich sind, ja die sogar Brüche mit bisherigen Erfahrungen bedeuten: vgl. im Artikel von Rhöneck/Grob die physikalische Repräsentation des Stroms, der nicht verbraucht wird vs. die naive Schülervorstellung, Strom werde verbraucht; oder im Artikel Oomen-Welke die Schwierigkeit von Önder, die Artikelform *der* nicht als "männlich" <natürliches Geschlecht>, sondern als 'Dativ Singular des Femininums' <grammatisches Geschlecht/Genus> anzusehen. Solche Brüche in der Anschauung der Schüler herbeizuführen, ist unvermeidlich. Der Fachdidaktiker muß dabei die Faktoren der Schülerpersönlichkeit und den Entwicklungsstand berücksichtigen als Basis für erfolgreiches Lernen.

Dies ist das Feld der fachdidaktischen Unterrichtsforschung, in dem wir uns im weiteren Verlauf dieses Bandes bewegen.

2.3 Persönlichkeit und Lernverhalten der Schüler als Kategorien der Unterrichtsforschung

Nehmen wir als Ausgangspunkt der weiteren Überlegungen Fortbildungsveranstaltungen für Lehrer, zu denen oft Fachdidaktiker von Hochschulen als Referenten eingeladen sind. Sie scheinen uns eine typische Situation zu sein, in der fachdidaktische Konzeptionen durch die Referenten auf konkrete Fachunterrichtsprobleme von Lehrern treffen. Sofern solche Veranstaltungen ausgewertet werden, läßt sich oft feststellen, daß die Lehrer die fachliche Befangenheit der Referenten beklagen und den schulpraktischen Bezug vermissen, während andererseits die Referenten den Lehrern Befangenheit in konkreten Problemen und mangelndes Eingehen auf konzeptionelle Vorschläge nachsagen. Der Dialog scheitert häufig am theoretischen Besserwissen der Fachdidaktiker und der wohlerzogenen Resignation der Lehrer, die zugeben, die Modelle möchten brauchbar bis genial sein, nur hätten schulische Realisierungsversuche eben mit konkreten Schülern und deren Lernverhalten zu tun, an die man so nicht herankomme.

In dieser Konstellation wird als deutliches Defizit der Fachdidaktik herausgestellt, daß sie Persönlichkeit und Lernverhalten der Schüler zu wenig berücksichtigt, obwohl diese nach Ansicht der Lehrer den Unterricht in mindestens gleichem Maße beeinflussen wie Inhalte und Methoden. Aus den Beispielen, die wir vorangestellt haben, ist zu ersehen, daß Faktoren der Schülerpersönlichkeit wie Interesse, Motivation, aber auch Resignation und Mißerfolgserlebnisse das Lernverhalten maßgeblich steuern - individuelle und soziale Faktoren also. Ferner werden die Schüler nicht eindimensional, sondern mehrschichtig eingeschätzt, wenn etwa gemessene Intelligenz und Motivation einander nicht entsprechen oder wenn sich im Beobachtungszeitraum aufgrund neuer Erfahrungen Veränderungen ergeben. Erst wenn Schüler aufnahmebereit werden und die sie betreffenden Themen finden, kann der Unterricht sie erreichen. Erst wenn sie ein Minimum an Interesse zeigen, können sie in den Fächern etwas leisten. Deswegen geht die Arbeit der Unterrichtsforscher in andere Richtung als die der Fachdidaktiker. Unterrichtsforscher gehen aus von der Konfrontation bestimmter Schüler mit verschiedenen Inhalten und Methoden und versuchten zu messen und zu deuten, wie bestimmte Schüler mit ihren jeweiligen Voraussetzungen an Erfahrungen, Motivation, Interesse, Intelligenz, Strukturierungsfähigkeit sowie weiteren Faktoren auf unterrichtliche Angebote reagieren, wie sie sich an die

Inhalte akkomodieren oder diese an sich assimilieren, wie sie mehr oder weniger sachangemessene Repräsentationen des Inhalts aufbauen und ihn schließlich in ihrem Fach- oder Alltagswissen speichern. Aus der Beobachtung verschiedener Schüler in verschiedenen Fächern ergibt sich die - prinzipiell offene - Liste von Merkmalen des Lernverhaltens, auf deren Hintergrund neue Beobachtungen gemacht werden. Auf diese Weise wird ein differenzierter/differentieller Zugang zu Persönlichkeit und Lernverhalten im unterrichtlichen Prozeß erreicht. Die Ergebnisse machen Aussagen für ganze Gruppen oder für einzelne Schüler, auch in der Lerngruppe, und beziehen die Einstellung des Schülers zum Fach ein. Aus der differentiellen Betrachtungsweise der Unterrichtsforschung ergibt sich für die Fachdidaktik ein aufmerksamerer und sensiblerer Umgang mit Schülern und Inhalten, eine Differenzierung des Angebots nach Interessen, Leistungsmotivation und Lerntypen sowie schließlich größere Beachtung des durch Unterricht und seine Methoden in Gang gesetzten Prozesses - der Hypothesenbildung der Schüler und ihrer Stadien - und seines Ergebnisses.

3. Beiträge der Sozialwissenschaften, insbesondere der Psychologie, zur Interpretation von Lernverhalten und Schülerpersönlichkeit

Unter dem leitenden Gesichtspunkt, was für die Schüler bildend ist, sind fachwissenschaftliche Aspekte auf der Ebene der Inhalte und sozialwissenschaftliche Aspekte auf der Ebene der Schülerpersönlichkeiten zu integrieren. Von verschiedenen Modellen der Sozialwissenschaften hat die Pädagogik bereits reichen Gebrauch gemacht, man denke etwa an "Soziologische Dimensionen der Identität"[11], die in die allgemeinen Erziehungsziele eingegangen sind. Ähnliche Gesichtspunkte sind auch im Zusammenhang der Unterrichtsforschung aufzuarbeiten. Desgleichen kommt eine Fülle von Anregungen aus der Psychologie, vor allem aus den Zweigen der Kognitions- und Emotionsforschung, aus der Sprachpsychologie sowie aus den auch von Didaktikern betriebenen Rezeptionsuntersuchungen.

In diesem Band wollen wir uns insbesondere mit Beiträgen der Psychologie zu unseren Projekten in der Unterrichtsforschung auseinandersetzen. Bislang liegen für einzelne Fachgebiete wie etwa den Fremdbzw. Zweitsprachenunterricht psychologisch orientierte Bände vor.[12] Über diese gehen wir insofern hinaus, als wir unterschiedliche psychologische Ansätze und Methoden präsentieren und im Zusammenhang verschiedener Unterrichtsfächer diskutieren. Zunächst seien die psychologischen Beiträge kurz vorgestellt:

3.1. Philipp Mayring (Augsburg) betont die Bedeutung qualitativ-interpretativ orientierter Forschung gegenüber den in den Sozialwissenschaften dominierenden quantitativen Verfahren. Er stellt fünf verschiedene Forschungsdesigns vor, mit denen sich auch Probleme der Unter-

---

[11] Krappmann 1973.

[12] vgl. Börsch 1987 oder Solmecke/Boosch 1981.

richtsforschung untersuchen lassen: die Einzelfallanalyse, die Dokumentenanalyse, die deskriptive teilnehmende Feldforschung, die Evaluationsforschung und die Aktionsforschung. Der Wert dieser Designs für bestimmte institutionenbezogene oder persönlichkeitsbezogene Fragestellungen leuchtet unmittelbar ein; es wird sich jedoch darüberhinaus zeigen, daß verschiedene Elemente dieser Verfahren für zahlreiche Details unseres Unterrichts sinnvoll sind. Weiter beschreibt Mayring Techniken des qualitativ-interpretativen Ansatzes wie problemzentriertes Interview, phänomenologische Analyse, Deutungsmusteranalyse, objektive Bedeutungsanalyse, erhebungsbegleitende Konzeptbildung (grounded theory) sowie die qualitative Inhaltsanalyse, an deren Entwicklung er selbst gearbeitet hat. Diese Designs und Techniken werden als mit quantitativen Methoden kompatibel angesehen, wobei allerdings Mayring die qualitativ-interpretative Orientierung als übergeordnet bewertet.

3.2. Heinz-Dieter Schmalt (Wuppertal) beschäftigt sich mit dem Leistungsmotiv, das in schulischen Lernprozessen eine besondere Rolle spielt. Er beschreibt die Motivdispositionen "Hoffnung auf Erfolg" und "Furcht vor Mißerfolg" im Zusammenhang von Unterrichtssituationen und Verhaltensweisen von Lehrern und stellt sein Verfahren vor, mithilfe von bildlichen Situationsrepräsentationen und Auswahlantworten strukturanalytisch die Leistungsmotivation zu messen. Die - validen - Ergebnisse korrelieren mit den Selbstkonzepten der Schüler, da es deutliche Unterschiede bei Erfolgs- und Mißerfolgsmotivierten gibt in der Art, sich die Ursachen ihrer Leistungen zuzuschreiben. So fühlen sich Erfolgsmotivierte für ihre Erfolge verantwortlich und schreiben Mißerfolge im wesentlichen widrigen Umständen zu, während Mißerfolgsmotivierte selbstwertbelastende Rückschlüsse auf ihre Fähigkeiten ziehen. Als didaktische Konsequenz ist die Verminderung der Furcht vor Mißerfolg zu intendieren, die die Selbstbewertung der Schüler positiv verändert.

3.3. Eberhardt Todt (Giessen) untersucht die Frage, welche Bedingungen für einen interessanten Physikunterricht mit überdauernden Leistungen und Interessen zu schaffen wären. Zunächst diskutiert er das Konstrukt "Interesse" , das zu sehen ist als allgemeines und als spezifisches Interesse, und seinen Stellenwert im Informationsverarbeitungsprozeß. Es steht in engem Zusammenhang mit dem Selbstbild des Individuums. Als Mittel zur Erfassung von Interessen werden Fragebögen benutzt, die meist von thematisch kontextuierten Bereichen der Physik oder von Anwendungsgebieten ausgehen. Zunächst läßt sich ein auffällig höheres Interesse der Schüler an Physik gegenüber den Schülerinnen feststellen. Weiter muß die Altersabhängigkeit des Interesses für bestimmte Themen und Formen der Verarbeitung berücksichtigt werden. Da nun der Physikunterricht nicht nur interessenbezogen, sondern auch gegenstandsangemessen zu planen ist, schlägt Todt den interessenbezogenen Einstieg in vorgegebene Themen vor sowie eine nachträgliche Bewertung des Unterrichts durch die Schüler, die dem Lehrer Aufschluß über die gewünschten Bedingungen für interessanten Unterricht, aber auch über Leistungsangst geben soll.

3.4. Heinrich Stork (Kiel) geht aufgrund mangelnder Motivation der Schüler im Physik- und Chemieunterricht von der These aus, hier würden die Schüler intellektuell überfordert, und ihr Motivationsschwund sei Ausdruck ihrer Resignation. Zum Beweis vergleicht er naturwissenschaftliche Aufgabenstellungen mit den Stadien der kognitiven Entwicklung nach Piaget und stellt fest, daß die meisten Anforderungen formal-operationales Denken voraussetzen. Im formal-operationalen Stadium befinden sich aber nach zahlreichen Untersuchungen nur unter 50% der Oberstufenschüler, während zahlreiche Erwachsene dieses Stadium nie erreichen. Dieser Sachverhalt muß sich im Unterricht auswirken. Stork schlägt nun einerseits ein Verfahren vor, wie Lehrer sich mit mäßigem Aufwand mit dem Entwicklungsniveau ihrer Schüler vertraut machen könnten, andererseits sollten die Komponenten des formal-operationalen Denkens selbst zum Gegenstand des Unterrichts gemacht werden: Über den "fairen" Test wird die Konstanz der Versuchsbedingungen erarbeitet; Versuchsanordnungen gehen vom Vertrauten zum Unvertrauten; die Reflexion der Experimente schreitet von Fragen zum konkreten Versuch fort zu abstrakten Überlegungen im Vorfeld der Versuche.

3.5. Thomas Bernhard Seiler (Darmstadt) stellt als ein Beispiel der Begriffsentwicklung die Entwicklung des Arbeitsbegriffs vom frühen Kindesalter bis ins Erwachsenenalter dar. Begriffliche Strukturen werden beschrieben als spezifische Handlungs-, Wissens- und Denkstrukturen für jedes individuelle Subjekt. Ihre Entwicklung erfolgt einerseits durch Eigendynamik, andererseits durch Auseinandersetzung mit äußeren Gegebenheiten, z. B. Kulturkontakt. Die Entwicklung geht von wahrnehmungsnahen Merkmalen, die auf Konkretes bezogen sind, aus; später werden Strukturen untereinander verbunden; sie werden von der konkreten Situation abstrahiert und zunehmend allgemeiner. Auf der Stufe der kognitiven Entwicklung, die von Piaget als formales Denken bezeichnet wird, macht das explizierbare begriffliche Wissen besondere Fortschritte, sowohl in der Menge der betroffenen Begriffe als auch in der Qualität, wenn etwa begriffsinterne Widersprüche erkannt werden. Seiler hat die Entwicklung des Arbeitsbegriffs an verschiedenen Altersgruppen in einer flexiblen, hypothesengeleiteten Befragung erhoben und den Inhalten nach einer theoretisch konzipierten Entwicklungssequenz zugeordnet. Es zeigt sich eine Korrelation von Strukturhöhe und Alter, wobei jedoch nicht alle Zwanzigjährigen die letzten Stufen erreichen. Für die Unterrichtsforschung ist dies insbesondere deswegen interessant, weil schon in den Lehrbüchern der Grundschule fast alle Aspekte und Implikationen des Arbeitsbegriffs (persönliche, berufliche, soziale, ökonomische und gesellschaftliche) eingeführt werden. Seilers Frage, ob die Schule schnell wieder zerfallende, rein verbale Wissensstrukturen vermitteln wolle und ob sie strukturgenetische Gesetzmäßigkeiten einfach mißachte - eine Frage, wie sie auch schon bei Stork und Todt anklang - muß uns weiter beschäftigen.

Diese quantitativ-analytischen, also messenden, und qualitativ-interpretierenden, also deutenden Verfahren wurden von uns auf schon vorliegende oder erst in der Erhebung begriffene Daten angewandt. Unsere Daten haben wir in Langzeitbeobachtungen, durch Video- und Tonaufnahmen, durch Einzel- und Gruppengespräche bzw. Interviews und aus schriftlichen Schülerarbeiten gewonnen. In dieser Auseinandersetzung mit den Inhalten des Lernens erst konstituiert sich eigentlich fachdidaktische Unterrichtsforschung; sie muß des weiteren auch solche Inhalte und solche Lernende untersuchen, die sich gegen das Messen sperren, zum Beispiel ausländische Kinder mit Sprachschwierigkeiten und nicht operationalisierbare Inhalte. Während in den psychologischen Abhandlungen bevorzugt naturwissenschaftliche Fächer zur Demonstration der Komponenten des Lernverhaltens ausgewählt werden, weil in diesen Lernfortschritt und Sachangemessenheit besonders gut zu erheben und zu beurteilen sind, werden in unseren Ludwigsburger fachunterrichtlichen Beiträgen neben das Fach Physik der Literaturunterricht und der Zweitspracherwerb gestellt:

3.6. Christoph von Rhöneck und Karl Grob haben an mehreren Klassen untersucht, welche Voraussetzungen bei Schülern dazu führen, daß diese richtige physikalische Repräsentationen aufbauen bzw. daß sie auf der Stufe der alltäglichen Schülervorstellungen verharren. In diesem Beitrag stellen sie die Ergebnisse aus zwei Klassen vor, die sie mit Tests, Interviews, Übungs- und Klassenarbeiten und Fragebögen erhoben haben. Danach sieht es so aus, als sei weniger die allgemeine Intelligenz oder Leistungsmotivation für erfolgreiches Lernen im Bereich der Physik verantwortlich, sondern vielmehr das Interesse der Schüler, das mit den Übungstests und auch mit der Fremdeinschätzung durch andere Schüler auffällig korreliert.

3.7. Bernward Lange und Heiner Willenberg haben ein inhaltsanalytisches Testverfahren entwickelt, mit dem das Verstehen literarischer Texte durch Schüler gemessen werden kann. Sie gehen aus von Schülerbegabungen und -interessen einerseits und den Sachinhalten mit ihrem Eigen-Sinn andererseits. An der Kurzgeschichte "Züge im Nebel" von Günter Eich führen sie vor, wie Breite des Verstehens (Summe der meßbaren Verstehensleistungen eines Schülers) und Verstehenstiefe (Stufen des Erfassens des Textes) meß- und damit vergleichbar gemacht werden können. Dieses Verfahren soll im Unterricht einsetzbar sein und Lehrern zeigen, was sie an Förderung im kognitiven und sachlichen Bereich erreicht haben.

3.8. Ingelore Oomen-Welke hat eine Langzeitstudie bei türkischen Kindern in einer deutschen Grundschule durchgeführt, die sich auf deren Zweitspracherwerb erstreckt. Auf der Grundlage von Beobachtungen und Tonbandaufnahmen im und am Rande des Unterrichts und aus ergänzenden schriftlichen Dokumenten beschreibt sie die Persönlichkeiten der Schüler, insbesondere im Hinblick auf ihr Lernverhalten, sowie deren Sprachstand. Ausgehend von einer zufälligen Situation, wird den Schülern der Genitiv als Lernstoff angeboten. Der unterschiedliche Umgang der Schüler mit diesem Angebot wird dokumentiert; er läßt Schlüsse auf das Lernen verschiedener Kinder zu.

3.9. Hartmut Melenk und Reinhard Strauch beobachten die Zweisprachigkeit italienischer Schüler seit längerer Zeit vor allem im italienischsprachigen Unterricht. In ihrem Beitrag hier befragen sie ihr Material im Hinblick auf die Begriffsbildung der Schüler in beiden Sprachen, Deutsch und Italienisch, anhand der bei Seiler dargestellten Aspekte und gemäß der qualitativen Inhaltsanalyse von Mayring.

In all diesen Beispielen und Anwendungen erkennt man leicht den unterschiedlichen Zugang zur Unterrichtsforschung. Wir wollen nicht verschweigen, daß wir Fachdidaktiker uns auf dem Gebiet der Unterrichtsforschung noch im Stadium der (mehr oder weniger tastenden) Versuche befinden. Wie zu erwarten und wie in unseren Beiträgen zu erkennen, hängt auch unsere bevorzugte Forschungsmethode ab von der Persönlichkeit des/der jeweiligen Forschenden, von den Erfahrungen mit Schülern oder mit den Methoden des Messens und sicher auch von Gegenstandsbereich und Fachverständnis. Bei der Präsentation der Ergebnisse suchen wir unseren Standort zwischen der vermeintlichen Unangreifbarkeit überprüfbarer Testergebnisse und der angreifbaren, weil immer impliziten, Wertung und Interpretation in verbalen Urteilen. In diesem Band stellen wir unser bisheriges Vorgehen zur Diskussion; stärkere Integration streben wir für die Zukunft an.

4. Die Lehrerpersönlichkeit im Lernprozeß der Schüler

Wenn auch unser Hauptaugenmerk auf Persönlichkeit und Lernverhalten des Schülers liegt, soll doch der Rolle der Lehrperson eine Bemerkung gewidmet sein. Bei der Beachtung kognitiver und emotionaler Zustände im Lernen kommt es entscheidend auf das soziale Klima in der Klasse an, das durch die Lehrperson mitbestimmt wird. Schmalt weist in seinem Beitrag eigens auf diese Rolle der Lehrer hin, wenn er feststellt, daß Schüler im Rahmen einer individuellen Bezugsnorm-Orientierung (indem die Lehrperson auf die Schüler als einzelne eingeht und sie in ihren je eigenen Voraussetzungen akzeptiert) eher Lernfortschritte machen als bei sozialer Bezugsnorm-Orientierung (das heißt daß die Lehrperson sich an der Klasse als ganzer ausrichtet). Angst als Faktor bei der Erfolgszuversicht hängt zweifellos auch mit der Lehrperson zusammen. Spezifisches Interesse (Todt) und Motivation bzw. Motivationsschwund (Stork) können auch mit der Darstellung des Faches durch den Fachvertreter und mit seiner Person zu tun haben.

Immerhin vermuten wir, daß von der Unterrichtsforschung ein Impuls auf die Lehrer ausgehen muß: Wer sich mit Unterrichtsforschung beschäftigt, ist in jedem Falle bereit, den Voraussetzungen und den Persönlichkeiten der Schüler Aufmerksamkeit zuzuwenden, ihren Lernprozeß detailliert(er) zu beobachten, ihre Anregungen aufzunehmen und seine eigene Rolle im Unterrichtsprozeß immer neu zu überdenken.

Diese eigene Rolle der Lehrer ist nicht unabhängig von institutionellen und gesellschaftlichen Variablen, die ja auch das unterrichtliche Handeln der Schüler mitbestimmen, und von der Lehrerpersönlichkeit. Wir beschränken uns in diesem Buch jedoch so weit wie möglich auf

Aspekte, die im Unterricht direkt zu erforschen sind, um einen Ansatz zu finden.

5. Was ist also fachdidaktische Unterrichtsforschung?

Es sollte nicht der Eindruck entstehen, fachdidaktische Unterrichtsforschung sei eine ganz neue Disziplin, die sowohl die Fachdidaktik als auch die Pädagogik ablöse. Wir verstehen sie als eine Integration beider. Gegenüber der Fachdidaktik, die für Schüler aus fachlicher Sicht Konzeptionen entwirft, betonen wir die Voraussetzungen der Schüler und ihr Lernverhalten bei den einzelnen Lernschritten. Gegenüber pädagogischen Ansätzen betonen wir die Sache, die oder an der gelernt werden soll, sowie die Zugangsweisen. Das heißt, fachdidaktische Unterrichtsforschung bedeutet eine andere Akzentuierung der bisherigen Ansätze, gewissermaßen einen Wechsel der Perspektive. In ihr werden die persönlichen Voraussetzungen der Schüler, ihre Biografie und ihre Dispositionen aufgenommen; den Lernschritten und -ergebnissen wird Aufmerksamkeit geschenkt. Diese Aufmerksamkeit richtet sich sowohl auf ganze Klassen oder noch größere Gruppen als auch auf einzelne Schüler. Im Unterschied zur herkömmlichen Fachdidaktik werden in der fachdidaktischen Unterrichtsforschung nicht Unterrichtskonzeptionen vorgetragen, sondern ihre aufklärerische Arbeit besteht darin, fachunterrichtliche Prozesse genau zu beobachten und, wo möglich, zu messen, dann zu deuten. Zum Messen und Deuten kommen alle quantifizierenden und qualitativen Verfahren in Frage, wobei qualitativ-interpretativ orientierten Ansätzen die Aufgabe zukommt, den Rahmen zu setzen. Arten der Verbindung dieser Verfahren werden in den Beiträgen dieses Bandes sichtbar.

Wenn Unterricht verändert oder effektiver werden soll, darf man ihn nicht nur global oder konzeptionell betrachten, sondern muß es detailliert tun. Deswegen enthalten diese Vorschläge zur Unterrichtsforschung erste Schritte, Details des Unterrichts zu beleuchten, um daraus fachdidaktische Konzeptionen und tradierte sowie neue Methoden zu korrigieren oder zu bestätigen. Vorerst bleibt das ein Versuch.

Literatur

Alltagsvorstellungen. Naturwissenschaften im Unterricht Physik/Chemie 13/1986.

Beck, Oswald/Franz-Josef Payrhuber (Hrsgg. 1975): Aufsatzbeurteilung heute. Herder-Tb Pädagogik 9028.

Börsch, Sabine (Hrsg. 1987): Die Rolle der Psychologie in der Sprachlehrforschung. TBL 280. Tübingen, Narr Vlg.

Ehlich, Konrad (Hrsg. 1984): Erzählen in der Schule. Kommunikation und Institution 10. Tübingen, Narr Vlg..

Ivo, Hubert/Valentin Merkelbach (1972): Abschied vom klassischen Schulfach. Heidelberg, Quelle & Meyer Vlg.

Ivo, Hubert (1982): Lehrer korrigieren Aufsätze - Beschreibung eines Zustandes und Überlegungen zu Alternativen. Frankfurt a. M.,

Kemper, Hans-Georg: (1974): Angewandte Germanistik - Materialien zu einer kasuistischen Didaktik. UTB 252. München, Fink Vlg.

Krappmann, Lothar (1973): Soziologische Dimensionen der Identität. Stuttgart.

Messelken, Hans (1971): Empirische Sprachdidaktik. UTB 36. Heidelberg, Quelle & Meyer Vlg.

Nicklis, Werner S. (Hrsg. 1973): Handwörterbuch der Schulpädagogik. Bad Heilbrunn, Klinkhardt Vlg.

Solmecke, Gert/Alwin Boosch (1981): Affektive Komponenten der Lernerpersönlichkeit und Fremdsprachenerwerb - Die Ergebnisse eines Forschungsprojekts. TBL 179. Tübingen, Narr Vlg.

Willenberg, Heiner (1987): Die Repräsentation des Unterrichts. Methoden zur Erforschung des Deutschunterrichts; in: Jahrbuch der Deutschdidaktik 1986. Tübingen, Narr Vlg.

Wolff, Gerhard (1981): Von der Deutschpädagogik zur Deutschdidaktik; in: Praxis Deutsch 50, S. 5 - 7.

Wolfrum, Erich (Hrsg. ^{3}1980): Taschenbuch des Deutschunterrichts. 2 Bde. Baltmannsweiler, Burgbücherei Schneider.

PHILIPP MAYRING

NEUERE ANSÄTZE QUALITATIVER UND INTERPRETATIVER ANALYSE - IHRE BEDEUTUNG FÜR DIE UNTERRICHTSFORSCHUNG

Qualitativer Forschung kommt zwar in den letzten 5 bis 10 Jahren stetig steigende Bedeutung unter den sozialwissenschaftlichen Methodenansätzen zu, in das breiter anerkannte Standardwissen hat sie aber noch nicht (wieder) Eingang gefunden. Dies gilt auch für die Unterrichtswissenschaft. In ihren Lehrbüchern taucht einzig der Begriff 'Interpretation' auf - jedoch als Lernziel des Deutschunterrichts (z.B. Ingenkamp 197o). Der Schüler solle sich also interpretative Verfahren aneignen, wird er aber später Unterrichtsforscher, so möge er diese Methoden schnell wieder vergessen; sie gehören nicht zum Methodenkanon. Dieser Beitrag will dem entgegenwirken, indem zunächst der Begriff der qualitativen Analyse näher geklärt wird, im zweiten Hauptteil auf fünf verschiedene qualitativ - interpretativ orientierte Forschungsdesigns eingegangen wird, um deren Fruchtbarkeit für die Unterrichtswissenschaft zu erweisen. Im letzten Teil werden dann sechs konkrete qualitative Techniken vorgestellt, um zu zeigen, daß solche Techniken sich durchaus ergänzen können.

1. Begriffsbestimmung qualitativ - interpretativer Forschung

Ausgangspunkt für die Entwicklung qualitativer Ansätze in den letzten Jahren war immer wieder die Unzufriedenheit mit quantitativen Techniken. In Pädagogik und Psychologie die Kritik am Experiment (z.B. Mertens 1975), in der Soziologie die Kritik an der Survey-Forschung (z.B. Cicourel 197o; Berger 1974), aktuelle grundsätzliche Statistikkritik (Leiser 1986: "Das Glücksspiel ist der einzige Gegenstand, auf den sich die bis heute entwickelte Begrifflichkeit und Logik des statistischen Schließens sauber und sinnvoll anwenden läßt" (S. 151)) waren und sind Anstöße für die qualitative Forschung. Auch in der Unterrichtswissenschaft ist sie dabei, sich Terrain zu erobern (Evaluationsforschung, Handlungsforschung, ethnographische Schulforschung in USA); ein Themenheft zur qualitativen Forschung der Zeitschrift 'Unterrichtsforschung' (Vol 12, Heft 3, 1984) und erste Lehrbücher (z.B. Bodgan/Biklen 1982) verdeutlichen diesen Trend. Dies darf aber nicht vergessen lassen, daß qualitative Ansätze eine mindestens ebenso lange Tradition besitzen wie quantitative. Kurt Lewin verweist hierauf den Gegensatz aristotelischen versus galileischen Denkens (Lewin 1933), einem teleologisch, finalistisch, verstehenden, ideographischen Wissenschaftsverständnis (=qualitativ) gegenüber einer kausalen, mechanistischen, erklärenden, nomothetischen Auffassung (=quantitativ) (v.Wright 1974; Aschenbach 1984; Windelband 195o). Die aristotelische Denkweise wurde vor allem durch die Hermeneutik in Philologie, Geschichte,

Theologie und Jura bewahrt (Gadamer/Böhm 1976;Coreth 1969) und durch Dilthey's Programm einer geisteswissenschaftlichen (vs. naturwissenschaftlichen) Forschung in die Erziehungswissenschaften getragen (Dilthey 1924). Bei vielen Auseinandersetzungen qualitativer mit quantitativer Forschung prallen diese Denktraditionen als unüberbrückbare implizite Wissenschaftsverständisse aufeinander, ohne daß eine klare definitorische Abgrenzung erreicht wird (Cook/Reichard 1979; Mohler 1981). Dieses Gegensatzdenken muß heute als überholt,als unfruchtbar angesehen werden. Vielmehr lassen sich qualitative und quantitative Analyseschritte im Forschungsprozess vereinen (Mayring 1983; Buer 1984). Ein solches synthetisierendes Verständnis geht aber davon aus, daß qualitative Analyseschritte Notwendigkeit besitzen (Begriffs- und Kategorienfindung, argumentative Begründung des Analyseinstrumentariums, Rückbezug der Ergebnisse auf die Fragestellung, Ergebnisinterpretation). Quantitative Analyseschritte, also solche, die Zahlbegriffe verwenden, können, aber müssen nicht in den Forschungsprozeß eingebaut werden (Mayring 1983). Um diesem Wissenschaftsverständnis Ausdruck zu verleihen, möchte ich im folgenden lieber von *qualitativ orientierter* Forschung sprechen, als einer Forschung, die die jeder Analyse notwendig inhärenten qualitativen Schritte expliziert, präzisiert, überprüfbar macht.

Ein weiterer m.E. wenig fruchtbarer Abgrenzungsversuch qualitativer Forschung geht vom Skalenniveau der zugrundeliegenden Messung aus; qualitative Forschung wäre die Verarbeitung von Daten, die auf Nominal- (bzw. Nominal- und Ordinal-) Niveau erhoben wurden, auch wenn dabei komplexe statistische Prozeduren zur Anwendung kommen (Cartwright 1966; Smith 1976; Rudinger u.a. 1986). Diese an sich fruchtbare Forschungsrichtung benutzt den Begriff 'qualitativ' in mißverständlicher Weise, da das eigentliche Anliegen qualitativer Forschung, *argumentative, reflexive Bedeutungserschließung statt vorschneller "Verrechnung"*, wenig berücksichtigt wird. Zur Verdeutlichung möchte ich deshalb im folgenden von qualitativ-*interpretativ*-orientierter Forschung sprechen.

2. Designs qualitativ-interpretativ orientierter Forschung

Qualitative Forschung ist nicht allein eine Sache der Technik. Ihr Anliegen drückt sich bereits in der Untersuchungsanlage aus. So könnte man fünf verschiedene Forschungsdesigns unterscheiden, in denen qualitative Analyse die zentrale Rolle spielt.

2.1. Einzelfallanalyse, biographische Analyse

Der Grundgedanke von Einzelfall und biographischen Analysen ist, daß der Forscher sich jederzeit den Rückgriff auf die Komplexität des Falles, die Ganzheitlichkeit des Lebenszusammenhangs erhalten möchte. Dabei kann es aber durchaus sinnvoll sein, Akzente zu setzen, einen Einzelfall, eine Biographie unter bestimmten Kriterien anzugehen (Berufsbiographie, Familienbiographie ...) (Bertraux 1981). Die Reihe der Verfechter biographischer Methodik reicht weit zurück, über Thomas/Znaniecki, Dilthey, Allport, Thomae (vgl.Paul 1979; Fuchs 1984).

ZIELVORSTELLUNG	VORGEHEN	HILFSMITTEL
(1) Erhöhung der kognitiven Repräsentation der Situationen bzw. Zeitpunkte	Visualisieren der Problemsituation aus der Vergangenheit	Situationsspezifisch ausgestalte Tests und Materialien
(2) Bestimmung der subjektiven Zeitrasterung (1. Schritt der Urteilsabsicherung)	Positive/negative Erlebnisse einer Zeitspanne zuordnen lassen; Hoch- und Tiefpunkte benennen	Exploration; graphische Diagramme zeichnen lassen, die Verlauf und Ereignis in Bezug setzen
(3) Zeitliche Entzerrung der individuellen Lebensgeschichte (2. Schritt der Urteilsabsicherung)	Erfassung der Problematik in verschiedenen "Zeiten" (bezogen auf vergangene Lebensphasen)	Hoch-/Tiefpunkte aufgrund der subjektiven Zeitrasterung werden exploriert
(4) Feststellung der Zuverlässigkeit der subjektiven Sicht (3. Schritt der Urteilsabsicherung)	Befragen von Bezugspersonen (z.B. Mutter/Vater; Vorgesetzte), Vergleiche zwischen Fremd- und Selbsteinschätzung	Selbsteinschätzungsskalen/Fremdeinschätzungsskalen; perzipierte Fremdeinschätzung
(5) Aufdeckung von externen Einflußgrößen (4. Schritt der Urteilsabsicherung)	Heranziehung von (öffentl. zugängl.) Informationsquellen;-biographische, historische, ökonomische und politische Informationen müssen integriert werden	Archiv-/Tagebuchmaterial; Dokumente der Familiengeschichte; erkennbare kritische Lebensereignisse bestimmen

Abb. 1: Schritte zur Erhöhung der Objektivität von biographischen Daten (in Anlehnung an Petermann 1982, S. 48) (Thomae/Petermann 1983, S. 382).

Sie hat heute ihren festen Stand in der Soziologie (vgl. Kohli 1983; Bertraux/Kohli 1984; Kohli/Robert 1984), aber auch in der Psychologie bemüht man sich darum (Petermann/Hehl 1979; Thomae/Jüttemann 1987). Richtungsweisend für die Erziehungswissenschaft kann hier die Arbeit von Heinze u.a. (1980) gelten, die die Bildungsbiographie einer Fernstudentin durch ganz unterschiedliche Auswertungskonzeptionen interpretieren lassen (Objektive Hermeneutik, Deskriptive Hermeneutik, Psychoanalytische Textinterpretation, Konversationsanalyse). Wichtig sind auch Bemühungen, die Wissenschaftlichkeit solcher Vorgehensweisen zu erhöhen, wie sie das obige Schema zeigt.

2.2 Dokumentenanalyse

Das Arbeiten mit bereits vorliegendem, objektivem Material, die nicht-reaktive Datensammlung, das sind die Grundgedanken und Vorteile der Dokumentenanalyse. Das Material unterliegt nur den Fehlerquellen der Auswahl, nicht der Erhebung. Da nun eine rein quantitative Analyse solchen Materials in aller Regel nicht ausreichend sein wird, kann man die Dokumentenanalyse unter den Designs qualitativ-interpretativ orientierter Forschung anführen. So werden auch in klassischen Methodenhandbüchern hier Freiräume für qualitative Forschung eingeräumt. Danach ist ein typisches Merkmal der Dokumentenanalyse "die *intensive, persönliche* Auseinandersetzung mit dem Dokument, welches in seiner Einmaligkeit möglichst umfassend durchleuchtet und interpretiert wird." (Atteslander 1971, S. 67; vgl.auch die entsprechenden Abschnitte in Festinger/Katz 1966; von Dalen 1973). Hermeneutischen und historischen Methoden (z.B. Quellenanalyse) kommt hier große Bedeutung zu.

2.3 Deskriptive teilnehmende Feldforschung

Dies ist ein klassisches Feld qualitativ orientierter Soziologie, seit den frühen Arbeiten im Umkreis der Chicago-Schule (vgl. z.B. Becker/Geer 1960). Grundgedanke dieses Ansatzes ist, daß ein Teilnehmen an den natürlich ablaufenden Interaktionsprozessen Gegenstandsfelder erschließt, die sonst unzugänglich wären, die durch die Perspektive von außen verzerrt würden (Patry 1982). Das gilt vor allem auch für Bevölkerungsgruppen, die bei Fragebogen oder Interviewuntersuchungen regelmäßig zu den Verweigerern gehören, z.B. Jugendbanden (Whyte 1943), Obdachlose (Girtler 1980). Ein Beispiel für teilnehmende Feldforschung der Unterrichtswissenschaft wäre die Lebensweltanalyse von Arbeiterkindern von J. Benken u.a. (1975), die zur Datengewinnung bei Klassenfahrten von Hauptschülern mitmachten. Aber auch die ethnographische Schulforschung in USA fällt in diesen Bereich (vgl. zum Überblick Terhart 1979). Ethnographie will eine deskriptive, eine naturalistisch-ökologische und eine qualitativ-phänomenologische Perspektive verbinden und wurde demonstriert durch Untersuchungen, bei denen die Forscher z.T. mehrere Monate z.B. den Grundschulunterricht in Slumvierteln oder den Unterricht in Klassen mit hohem Ausländeranteil beiwohnten (Beispiele bei Terhart 1979).

2.4 Evaluationsforschung

Qualitative Forschung ist in der Evaluationsforschung fest verankert (vgl. Patton 1980; Cook/Reichardt 1979), vor allem deshalb, weil sie in der Regel in klare Entscheidungen (Annahme/Ablehnung des zu evaluierenden Programmes) münden muß. Hier kann man es sich nicht leisten, auf bestimmte Informationsquellen zu verzichten, auch qualitative Verfahren werden also immer wieder eingesetzt. So sieht Patton (1980) nur für zwei von acht Grundmodellen von Evaluationsuntersuchungen die qualitativen Verfahren für ungeeignet, nämlich für Systemanalysen, in denen es um Quantifizierung von Input und Output geht und Verhaltenszielmodelle, in denen es um den Grad der Zielerreichung geht. Alle anderen Evaluationsmodelle sind für qualitative Forschung geeignet, vor allem auch, was Prozeßevaluation (formative Evaluation) angeht. Auch der Einsatz des 'Grounded theory' - Verfahrens nach Glaser/Strauß (1979) ist nach Patton durchaus sinnvoll einsetzbar ('groundedevaluation theory', Patton 1980, S. 80ff). Als Objektivierungsverfahren schlägt er vor:

- die Suche nach Alternativerklärungen;
- die Suche nach Negativfällen (den bisherigen Erklärungen widersprechend);
- die Triangulation (der Vergleich verschiedener methodischer Zugänge, vgl. Denzin 1978) mit quantitativen Daten;
- die Triangulation verschiedener qualitativer Datenquellen;
- die Triangulation unterschiedlicher Beobachter;
- das Überprüfen des Designs im Forschungskontext;
- das Abschätzen des Effekts des Evaluators;
- das Vergleichen mit den Reaktionen der Forschungssubjekte und des "Publikums" auf die Ergebnisse.

Auch in der qualitativen Evaluationsforschung wird immer wieder betont, daß sich qualitative und quantitative Forschung nicht unversöhnlich gegenüberstehen dürfen, sich durchaus ergänzen (Cook/Reichardt 1979).

2.5. Aktionsforschung

Aktionsforschung (Handlungsforschung) ist der Bereich in der deutschsprachigen Unterrichtsforschung, in dem qualitative Forschung am stärksten vertreten ist. Grundgedanken dieses, sich meist auf Kurt Lewin (1982) berufenden Untersuchungsplanes ist es,

- an konkreten sozialen Problemen statt an ausschließlich wissenschaftlichen Fragestellungen anzusetzen;
- die Umsetzung der Forschungsergebnisse bereits im Forschungsprozeß zu vollziehen, also verändernd in die Praxis einzugreifen;
- dies in einer möglichst gleichberechtigten Interaktion im Diskurs zwischen Forschern und 'Beforschten', Betroffenen zu vollziehen.

Bereits 1972 haben Haag und Mitarbeiter eine Reihe von Forschungsfeldern für Aktionsforschung vorgestellt, wie Hochschuldidaktik, Gruppendynamik in Arbeitsgruppen, Randgruppenarbeit. Am einflußreichsten

Einzelfallanalyse Biographische Analyse	Dokumentenanalyse	Deskriptive teilnehmende Feldforschung	Evaluationsforschung Aktionsforschung
Lern-, Bildungsgeschichten	Schulbuchanalysen	Schülersubkulturen	Implementation von Schulversuchen
Schulerleben, peer group; Familienleben von Schülern	Tagebuch-, Briefanalyse	Nicht- unterrichtsbezogenes Erleben und Verhalten von Schülern im Unterricht	Experimentieren mit Arbeitsformen im Unterricht
Außenseiter, Stars,...	Schulverfassungen u.ä.		Experimentieren mit außerschulischen Arbeits formen (Hausaufgaben)
Institutionelle Reaktionen der Schule auf Störungen	Historisches Material		
Karrieren zu abweichendem Verhalten in der Schule	Worturteile von Lehrern		

Abb.2: Beispiele für Designs qualitativ-interpretativ orientierter Unterrichtsforschung

ist aber dieser Ansatz bei der Implementation von Schulversuchen in der Zeit der Bildungsreform geworden. Heinze und Mitarbeiter (1975) berichten über diesbezügliche Versuche in Hessen am Bildungstechnologischen Zentrum in Wiesbaden (1975 bereits wieder aufgelöst), in denen es vor allem um lehrerbezogene Strategien für Curriculuminnovation und emanzipatorischen Medieneinsatz ging. Qualitative Ansätze hatten im Methodenarsenal der Aktionsforschung dabei immer einen wichtigen Platz (z.B. Moser 1977). Heute hat sich die Diskussion um diesen Ansatz wieder mehr ins Theoretische verlagert (vgl. z.B. Zedler/Moser 1983). Auch lassen sich inden konkreten Projektberichten doch weniger als ursprünglich geplante qualitative Elemente entdecken (vgl. z.B. Marburger Grundschulprojekt, Klafki u.a. 1982). Trotzdem bleibt dies ein Untersuchungsplan, in dem qualitative Methoden eine zentrale Rolle spielen können, vor allem was den Diskurs zwischen Forschern und Betroffenen angeht.

Damit sind fünf Designs angesprochen, in denen sich qualitative Forschung hervorragend verwirklichen läßt. Wie sich dies für die Unterrichtswissenschaft konkretisiert hat bzw. konkretisieren läßt, soll die folgende Tabelle veranschaulichen. Die hier aufgeführten Beispiele sollen Anregung sein für intensivere qualitativ-interpretative Unterrichtsforschung.

3. Techniken qualitativ interpretativ orientierter Forschung

Was nun konkrete Techniken qualitativer Forschung angeht, so liegen hier entscheidende Neuerungen in den letzten Jahren. In den 60er und 70er Jahren wurde qualitative Forschung meist nur gefordert, in den 80er Jahren wurden verstärkt Verfahrensweisen vorgeschlagen und ausprobiert (vgl. z.B. Jüttemann 1985; Witzel 1982). Dabei ist jedoch zu beobachten, daß diese Techniken in der Regel unverbunden nebeneinander existieren. Welche Technik zum Einsatz kommt, scheint viel von Zufällen, von Schuldenken beeinflußt zu sein. Ein begründetes Abwägen und Auswählen verschiedener Techniken findet selten statt. Deshalb soll hier der Versuch gemacht werden, sechs verschiedene qualitative Techniken so darzustellen, daß sie miteinander vergleichbar, ja sogar miteinander vereinbar, kombinierbar erscheinen. Ein Überblick soll vorab die Basisannahmen und das grundsätzliche Vorgehen dieser Techniken darstellen.

3.1 Problemzentriertes Interview

Zu Beginn möchte ich auf ein Verfahren eingehen, das besonderen Wert auf qualitatives Vorgehen bei der Erhebung legt. Das problemzentrierte Interview (Witzel 1982, 1985) geht dabei davon aus, daß sozialwissenschaftlich relevante Datengewinnung immer kommunikativen Charakter hat, erfragt werden muß, da Handlungsbegründungen und Situationsdeutungen im Zentrum des Interesses stehen. Deshalb kommt

Technik	Basisannahmen	Vorgehen	Verallgemeinerbares Grundprinzip
problemzentriertes Interview, Witzel	- Kommunikativer Charakter der Erhebung - Problemzentrierung - Gegenstandsorientierung - Prozeßorientierung	- Kurzfragebogen - Leitfaden - Tonbandaufzeichnung - allgemeine Sondierung - spezifische Sondierung - ad-hoc-Fragen	offene, breite, einführende Erhebung
Phänomenologie Graumann/Metraux, Giorgi	- Deskriptive Funktion - Perspektive des intentionalen Subjekts	- Genaue Beschreibung - Lesen des Ganzen - genereller Sinn - Diskrim. von Bedeutungseinheiten Phänomen - Psycholog. Einsicht in Bedeutungseinheiten (Transformation) - Synthetisieren aller transformierten Bedeutungseinheiten	sorgfältige Deskription phänomenbezogen
Deutungsmusteranalyse, Wiedemann	- Subjektive Gedeutetheit der Realität - Bereichsspez. und Typisiertheit der Deutungen - Indexikalität	- Beschreibung/Schilderung - Wahrnehmungsdimensionen extrahieren - Handlungsfahrpläne - Beziehungen zwischen Bereichen - Analyse von Metaphern	subjektive Deutungsmuster

Objektive Hermeneutik Oevermann	- Analyt. unabh.objektive Bedeutungen - Interaktiv aus gesellschaftlichem Handeln entwickelt - Text als sämtl. Gebilde kultureller Entäußerungen	- Fallstrukturebene - Sequentielle Grobanalyse (gedankenexperimentell) - Interaktionseinbettung - Sequentielle Feinanalyse - Strukturgeneralisierung	objektive Strukturelemente Gedankenexperimente über alternative Bedeutungen
Grounded theory, Glaser/Strauss	- Einheit von Erhebung und Analyse - grounded theory als Vorstufe zu formaler Theorie	- Memo's sentizising concepts - schrittweise Vervollständigung - Vergleichsgruppen	laufende Präzisierung von Theorieelementen wärend der Analyse
Qualitative Inhaltsanalyse, Mayring	- Zusammenfassung, Explikation, Strukturieren als Grundformen - Systematik im Vorgehen - Gütekriterien	- Fragestellung - Erstellen eines Ablaufschemas der Analyse - Schrittweiser, regelgeleiteter Vollzug - Messen an spezifischen Gütekriterien	Experzite, regelgeleitete schrittweise Analyse mit Gütekriterien, Explikation des Vorgehens

Abb.3: Konkrete Techniken qualitativ-interpretativ orientierter Forschung

dem qualitativen Interview eine besondere Bedeutung zu. Dabei betont aber Witzel, daß ein solches Interview immer an bestimmten Fragestellungen orientiert sein sollte, problemzentriert vorgehen sollte. Damit hebt sich dieses Verfahren eines halbstrukturierten offenen Interviews vom narrativen Interview (Schütze 1977) ab, das nur das Hervorbringen einer Erzählung zum Ziel hat. Dort hilft der Interviewer nur, den roten Faden der Erzählung zu erhalten, einzelne Teile zu präzisieren, hier zielt der Interviewer auf einen bestimmten Gegenstand ab, mit spezifischen Fragestellungen. Die Instrumentenkonstruktion, so Witzel, ist konkret am Gegenstand orientiert, die Gewinnung und Prüfung der Daten wird als schrittweise ablaufender Prozeß angesehen. Im Zentrum des konkreten Vorgehens steht der Leitfaden, der allgemeine Sondierungsfragen zur Gesprächsanregung, und die zentralen Fragestellungen des Interviews enthält. Darüberhinaus stellt der Interviewer spezifische Sondierungsfragen zur Klärung einzelner Punkte, aber auch ad-hoc-Fragen, die nicht im Leitfaden enthalten sind. Daneben empfiehlt Witzel einen Kurzfragebogen ins Interview einzufügen, der ansonsten lästige sozialstatistische Daten, aber auch eventuell einen Einstieg in emotional stark belastete Themen enthalten kann. Für eine genaue Auswertung ist die Tonbandaufnahme unerläßlich.

3.2 Phänomenologische Analyse

Phänomenologische Analysen haben zwar in der geisteswissenschaftlich orientierten Forschung, vor allem in der Pädagogik, einen zentralen Platz (z.B. Danner 1979; für die Psychologie: Jaspers 1912), erleben aber gerade in der amerikanischen Psychologie einen Aufschwung (z.B. Giorgi 1985; Aanstoos 1984; Wertz 1983). Solche Ansätze sehen sich in den Sozialwissenschaften neben ihrer kritischen Funktion vor allem in einer deskriptiven Funktion (Graumann/Metraux 1977). Dabei soll angesetzt werden an der Perspektive des intentionalen Subjekts, bezogen auf bestimmte Phänomene. A. Giorgi (1985) gibt für das konkrete Vorgehen eine genaue Beschreibung und verdeutlicht es anhand des Beispiels einer Lerngeschichte. Nach der genauen Beschreibung des Phänomenbereichs unterscheidet er vier wesentliche Schritte: das Lesen der gesamten Beschreibung, um einen generellen Sinn herauszufiltern; die Diskrimination von Bedeutungseinheiten mit dem Fokus auf die zu analysierenden Phänomene in einem zweiten Lesedurchgang; die psychologische Interpretation und Transformation dieser Bedeutungseinheiten und schließlich deren Synthetisierung. Am Ende steht dann ein konsistentes Statement der Erfahrung des Subjekts, aus dessen Perspektive, auf das Phänomen bezogen.

3.3 Deutungsmusteranalyse

Ein ähnliches Anliegen hat die Deutungsmusteranalyse (Wiedemann 1985), da auch sie die Realität durch die subjektive Erfahrung, Deutung, aufschlüsseln will. Dabei zieht Wiedemann aus der kognitiven Psychologie Modelle der Wissens- und Erfahrungsorganisation und die Ethnomethodologie heran.

Erfahrungen sind danach bereichsspezifisch gegliedert und typisiert und an Kontextbedingungen gebunden (Indexikalität). Auch hier geht die allerdings etwas vage Vorgehensbeschreibung von einer exakten Gegenstandsbeschreibung/Schilderung aus. Die Zielsetzungen der Deutungsmusteranalyse können dann sehr stark variieren:

- die Suche nach Wahrnehmungsdimensionen, die einem Ereignis oder einer Ereignisklasse zugrunde liegen (Kategorien, Taxonomien);
- die Erfassung typischer Handlungsfahrpläne, die den Ablauf von Handlungen leiten;
- die Beziehungen zwischen der kognitiven Organisation unterschiedlicher Bereiche (Ähnlichkeiten, Abhängigkeiten, Wechselwirkungen);
- die Analyse von Metaphern, um die latente Strukturierung eines Erfahrungsbereiches durch einen anderen aufzudecken.

Gemeinsames Merkmal ist also die Suche nach Mustern in subjektiven Deutungen. Als Beispiel im Bereich der Unterrichtswissenschaften denkt man da sofort an die Analysenimpliziter Theorien von Lehrern (Dann u.a. 1982; Wahl u.a. 1983).

3.4 Objektive Hermeneutik

Ein schon ausgefeilteres, häufig erprobtes, aus der Soziologie stammendes Verfahren stellt die objektive Hermeneutik der Arbeitsgruppe um Oevermann dar (Oevermann u.a. 1979, 1980; Garz 1983; Schneider 1985). Man geht davon aus, daß es zumindest analytisch (von subjektiven Bedeutungen) unabhängige (nicht unbedingt empirisch unabhängige) objektive Bedeutungen von Handlungen gibt, die sich interaktiv energent aus praktischem gesellschaftlichem Handeln entwickeln. Grundlage der Analyse können nun sämtliche Gebilde kultureller Entäußerungen sein, sofern sie in irgendeiner Art protokolliert vorliegen ('Text' im weiteren Sinn, nach Oevermann). In diesem Material muß zunächst die Fallstrukturebene bestimmt werden als das soziale Gebilde, über das anhand des 'Textes' Aussagen gemacht werden sollen. Ein zweiter Schritt besteht in der sequentiellen Grobanalyse, in dem die objektiven Handlungsprobleme der zu analysierenden Situation und die darin möglichen und erwartbaren Handlungsoptionen entwickelt werden. Dazu stellt man Gedankenexperimente an. Mit demselben Verfahren wird die protokollierte Handlungssequenz in ihren äußeren Interaktionskontext gestellt. Dies ist der Grundgedanke des Vorgehens: der gedankenexperimentelle Entwurf möglicher Bedeutungen vor der Analyse der tatsächlichen Bedeutungen, der tatsächlichen Handlungen. Das Verfahren wird dann, als das Kernstück der Analyse, in der sequentiellen Feinanalyse für jeden einzelnen Interakt der protokollierten Handlungssequenz vollzogen. Nun ist dieses Verfahren natürlich sehr aufwendig. Oevermann selbst spricht davon (1979, S. 393), da eine Seite Protokoll 10 - 15 Stunden Arbeit für drei bis sieben Mitarbeiter bei einer 40 - 60 seitigen Interpretation, bedarf. Ziel der Analyse ist nun, durch eine Vielzahl von Feinanalysen über die Falsifikation von Strukturhypothesen zu einer Strukturgeneralisierung zu gelangen.

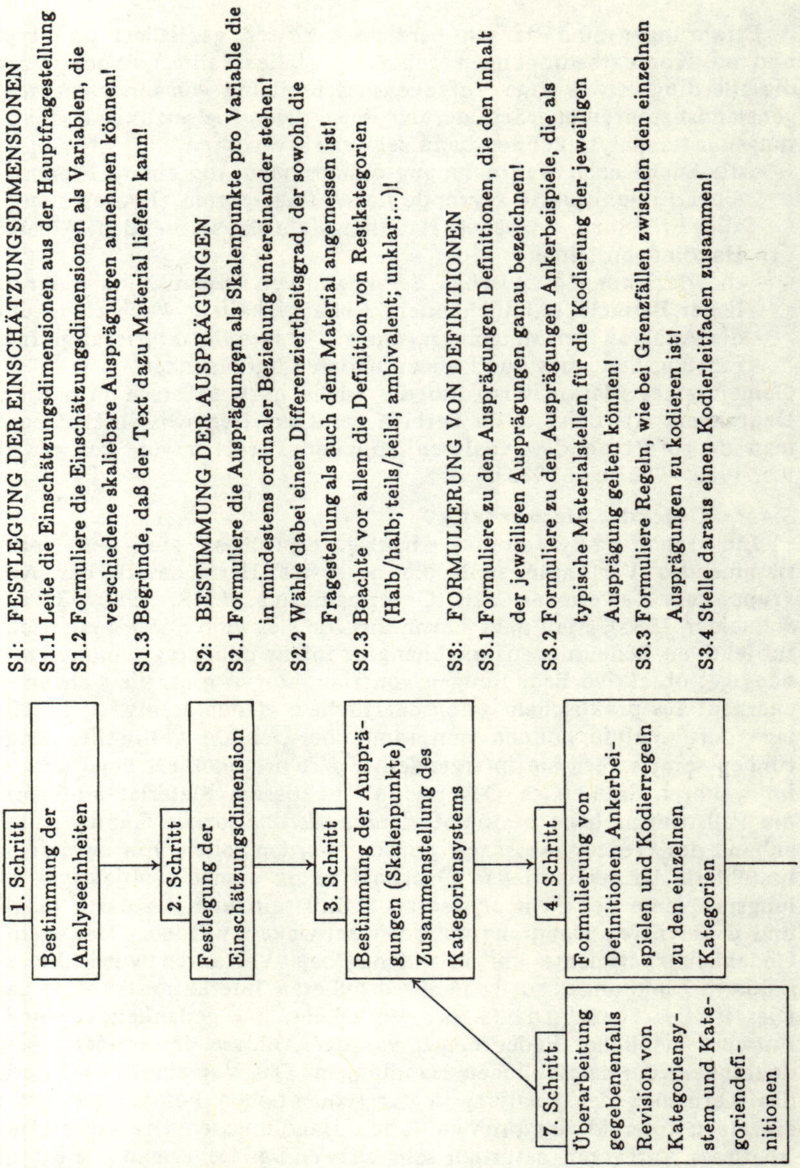

3.5 'Grounded theorie'

Grounded theory (Glaser/Strauß 1979; Glaser 1978) stellt ein in der Soziologie immer wieder angewandtes Verfahren induktiver, erhebungsbegleitender Konzept- und Theoriebildung dar. Gegenstandsbezogene Theorieelemente sind Konzepte über einen Gegenstandsbereich und stellen Vorstufen zu formalen Theorien dar, von denen wir aber (nach Gla-

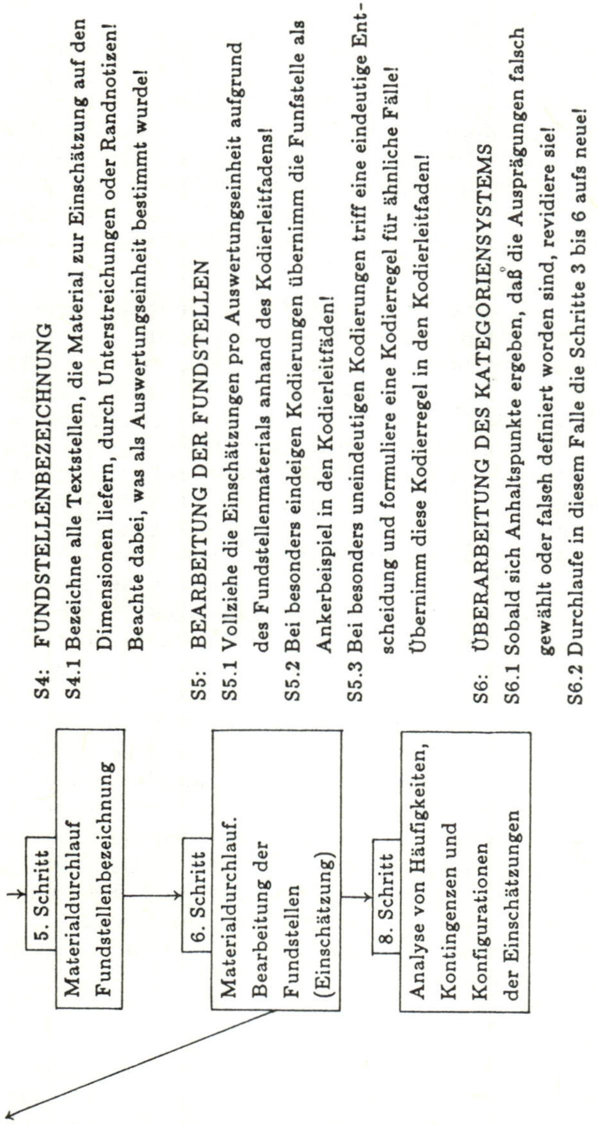

Abb. 4: Ablaufmodell und Interpretationsregeln der skalierenden Strukturierung (Mayring 1983)

ser/Strauß) in den Sozialwissenschaften weit entfernt sind. Der Ansatzpunkt der Autoren ist nun, daß der Forscher vor allem in unbekannteren Forschungsfeldern in jedem Fall schon während der Datenerhebung sich Gedanken über die Auswertung macht, Konzepte entwickelt, Theorieelemente aufstellt, und bei Abschluß der Datenerhebung so das wichtigste bereits gelaufen ist. Dieser Prozeß der Theoriebildung während der Erhebung soll nun expliziter gemacht werden. Das Konzept der 'sensitizing concepts' von Blumer als das Entdecken von zentralen Beschreibungskategorien wird hier herangezogen. Solche Beschreibungs- bzw. Interpretationskategorien werden während der Erhebung festgehalten (auf sogenannten Memo's) und schrittweise überarbeitet und vervollständigt. Daraus ergibt sich nun ein theoretischer Bezugsrahmen, der direkt die laufende Erhebung beeinflussen kann. Ist dieser theoretische Bezugsrahmen zu einer vorläufigen Schlüssigkeit gekommen, kann die Erhebung abgebrochen werden. Die Glaubwürdigkeit der Ergebnisse kann nun durch das Heranziehen von Vergleichsgruppen erhöht werden.

3.6 Qualitative Inhaltsanalyse

Die Inhaltsanalyse hat sich vor allem mit der Entwicklung der modernen Massenmedien zu deren quantitativer Analyse als kommunikationswissenschaftliche Methode entwickelt (z.B. Berelson 1951; Merten 1983). Immer häufiger wird aber heute das Scheitern der rein quantitativen Form festgestellt (Koch u.a. 1974; Rühl 1976; Fühlau 1978, 1982). Qualitative Inhaltsanalyse will nun die Vorteile des Verfahrens (systematisches, regelgeleitetes, methodisch kontrolliertes Vorgehen) beibehalten, ohne sofort auf problematische Quantifizierungen einzugehen (Mayring 1983, 1985). Dabei werden zunächst drei Grundformen des Interpretierens unterschieden: Zusammenfassung, Explikation (Kontextanalyse) und Strukturierung. Diese Grundformen werden nun in einzelne Schritte zerlegt, die zu Ablaufmodellen der Analyse zusammengestellt werden. Dadurch wird die Interpretation nachvollziehbar und überprüfbar. Zu den einzelnen Schritten werden schließlich, soweit notwendig, Interpretationsregeln formuliert. Abbildung 4 veranschaulicht dies für eine skalierende Strukturierung. Im Zentrum dieser Analyse steht die genaue Definition der Kategorien durch Definitionen, Ankerbeispiele ('Prototypen') und Kodierrefeln (Abgrenzungen). Im achten Schritt wird hier auch deutlich, was unter qualitativ orientierter Analyse zu verstehen ist: die Explikation der jeder Analyse notwendig inhärenten qualitativen Analyseschritte und die Bezeichnung der Punkte im Analyseverlauf, an denen sich quantitative Schritte sinnvoll einbauen lassen. Ein weiterer zentraler Punkt ist auch, daß es spezifische inhaltsanalytische Gütekriterien gibt (z.B. Krippendorff 1080), an denen sich auch die qualitative Inhaltsanalyse messen läßt.

4. Schlußbemerkungen

Damit sind nun sechs verschiedene qualitative Techniken angesprochen. Sieht man sich die Grundgedanken der jeweiligen Vorgehensweisen genauer an (rechte Spalte in Abb. 3), so fällt auf, daß sie sich durchaus nicht widersprechen, daß sie jeweils verschiedene Punkte des Analyseprozesses präzisieren und dadurch miteinander kombinierbar erscheinen. Damit soll nun nicht einer "Supertechnik" qualitativer Analyse als der Vereinigung all dieser Ansätze das Wort gesprochen werden. Es soll aber auch für unterrichtswissenschaftliche Forschung eine Entscheidung erleichtert werden, an welchen Stellen des Analyseprozesses in konkreten Forschungsprozessen sich zur Verbesserung der Ergebnisse qualitative Techniken einsetzen lassen. Und damit schließen sich die Grundaussagen dieser Arbeit: Notwendigkeit und Fruchtbarkeit qualitativer Analyse, Vereinbarkeit qualitativer und quantitativer Analyse.

Literatur

Aanstoos, C. (Ed. 1984): Exploring the lived world: Readings in phenomenological psychology. Atlanta, GA: Darby.

Aschenbach, G. (1984): Erklären und Verstehen in der Psychologie. Zur methodischen Grundlegung einer humanistischen Psychologie. Bad Honnef, Bock & Herchen.

Atteslander, P. (1971): Methoden der empirischen Sozialforschung. Berlin, de Gruyter Vlg.

Becker, H.S./Geer, B. (1979): Teilnehmende Beobachtung: Die Analyse qualitativer Forschungsergebnisse; in: Ch. Hopf/E. Weingarten (Hrsgg.): Qualitative Sozialforschung. Stuttgart, Klett Vlg. S. 139-169

Benken, J./F. Müller/G. Zinnecker-Koch (1975): Elemente von Handlungsforschung in der Lebensweltuntersuchung von Arbeiterkindern; in: Th. Heinze/E. Müller/B. Stickelmann/J. Zinnecker (Hrsgg.): Handlungsforschung im pädagogischen Feld. München, Juventa Vlg. S. 214-226.

Berelson, B. (1952): Content analysis in communication reserch. Glencoe,Ill., Free Press.

Berger, H. (1974): Untersuchungsmethode und soziale Wirklichkeit. Eine Kritik an Interview und Einstellungsmessung in der Sozialforschung. Frankfurt, Suhrkamp Vlg.

Bertraux, D. (1981): Introduction; in: D. Bertraux (Ed.): Biography und society. The life history approach in the social sciences. London, Sage.

Bertraux, D./M. Kohli (1984): The life story approach: a continental view; in: Annual Review of Sociology 10. S. 215-237.

Bogdan, R.C./S. K. Biklen (1982): Qualitative research in education: An introduction to theory and methods. Boston, Allyn & Bacon.

v. Buer, J. (1984): 'Quantitative' oder 'qualitative' Unterrichtsbeobachtung? - Eine falsche Alternative; in: Unterrichtswissenschaft 12. S. 252-267

Cartwright, D.P. (1966): Analysis of qualitative material; in: L. Festinger/D. Katz (Eds): Research methods in the behavioral sciences. New York, Holt. S. 421-469.

Cicourel, A.V. (1970): Methode und Messung in der Soziologie. Frankfurt, Suhrkamp Vlg.

Cook, Th.D./ C. S. Reichardt (1979): Qualitative and quantitative methods in evaluation research. Beverly Hills, Sage.

Coreth, E. (1969): Grundfragen der Hermeneutik. Freiburg, Herder Vlg.

Dalen van, D.B. (1973): Understanding educational research. New York, Mc Graw-Hill.

Dann, H.-D./W. Humpert/F. Krause/K.-Chr. Tennstädt (Hrsgg. 1982): Analyse und Modifikation subjektiver Theorien von Lehrern. Forschungsbericht 43 des Zentrum I Bildungsforschung, Sonderforschungsbereich 23 der Universität Konstanz. Konstanz.

Danner, H. (1979): Methoden geisteswissenschaftlicher Pädagogik. München, Reinhardt Vlg.

Denzin, N. K. (1978): The research act. New York, Mc Graw-Hill.

Dilthey, W. (1924): Ideen über eine beschreibende und zergliedernde Psychologie. Gesammelte Schriften Band V. Leipzig, Teubner Vlg. (Orig. 1894)

Festinger, L./D. Katz (Eds. 1966): Reserch methods in the behavioral sciences. New York, Holt.

Fühlau, J. (1978): Untersucht die Inhaltsanalyse eigentlich Inhalte? Inhaltsanalyse und Bedeutung; in: Publizistik 23. S. 7-18.

Fühlau, J. (1982): Die Sprachlosigkeit der Inhaltsanalyse. Linguistische Bemerkungen zu einer sozialwissenschaftlichen Analyse. Tübingen, Narr Vlg.

Fuchs, W. (1984): Biographische Forschung. Eine Einführung in Praxis und Methode. Opladen, Westdeutscher Verlag.

Gadamer, A.G./G. Boehm (Hrsgg. 1976): Seminar: Philosophische Hermeneutik. Frankfurt, Suhrkamp Vlg.

Garz, D./K. Kraimer/St. Aufenanger (1983): Rekonstruktive Sozialforschung und objektive Hermeneutik - Annotationen zu einem Theorie und Methodenprogramm; in: Zeitschrift für Sozialisationsforschung und Erziehungssoziologie 3. S. 126-134.

Gerdes, K. (1979): Explorative Sozialforschung. Stuttgart, Enke Vlg.

Giorgi, A. (Ed. 1985): Phenomenology and psychological research. Pittsburg, PA, Duquesne University Press.

Girtler, R. (1980): Vagabunden in der Großstadt. Stuttgart, Enke Vlg.

Glaser, B. G. (1978): Theoretical sensitivity. Advances in the methodology of grounded theory. California, The Sociology Press.

Glaser, B. G./A. L. Strauss (1979): Die Entdeckung gegenstandsbezogener Theorie: Eine Grundstrategie qualitativer Sozialforschung; in:Ch. Hopf/E. Weingarten(Hrsgg.): Qualitative Sozialforschung. Stuttgart; Klett Vlg. S. 91-111 (Orig. 1969).

Heinze, Th./H.-W. Klusemann/H. G. Soeffner (Hrsgg. 1980): Interpretation einer Bildungsgeschichte. Überlegungen zur sozialwissenschaftlichen Hermeneutik. Bensheim, Päd.extra.

Heinze, Th./E. Müller/B. Stickelmann/J, Zinnecker (Hrsgg. 1975): Handlungsforschung im pädagogischen Feld. München, Juventa Vlg.

Ingenkamp, K. (1970/71): Handbuch der Unterrichtsforschung, Teil I-III. Weinheim, Beltz Vlg.

Jaspers, K. (1912): Die phänomenologische Forschungsrichtung in der Psychopathologie; in: Zeitschrift für die gesamte Neurologie und Psychiatrie 9.

Jüttemann, G. (Hrsg. 1985): Qualitative Forschung in der Psychologie. Grundfragen, Verfahrensweisen, Anwendungsfelder. Weinheim, Beltz Vlg.

Klafki, W. u.a. (1982): Schulnahe Curriculumentwicklung und Handlungsforschung. Forschungsbericht des Marburger Grundschulprojekts. Weinheim, Beltz Vlg.

Koch, V./H. Witte/E. H. Witte (1974): Die Inhaltsanalyse als Meßinstrument. Methodenkritische Aspekte einiger Inhaltsanalysen von Publikumszeitschriften; in: Publizistik 19. S. 177-184.

Kohli, M. (1983): Biographieforschung im deutschen Sprachbereich. ASI-News 6. S. 5-32. Beiheft: Qualitative Ansätze in der Forschungspraxis

Kohli, M./G. Robert (Hrsgg. 1984): Biographie und soziale Wirklichkeit. Stuttgart, Metzler Vlg.

Krippendorf, K. (1980): Content analysis. An introduction to its methodology. Beverly Hills, Sage.

Leiser, E. (1986): Statistisches Schließen und wissenschaftliche Erkenntnis. Gesichtspunkte für eine Kritik und Neubestimmung; in: Zeitschrift für Sozialpsychologie 17. S. 146-159.

Lewin, K. (1933): Der Übergang von der aristotelischen zur galileischen Denkweise in Biologie und Psychologie; in: Erkenntnis 1. S. 421-466.

Lewin, K. (1982): Aktionsforschung und Minderheitenprobleme. Kurt Lewin-Gesamtausgabe Band 7, hg. v. C.-F. Graumann. Bern, Huber Vlg.

Mayring, Ph. (1983): Qualitative Inhaltsanalyse - Grundlagen und Techniken. Weinheim, Beltz Vlg.

Mayring, Ph. (1985): Qualitative Inhaltsanalyse; in: G. Jüttemann (Hrsg.): Qualitative Forschung in der Psychologie. Grundfragen, Verfahrensweisen, Anwendungsfelder. Weinheim, Beltz Vlg. S. 187-211.

Merten, K. (1983): Inhaltsanalyse. Einführung in Theorie, Methode und Praxis. Opladen, Westdeutscher Verlag.

Mertens, W. (1975): Sozialpsychologie des Experiments. Hamburg, Hoffmann u. Campe Vlg.

Mohler, P. Ph. (1981): Zur Pragmatik qualitativer und quantitativer Sozialforschung; in: Kölner Zeitschrift für Soziologie und Sozialpsychologie 33. S. 716-734.

Moser, H. (1977): Methoden der Aktionsforschung. München, Kösel Vlg.

Oevermann, U./T. Allert/E. Konau/J. Krambeck (1979): Die Methodologie einer "objektiven Hermeneutik" und ihre allgemeine forschungslogische Bedeutung in den Sozialwissenschaften; in: G. Soeffner (Hrsg.): Interpretative Verfahren in den Sozial- und Textwissenschaften. Stuttgart, Metzler Vlg. S. 352-434.

Oevermann, U./T. Allert/E. Konau (1980): Zur Logik der Interpretation von Interviewtexten: Fallanalyse anhand eines Interviews mit einer Fernstudentin; in: Th. Heinze u.a. (Hrsg.): Interpretation einer Bildungsgeschichte. Bensheim, Päd.extra. S. 15-69.

Patry, J.-L. (Hrsg. 1982): Feldforschung. Methoden und Probleme sozialwissenschaftlicher Forschung unter natürlichen Bedingungen. Bern, Huber Vlg.

Patton, M.Q. (1980): Qualitative evaluation methods. Beverly Hills, Sage.

Paul, S. (1978): Begegnungen. Zur Geschichte persönlicher Dokumente in Ethnologie, Soziologie und Psychologie. Band 1 und 2. Hohenschäftlarn, Renner Vlg.

Petermann, F./F.-J. Hehl (Hrsgg. 1979): Einzelfallanalyse. München, Urban & Schwarzenberg Vlg.

Rühl, M. (1976): Vom Gegenstand der Inhaltsanalyse; in: Rundfunk und Fernsehen 24. S. 367-378.

Rudinger, G./F. Chaselon/E. J. Zimmermann/H. J. Henning (1985): Qualitative Daten. Neue Wege sozialwissenschaftlicher Methodik. München, Urban & Schwarzenberg Vlg.

Smith, J.E.K. (1976): Analysis of qualitative data; in: Annual review of Psychology 27. S. 487-499.

Schneider, G. (1985): Strukturkonzept und Interpretationspraxis der objektiven Hermeneutik; in: G. Jüttemann (Hrsg.): Qualitative Forschung in der Psychologie. Weinheim, Beltz Vlg. S. 71-91.

Schütze, F. (1977): Die Technik der narrativen Interviews in Interaktionsfeldstudien - dargestellt an einem Projekt zur Erforschung von kommunalen Machtstrukturen. Arbeitsberichte und Materialien Nr. 1. Bielefeld: Fakultät für Soziologie.

Terhart, E. (1987): Ethnographische Schulforschung in den USA. Ein Literaturbericht; in: Zeitschrift für Pädagogik 25. S. 291-306.

Thomae, H./G. Jüttemann (1987): Biographie und Psychologie. Berlin, Springer Vlg. (i. Druck).

Thomae, H./F. Petermann (1983): Biographische Methode und Einzelfallanalyse, in: C.F. Graumann u.a. (Hrsgg.): Enzyklopädie der Psychologie Bd. I, 2: Datenerhebung. Göttingen, Hogrefe Vlg. S. 362-400.

Wahl, D./J. Schlee/J. Krauth/J. Mureck (1983): Naive Verhaltenstheorie von Lehrern. Oldenburg, Zentrum für pädagogische Berufspraxis der Universität.

Wertz, F.J. (1983): From everyday to psychological description: Analyzing the moments of a qualitative data analysis; in: Journal of Phenomenological Psychology 14. S. 197-241.

Whyte, W. F. (1943): Street corner society. Chicago, The University of Chicago Press.

Wiedemann, P. M. (1985): Deutungsmusteranalyse; in: G. Jüttemann (Hrsg.): Qualitative Forschung in der Psychologie. Weinheim, Beltz Vlg. S. 212-226.
Windelband, W (1950): Lehrbuch der Geschichte der Philosophie. Tübingen, Mohr Vlg. (Orig. 1894)
Witzel, A. (1982): Verfahren der qualitativen Sozialforschung. Überblick und Alternativen. Frankfurt, Campus Vlg.
Witzel, A. (1985): Das problemzentrierte Interview; in: G. Jüttemann (Hrsg.): Qualitative Forschung in der Psychologie. Weinheim, Beltz Vlg. S. 227-256.
v. Wright, G. H.: Erklären und Verstehen. Frankfurt, Athenäum Vlg.
Zedler, P./H. Moser (Hrsgg.1983): Aspekte qualitativer Sozialforschung. Opladen, Leske Vlg.

HEINZ-DIETER SCHMALT

ÜBER DEN EINSATZ DES LM-GITTERS ZUR MESSUNG DER LEISTUNGSMOTIVATION IN SCHUL- UND UNTERRICHTSSITUATIONEN

1. Leistungsmotivation und Motivdiagnostik

Das Leistungsmotiv wird üblicherweise definiert als eine Persönlichkeitsdisposition, die in Tätigkeitsbereichen zum Ausdruck kommt, in denen Gütemaßstäbe vorliegen - in denen also etwas gelingen oder mißlingen kann - und in denen es zu einer Auseinandersetzung mit diesen Gütemaßstäben kommt. Motivationspsychologisch manifestiert sich diese Auseinandersetzung mit Gütemaßstäben in dem Bestreben, die eigene Tüchtigkeit zu steigern oder möglichst hoch zu halten. Das Verhalten und Erleben ist auf die kritischen Zielereignisse Erfolg/Mißerfolg ausgerichtet, wobei angenommen wird, daß es interindividuell stabile Gewichtungsvoreingenommenheiten in bezug auf diese beiden Ereignisse gibt. Das Erleben der einen Person ist habituellerweise auf die Erreichung eines Erfolgs ausgerichtet, das Erleben einer anderen Person eher auf die Vermeidung eines Mißerfolgs. Im Zustand einer angeregten Motivation werden nun die kritischen Zielzustände - Erfolg oder Mißerfolg - und die daran sich angliedernden affektiven Reaktionen - Freude, Stolz, Niedergeschlagenheit und Scham - antizipatorisch vorweggenommen, was auf phänomenologischer Ebene zur Differenzierung der Subsysteme "Hoffnung auf Erfolg" (HE) und "Furcht vor Mißerfolg" (FM) führt. Hoffnung und Furcht sind danach die grundlegenden Dimensionen leistungsmotivierten Erlebens und Verhaltens. Je nachdem, welcher Aspekt im Erleben und Verhalten habituellerweise vorherrscht, werden Erfolgs- und Mißerfolgsmotivierte (EM, MM) unterschieden. Große Teile der empirischen Forschung zum Leistungsmotiv haben sich mit der Aufdeckung und Beschreibung dieser Unterschiede im Erleben und Verhalten beschäftigt (zusf. Schmalt/Meyer, 1976; Heckhausen, Schmalt/Schneider, 1985).

Da eine solche Motivdisposition sich nur dann im Erleben und Verhalten bemerkbar macht, wenn sie situationsseitig angeregt wird - eben durch Situationen, in denen ein Gütemaßstab verbindlich ist - so ist zu vermuten, daß das Leistungsmotiv insbesondere in schulischen Lernsituationen angeregt wird und unterschiedliches Erleben und Verhalten determiniert.

Was die Messung des Leistungsmotivs anlangt, so war man der Ansicht, daß man ein Motiv nicht direkt - etwa mit Fragebogen - messen könne, da darin lediglich hoch generalisierte Einstellungen und Werte, nicht aber Motive erfaßt werden. Ein Motiv macht sich erst im Erleben bemerkbar, wenn es situationsseitig angeregt wird (s.o.). Es muß also bei der Motivdiagnostik ebenfalls darum gehen, das Leistungsmotiv anzuregen, um dann das Erleben auf leistungsthematische Inhalte hin zu analysieren. Man ist dabei so vorgegangen, daß man Personen mit Bildern konfrontiert hat, in denen verschiedene Aspekte einer Leistungsthematik dargestellt sind (z.B. Schüler und Lehrer vor einer Schultafel; Meister und Lehrer vor einer Werkbank etc.). Zu diesen Bildern sollen die Personen dann Geschichten erzählen, die die abgebildete Situation ausgestalten. Es gibt eine Reihe von empirischen Belegen dafür, daß in solchen situativ angeregten Fantasieproduktionen überdauernde Motivdispositionen ihren Niederschlag finden, wobei es natürlich einiger aufwendiger Techniken bedarf, um aus solchen Geschichten jene Inhalte herauszulösen, die auf ein ganz bestimmtes Motiv hindeuten. Heckhausen (1963) hat im deutschsprachigen Raum auf diesen Grundgedanken aufbauend ein Verfahren zur Messung des Leistungsmotivs entwickelt und Inhaltskategorien beschrieben, die die beiden Motivtendenzen Hoffnung auf Erfolg (HE) und Furcht vor Mißerfolg (FM) indizieren (vgl. Tab. 1). Die Motivationsforschung verdankt diesem und ähnlichen Verfahren eine

	HE		FM
B	Bedürfnis nach Leistung und Erfolg	Bm	Bedürfnis nach Mißerfolgs meidung
I	Instrumentelle Tätigkeit (ein Ziel zu erreichen)	Im	Instrumentelle Tätigkeit, um Mißerfolg zu vermeiden
E	Erfolgserwartung	Em	Mißerfolgserwartung
L	Lob	T	Tadel
G+	Positiver Gefühlszustand	G-	Negativer Gefühlzustand
		M	Mißerfolg
Th	Erfolgsthema	Thm	Mißerfolgsthema

Tab. 1: Inhaltskategorien für die Tendenzen Hoffnung auf Erfolg (HE) und Furcht vor Mißerfolg (FM) (nach Heckhausen, 1963, 67)

ganze Reihe von Erkenntnissen (Heckhausen et al., 1985; McClelland, 1985).

So nützlich dieses Verfahren auch ist, für manche Einsatzgebiete, speziell auch im Rahmen der Schule, erwies es sich als unhandlich und schwerfällig, insbesondere wegen der notwendigen akribischen inhalts-

Diagnost. Auswahl-gesichtspunkte[a]		Aussagen	Motivtendenz[b]
Füller	1)	Er fühlt sich wohl dabei	---
FM *(Im)*	2)	Er denkt:"Wenn das schwierig ist, mache ich lieber ein anderes Mal weiter"	FM_1
HE *(E)*	3)	Er glaubt, daß er das schaffen wird	HE vs.FM_1
HE *(G+)*	4)	Er denkt:"Ich bin stolz auf mich, weil ich das kann."	HE
FM *(Em)*	5)	Er denkt:"Ob auch nichts falsch ist?"	FM_2
FM *(G-)*	6)	Er ist unzufrieden mit dem, was er kann.	FM_1
Füller	7)	Er wird dabei müde.	FM_2
FM *(Im)*	8)	Er denkt:"Ich frage lieber jemanden, ob er mir helfen kann."	FM_1
HE *(R)*	9)	Er denkt:"Ich will es einmal können."	HE
HE *(E)*	10)	Er glaubt, daß er alles richtig gemacht hat.	HE vs.FM_1
FM *(Em)*	11)	Er hat Angst, daß er dabei etwas falsch machen könnte	FM_2
Füller	12)	Das gefällt ihm nicht.	FM_1
FM *(Bm)*	13)	Er will nichts verkehrt machen	FM_2
HE *(B)*	14)	Er will mehr können als alle anderen.	HE
HE *(B)*	15)	Er denkt:"Ich will am liebsten etwas machen, was ein bißchen schwer ist."	HE
Füller	16)	Er will lieber gar nichts tun.	FM_1
HE *(I)*	17)	Er denkt:"Wenn das sehr schwer ist, versuche ich das bestimmt länger als andere."	HE
FM (Em)	18)	Er denkt, er kann das nicht.	FM_1

[a] In Klammern sind einzelnen Inhaltskategorien der Auswertungs schlüssel für HE und FM nach Heckhausen angegeben (vgl. weiter oben im Text).

[b] FM_1: aktive Mißerfolgsmeidung (Item 2,8,16) und Selbstkonzept mangelnder Fähigkeit (Item 6, 18);
FM_2: Furcht vor Mißerfolg (Item 5, 7, 11, 13); HE: Erfolgszuversicht (Item 3, 10), Bevorzugung eher schwieriger Aufgaben (Item 15, 17) und Selbstkonzept guter Fähigkeit (Item 4, 14); HE vs. FM_1: bipolare Faktorenladung (Item 3, 10).

Abb. 1: Zwei der 18 Bildsituationen des LM-Gitters, die 18 Aussagen, ihre faktorenanalytisch bestimmte Zugehörigkeit zu verschiedenen Tendenzen (s.u.) sowie die jeweils zutreffenden Inhaltskategorien des Auswerteschlüssels (vgl. Tab. 1) (nach Heckhausen, 1980, S.262).

analytischen Auswertung der Geschichten. Ich habe deswegen ein Verfahren entwickelt, das die belegten Vorzüge des inhaltsanalytischen Verfahrens enthält bei gleichzeitig relativ einfacher Handhabung in Anwendung und Auswertung. Das Verfahren - das LM-Gitter - besteht aus zwei Grundparametern, nämlich einer Reihe von Situationen, in denen Leistung eine Rolle spielt und einer Reihe von Aussagen, die die Komponenten "Hoffnung auf Erfolg" und "Furcht vor Mißerfolg" beschreiben und Konstruktcharakter für diese besitzen. Es werden insgesamt 18 grafisch dargestellte Leistungssituationen angeboten. Darunter sind jeweils 18 identische Aussagen aufgelistet, die die beiden Motivkomponenten betreffen. Abb. 1 zeigt zwei der 18 leistungsthematischen Bildsituationen des Gitters sowie die Aussagen, die entsprechenden Skalen sowie eine von Heckhausen vorgenommene Zuordnung der Aussagen des Gitters zu den Kategorien des inhaltsanalytischen Verfahrens (vgl. Tab. 1 und Abb. 1).

Die Personen müssen nun beides aufeinander beziehen, indem sie angeben, welche der verschiedenen Aussagen für sie in der dargestellten Situation zutreffen würden. Der Kennwert des Leistungsmotivs ergibt sich aus der Aufsummierung der "zutreffend"-Markierungen in den beiden Skalen (HE, FM) über den gesamten Bildersatz [1].

2. Die Güteeigenschaften des LM-Gitters

Die Entwicklung des LM-Gitters und ebenso die Überprüfung seiner Güteeigenschaften ist an den Kriterien der klassischen Testtheorie orientiert. Als einer der ersten Schritte wurde eine Strukturanalyse des Verfahrens durchgeführt, die Aufschluß über die dem Verfahren zugrunde liegenden Hauptdimensionen geben sollte: insbesondere die Frage beantworten sollte, ob die theoretische Festlegung auf die Hauptdimensionen HE und FM empirisch verifizierbar ist. Diese Strukturanalyse des Verfahrens geschah auf mehreren Wegen:

1. mit Hilfe der zweimodalen Faktorenanalyse (Aussagen x Personen) (Schmalt, 1976a; Smits/Schmalt, 1978, Halisch, 1982; Schmalt, Schab, 1984),
2. mit Hilfe der dreimodalen Faktorenanalyse (Situationen x Aussagen x Personen) (Rösler, Manzey, Jesse/Grau, 1980),
3. mit Hilfe clusteranalytischer Techniken (Smits/Schmalt, 1978).

Die ersten faktorenanalytischen Untersuchungen wurden bereits recht frühzeitig durchgeführt (Schmalt, 1973, 1976a, b) und empfahlen, eine drei-faktorielle Struktur zu akzeptieren, wie sie in Tab. 2 dargestellt ist. Das hierbei verwendete Kriterium legte fest, jene Lösung als die optimale zu empfehlen, in der, als der größten, sämtliche Faktoren durch wenigstens drei Aussagen mit bedeutsamen Ladungen (a^2/b^2 >.50) gekennzeichnet sind und in der - unter sonst gleichen Bedingungen - die meisten Aussagen eindeutig einem Faktor zuzuordnen sind. Wenn man auf der Grundlage dieser Faktorenanalyse die Hauptdimensionen des

[1] Über die Erstellung der Aussagen und des Bildersatzes sowie die Selektionsstrategie informiert ausführlich Schmalt, 1976b, Kap. 6.

				F.1	F.2	F.3	h^2	a^2/b^2
1	n		Er fühlt sich wohl dabei	.05	.21	-.04	.05	.88
2	FM	Fm1	Er denkt:"wenn das schwierig ist, mache ich lieber ein anderes Mal weiter."	.59	.12	.31	.47	.74
3	HE		Er glaubt, daß er das schaffen wird	-.54	.43	.26	.65	.53
4	HE	HE1	Er denkt:"Ich bin stolz auf mich, weil ich das kann."	-.06	.68	.00	.47	.98
5	FM	FM2	Er denkt:"Ob auch nichts falsch ist?"	-.07	.02	.85	.73	.99
6	FM	FM1	Er ist unzufrieden mit dem, was er kann.	.58	.14	.07	.37	.91
7	n	FM2	Er wird dabei müde.	.27	-.08	.45	.28	.72
8	FM	FM1	Er denkt:"Ich frage lieber jemanden, ob er mir helfen kann."	.50	.12	.08	.28	.89
9	HE	HE1	Er denkt:"Ich will es einmal können."	-.05	.50	.16	.28	.89
10	HE		Er glaubt, daß er alles richtig gemacht hat.	-.46	.47	.25	.50	.44
11	FM	FM2	Er hat Angst, daß er dabei etwas falsch machen könnte	.24	-.05	.76	.63	.92
12	n	FM1	Das gefällt ihm nicht.	.65	.05	.02	.43	.98
13	FM	FM2	Er will nichts verkehrt machen	-.16	.18	.61	.43	.87
14	HE	HE1	Er will mehr können als alle anderen.	.19	.72	-.01	.55	.94
15	HE	HE1	Er denkt:"Ich will am liebsten etwas machen, was ein bißchen schwer ist."	.21	.59	-.04	.39	.89
16	n	FM1	Er will lieber gar nichts tun.	.74	.06	-.07	.56	.98
17	HE	HE1	Er denkt:"Wenn das sehr schwer ist, versuche ich das bestimmt länger als andere."	.17	.54	.05	.32	.91
18	FM	FM1	Er denkt, er kann das nicht.	.63	.12	.07	.41	.97

Tab. 2: Rotierte Faktorenmatrix der Aussagen des LM-Gitters (nach Schmalt, 1976a, 10-11)

Verfahrens bestimmt, so empfiehlt es sich, die Aussagen 1 (unbedeutende Kommunalität) sowie 3 und 10 (Mehrdimensionalität, negative Polung) von der Verwendung zunächst auszuschließen. Eine Skalenbildung nach Maßgabe der faktorenanalytischen Ergebnisse würde die folgenden Skalen umfassen:

Skala HE: Konzept guter eigener Fähigkeit und Erfolgszuversicht (Aussagen 4, 9, 14, 15, 17) (F.2)

Skala FM 1: Konzept mangelnder eigener Fähigkeit und Initiation von Handlungen zur Abwendung von Mißerfolg (Aussagen 2, 6, 8, 12, 16, 18 = (F.1)

Skala FM 2: Furcht vor Mißerfolg (Aussagen 5, 11, 13) (F.3) [2]

---

[2] In einigen Nachfolgeuntersuchungen hat sich gezeigt, daß das Item 7 wenig stabil ist, es wurde deshalb nicht weiter berücksichtigt.

Aus forschungspraktischen Gründen wird bislang in aller Regel so vorgegangen, daß jeweils ein Summenwert für jede der faktorenanalytisch gewonnenen Skalen, aufsummiert über alle 18 im Gitter enthaltenen Situationen, berechnet wird. Häufig wird auch ein Differenzwert zwischen HE und FM 1 berechnet, der die relative Stärke der Aufsuchen- gegenüber der Meidentendenz wiedergibt und als ein summarisches Maß für das Leistungsmotiv angesehen werden kann.

Wie bereits erwähnt, hat sich die Faktorenstruktur als außerordentlich stabil erwiesen. Tab. 3 gibt beispielsweise die Rotationslösungen einer weiteren Analyse wieder (Rösler, Manzey, Jesse/Grau, 1982), die mit anderen Techniken durchgeführt wurde, aber zu einer nahezu iden-

(a) Jungen Aussage:	Dimensionen 1	2	3	(b) Mädchen Aussage:	Dimensionen: 1	2	3	Zuordnung lt. Testmanual zu:
1	-.02	.31	-.34	1	-.14	.02	-.22	n
2	-.37	.00	.32	2	.46	-.14	.14	FM1
3	.23	.44	-.12	2	-.19	.05	-.40	n
4	.07	.57	.04	4	-.06	.01	-.63	HE1
5	.03	.01	.63	5	.06	-.74	.02	FM2
6	-.46	.01	-.17	6	.52	.14	-.10	FM1
7	-.34	-.23	.19	7	.27	-.04	.31	FM2
8	-.52	.11	.22	8	.50	-.15	.14	FM1
9	.04	.47	.00	9	-.08	-.02	-.47	HE1
10	.22	.55	.08	10	-.15	.16	-.47	n
11	-.15	.06	.59	11	.06	-.74	.02	FM2
12	-.64	-.06	-.08	12	.56	.11	.04	FM1
13	.14	.21	.61	13	-.10	-.68	-.11	FM2
14	-.24	.62	.02	14	.26	.08	-.45	HE1
15	.04	.42	.25	15	.18	.06	-.47	HE1
16	-.58	-.15	-.09	16	.52	.01	.12	FM1
17	-.22	.37	.20	17	.33	-.08	-.34	HE1
18	-.62	-.02	.08	18	.52	.02	-.01	FM1
% tot	11.8	11.0	8.9	%-tot	11.0	9.4	9.8	

(b) Eigenwerte der 6 varianzstärksten Hauptkomponenten

Jungen:	2.29	2.02	1.38	1.04	1.03	.92
Mädchen:	2.10	1.76	1.59	1.12	1.01	.95

Anmerkung: Die jeweils höchste Ladung einer Zeile wurde unterstrichen. %-tot bedeutet Anteil der Komponente an der Totalvarianz in Prozent.

Tab. 3: Dreimodale Faktorenanalyse. Faktorisierung der Aussagen des LM-Gitters, getrennt für Jungen und Mädchen (nach Rösler et al., 1982, 136)

tischen 3-faktoriellen Lösung gelangt, die für Jungen und Mädchen gleichermaßen Gültigkeit besitzt. Unterschiede ergeben sich lediglich in bezug auf die *Reihung* der Faktoren, was auf geringfügige Unterschiede im Betrag der durch die Faktoren aufgeklärten Varianz zurückzuführen ist. Zu dem Schluß gleicher Gültigkeit für Jungen und Mädchen kommen im übrigen auch Rösler, Manzey, Jesse/Grau (1980) aufgrund itemstatistischer Analysen des LM-Gitters. Die Vermutung, daß die gewählte "Er"-Form der Aussagen eine Gültigkeit des Verfahrens ausschließlich für Jungen nahelegen könnte, fand deshalb keine Bestätigung. Halisch 1982 hat sämtliches bis dahin publizierte Befundmaterial unter der Perspektive der Faktorenstabilität gesichtet und kommt zu dem Schluß, daß sich die Faktoren "sehr gut replizieren lassen" (S. 151).

Eine besondere Problematik für Verfahren, die sich für den Einsatz im schulischen Kontext empfehlen, besteht in dem Nachweis, daß das Verfahren auch bei wiederholter Anwendung identische Faktoren mißt und dies in zuverlässiger Weise. Ein solcher Nachweis ist beispielsweise notwendig, wenn eine durchgeführte Intervention daraufhin überprüft wird, ob sie eine Veränderung auf der Schülerseite (etwa in der Ausprägung von "Furcht vor Mißerfolg") bewirkt hat. Die Untersuchungen zur Stabilität der Faktorenstruktur bei wiederholter Anwendung des Verfahrens hat ebenfalls Halisch 1982 zusammengetragen und kritisch bewertet. Seine Analysen (Halisch, 1982, Tab. 1) zeigen, daß die Korrelation (Faktorenkongruenzkoeffizient; Tucker, 1951) zwischen identischen Faktoren auch bei mehrfacher Wiederholung insgesamt sehr hoch liegen (zwischen .87 und .99) und sämtlich sehr signifikant sind (p < .001). Von

GRUNDSCHULE **

			2. Erhebung			3. Erhebung		
			1	3	2	1	3	2
			FM1	HE	FM2	FM1	HE	FM2
	1	FM1	.99	.28	-.02	.98	.05	.00
1.	3	HE	.22	.95	.76	.14	.95	.64
Erhebung	2	FM2	.28	.41	.94	.20	.43	.97
	1	FM1				.98	.11	.07
2.	3	HE				.27	.96	.40
Erhebung	2	FM2				-.03	.62	.98

REALSCHULE **

			2. Erhebung		
			1	2	3
			FM1	HE	FM2
	1	FM1	.87	.18	.11
1.	2	HE	.33	.96	.52
Erhebung	3	FM2	.34	.34	.94

** Koeffizienten berechnet nach Tucker (1951);
Signifikanzgrenzen nach Schneewind & Cattell (1970):
>.82: p<.001; >.68: p<.01; >.50: p<.05; >.41: p<.10

Tab. 4: Faktorenstrukturvergleiche der drei Gitter-Faktoren bei mehrfachen Wiederholungsmessungen (nach Halisch, 1982, 147)

den übrigen 24 Korrelationen zwischen "nicht-identischen" Faktoren erreicht nur ein einziger Koeffizient eine deutliche Signifikanz (vgl. Tab.

4). Zu noch deutlicheren Befunden kommt die Untersuchung von Schmalt & Schab (1984), in der Faktorenkongruenzkoeffizienten bei identischen Faktoren zwischen .92 und .96 und bei nichtidentischen Faktoren zwischen -.64 und .28 berichtet werden. Die Wiederholungszuverlässigkeiten bei einem Intervall von zwei bzw. acht Wochen liegen zwischen .67 und .85 (vgl. Schmalt, 1976a, Tab. 7). Insgesamt besehen kann deshalb davon ausgegangen werden, daß das Verfahren eine gute Stabilität aufweist und sich für die Evaluation von Interventionstechniken im schulischen Kontext sehr gut eignet.

3. Der Einsatz des LM-Gitters in der Schule

Es liegen bislang eine Reihe von Untersuchungen vor, die die Validität des LM-Gitters deutlich belegen. Es handelt sich hierbei in aller Regel um theoriegeleitet entwickelte Fragestellungen, zu deren Beantwortung das LM-Gitter für die Messung von Motivunterschieden eingesetzt worden ist. Im einzelnen liegen theoriestützende und damit die Konstruktvalidität des Verfahrens belegende Untersuchungen aus den folgenden Bereichen vor:

1. Leistungsdaten unter Laborbedingungen (Zahlen-Symbol-Test; Schmalt, unveröffentlicht) und unter Feldbedingungen (Schulnoten; Schmalt, 1976b; Peez, Pilhofer/Zimmermann, 1980; Holling/Otto, 1981).
2. Anspruchsniveausetzungen und Anspruchsniveauverschiebungen (Schmalt, 1976b).
3. Risiko-Wahlen (Schmalt, 1976b).
4. Ausdauerverhalten (Schmalt/Oltersdorf, in Vorb.).
5. Belohnungsaufschub in Leistungssituationen (Burger/Trommsdorff, 1982).
6. Ursachenzuschreibungen für Erfolg und Mißerfolg (Schmalt,1982a).
7. Theoriegeleitet interpretierbare Korrelationsmuster zu konstruktnahen und konstruktfernen Variablen (Ängstlichkeit, Schulunlust, Anstrengungsvermeidung) (Schmalt, 1976b; Holling & Otto, 1981).
8. Schließlich konnte gezeigt werden, daß die LM-Gitter-Motivkennwerte abhängen von elterlichen Erziehungsstilvariablen (Schmalt, 1975, 1982b) sowie von der Selbständigkeitsgewährung durch Lehrpersonen (Trudewind, Geppert & Börner, 1979).
9. Ein besonderer Hinweis auf die Gültigkeit des Verfahrens kommt aus Untersuchungen, in denen durch geeignete Interventionstechniken versucht wurde, Motivdispositionen zu verändern im Sinne einer Förderung der erfolgsaufsuchenden Motivkomponente (zusammenfassend: Krug & Heckhausen, 1982). In sämtlichen Untersuchungen konnten die erwarteten Effekte der durchgeführten Motivförderungsprogramme mit Hilfe des LM-Gitters meßbar gemacht werden.

Viele der unter 1 bis 9 aufgelisteten Befunde sind zusammenfassend in Heckhausen et al. 1985 dargestellt. Wir wollen uns hier auf die etwas ausführlichere Darstellung von Motivänderungsprogrammen in der Schule und deren Evaluation beschränken, weil sie in bezug auf Einsatzmöglichkeiten des Gitters in der Schule von besonderem Interesse sind.

Das Leistungsmotiv - hier seine beiden Komponenten "Hoffnung auf Erfolg" und "Furcht vor Mißerfolg" - sind in vielfältiger Weise für Erlebens- und Verhaltensunterschiede zwischen Schülern, so wie sie im Klassenraum beobachtbar sind, verantwortlich. Zusammenfassend betrachtet neigen Schüler, die deutlich mißerfolgsängstlich sind (HE < FM) dazu, im schulischen Kontext ein negatives Selbstkonzept zu entwickeln, sich häufig zu über- oder unterfordern, Leistungsanforderungen möglichst aus dem Wege zu gehen und wenn sie dennoch zur Aufnahme von Leistungshandlungen angeregt werden, mit geringer Effizienz zu arbeiten. Es besteht also Veranlassung genug, den Versuch zu unternehmen, über geeignete Interventionstechniken die Mißerfolgsängstlichkeit von Schülern zu reduzieren. Die Entwicklung entsprechender Maßnahmen geschah auf dem Hintergrund des von Heckhausen 1980 entwickelten Modells des Leistungsmotivs als ein Selbstbewertungssystem. Diese Konzeption baut auf der - empirisch belegten - Annahme auf, daß sich Erfolgs- und Mißerfolgsmotivierte im Umgang mit Ursachenzuschreibungen für die von ihnen erzielten Leistungen deutlich unterscheiden. Während sich die Erfolgsmotivierten hauptsächlich für ihre Erfolge persönlich verantwortlich fühlen und vornehmlich mit ihrer guten Begabung in Verbindung bringen, einen Mißerfolg hingegen mit widrigen Umständen oder (noch) nicht ausreichender Anstrengung erklären, führen die Mißerfolgsmotivierten ihre Erfolge eher auf äußere glückliche Umstände zurück und belasten sich selbst mit der Verantwortlichkeit für Mißerfolge, die sie mit mangelnder eigener Begabung in Verbindung bringen. Es liegt auf der Hand, daß eine solche Asymmetrie in den Ursachenzuschreibungen auch mit unterschiedlichen affektiven Konsequenzen (Selbstbekräftigungen) verbunden ist. Die Affektbilanz des Erfolgsmotivierten ist sehr viel positiver als die des Mißerfolgsmotivierten. Eine solche Asymmetrie ergibt sich auch angesichts völlig identischer Erfolgs-/Mißerfolgsanteile. Diese vergleichsweise schlechtere Selbstbewertungsbilanz der Mißerfolgsängstlichen bewirkt, daß Leistungsverhalten für sie nicht positiv bekräftigt wird - sie versuchen, Leistungstätigkeiten wenn irgend möglich zu umgehen; wenn dies nicht möglich ist, wählen sie häufig Aufgaben, die weit über oder unter ihrem Leistungsvermögen liegen. Sie tun dies, um selbstwertbelastende Rückschlüsse über ihre eigene Fähigkeit möglichst zu vermeiden, haben allerdings auch keine Möglichkeiten, ihre tatsächlichen Leistungsmöglichkeiten zu erfahren und sich ein positiveres Selbstbewertungsverhalten anzueignen. Das Motivsystem stabilisiert sich selbst. Ein verhängnisvoller Kreisprozeß.

Änderungen des Motivsystems in Richtung auf eine erfolgszuversichtliche Leistungsmotivation können dann erreicht werden, wenn entweder durch individualisierte Maßnahmen des Lehrers in der Unterrichtsgestaltung (vgl. Abb. 2) oder durch gezielte Interventionstechniken erreicht wird, daß

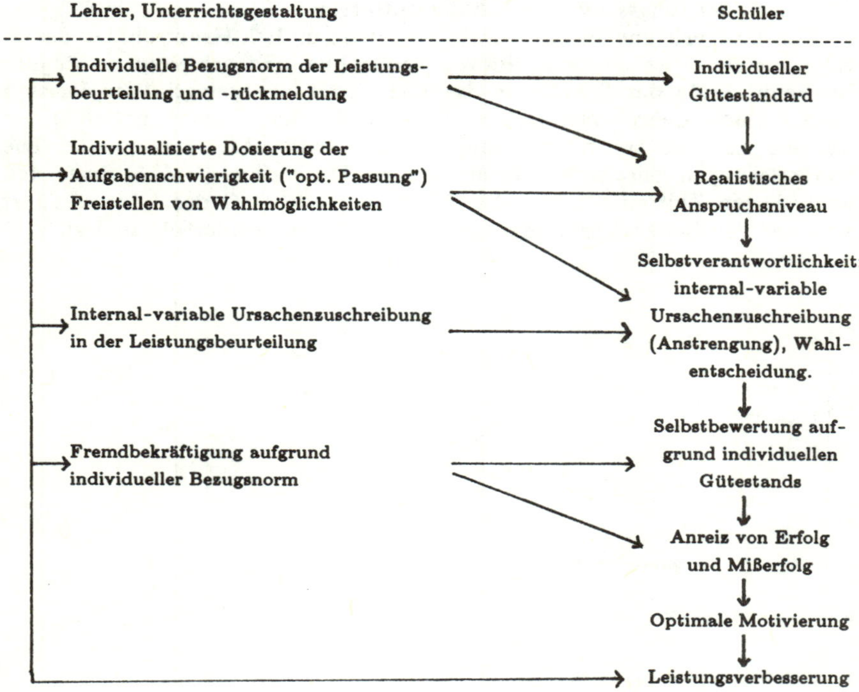

Abb. 2: Wirkungsgefüge einer optimalen Leistungsmotivierung von Schülern sowie Eingriffsmöglichkeiten bei Interventionsmaßnahmen (nach Heckhausen, 1980, 705)

a) Mißerfolgsmotivierte lernen, sich realistische Ziele zu setzen,
b) Erfolg und Mißerfolg nicht in selbstwertbelastender Weise erklärt wird,
c) eine positivere Selbstbewertungsbilanz nach Erfolg und Mißerfolg erlebt wird. Dies erhöht den Anreiz von Leistungsverhalten (vgl. Krug/Heckhausen, 1982).

Eine Untersuchung, die zunächst am Lehrerverhalten ansetzte, untersucht die vermuteten förderlichen Auswirkungen einer individuellen Bezugsnorm-Orientierung (BnO; Rheinberg, 1979, 1980). Eine solche Orientierung auf Lehrerseite betont insbesondere bei der Zuweisung von Aufgaben und deren Bewertung ein am individuellen Fertig- und Fähigkeitsstand orientiertes Vorgehen. Es müßte über die in Abbildung 2 dargestellten Zusammenhänge zu günstigen Entwicklungen, insbesondere zur

Reduzierung von Furcht vor Mißerfolg und negativen Aspekten in der Selbstwahrnehmung (mangelnde eigene Fähigkeit) sowie schließlich zu einer positiven Selbstbewertungsbilanz führen. Dies sollte insbesondere für relativ leistungsschwache Schüler zutreffen.

Zur Überprüfung dieser Vermutung wurden 193 Hauptschüler der 5. Klassenstufe über ein Jahr hinweg beobachtet und erhielten zu Beginn und zum Ende des Schuljahrs das LM-Gitter vorgelegt. Vier Klassen hatten einen Lehrer mit individueller BnO, vier Klassen hatten einen Lehrer, der die motivierungsungünstige soziale BnO bevorzugte. Die Veränderungen der mißerfolgsmeidenden Motivation (FM 1) über den analysierten Zeitraum zeigt Abb. 3. Individuelle BnO des Lehrers führt zu einer deutlichen Verminderung von Furcht vor Mißerfolg und zu

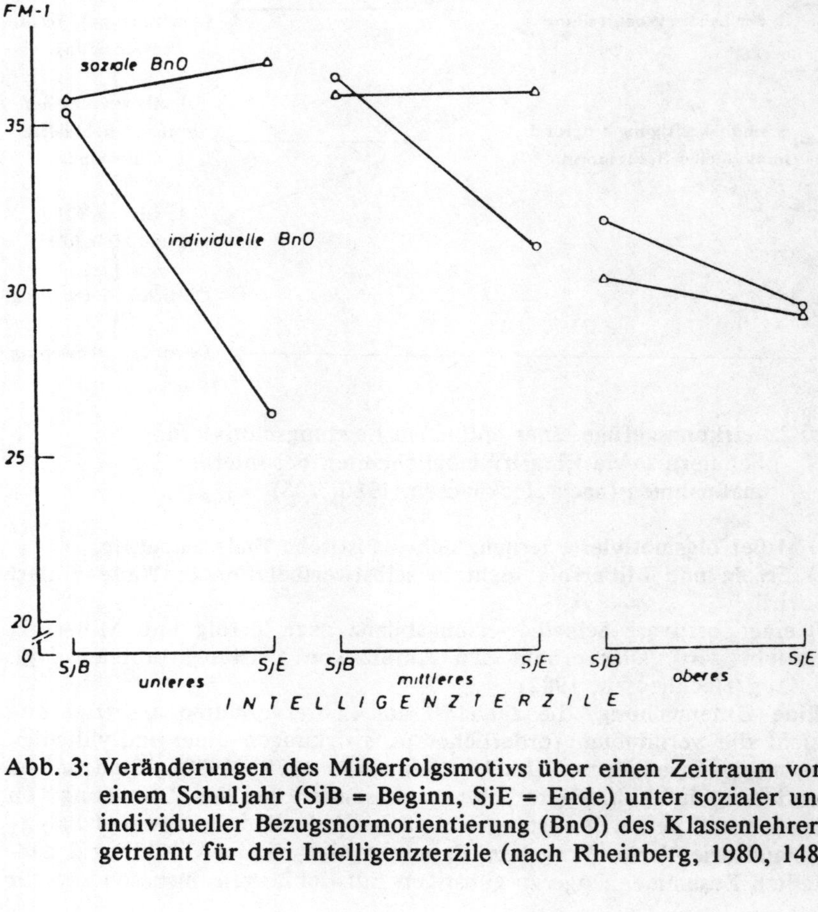

Abb. 3: Veränderungen des Mißerfolgsmotivs über einen Zeitraum von einem Schuljahr (SjB = Beginn, SjE = Ende) unter sozialer und individueller Bezugsnormorientierung (BnO) des Klassenlehrers, getrennt für drei Intelligenzterzile (nach Rheinberg, 1980, 148)

einer Verminderung negativer Selbstwahrnehmung, insbesondere - wie vorhergesagt - bei leistungsschwachen Schülern (unterstes Intelligenzterzil). Ein gezieltes Motivänderungsprogramm zur Behebung mißerfolgsbezogener Leistungsmotivation, das auf attributionstheoretischen Annahmen beruht und an den oben beschriebenen asymmetrischen Attributionsmustern für Erfolg und Mißerfolg ansetzt, haben Krug & Hanel (1976) durchgeführt und auf Wirksamkeit überprüft. Wesentliche Programminhalte bestanden darin, zunächst Aufgaben angemessener Schwierigkeit zu wählen und zu verdeutlichen, daß Erfolg und Mißerfolg am ehesten mit der eigenen Tüchtigkeit in Zusammenhang stehen. Der "Kniff" bei diesem Vorgehen besteht darin, durch Wahl einer Aufgabe, deren Schwierigkeit auf den eigenen Fähigkeitsstand bezogen ist, (mangelnde) Fähigkeit als mögliches Ursachenelement für die Erklärung von Mißerfolg auszublenden und Anstrengungsunterschiede salient zu machen. Internal-variable Ursachenzuschreibung ist eine motivierungsgünstige Voraussetzung für eine positive Selbstwertungsbilanz (vgl. Abb. 2).

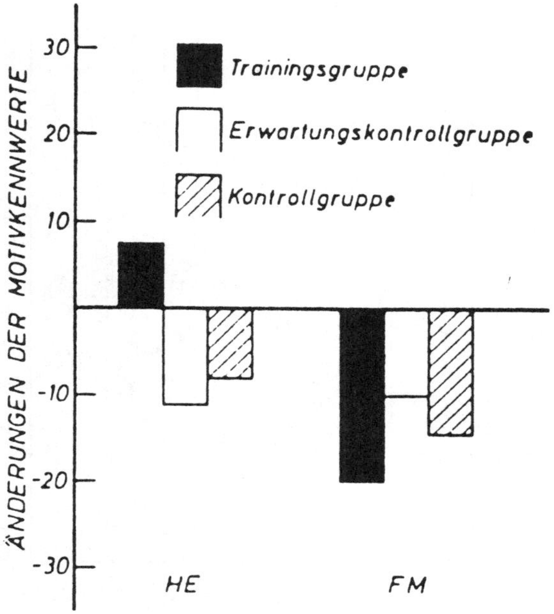

Abb.4: Änderung der Tendenzen des Leistungsmotivs in den drei Versuchsgruppen vor und nach der Durchführung des Trainingsprogramms (nach Krug/Hanel, 1976, 283)

An der von Krug & Hanel (1976) durchgeführten Untersuchung nahmen mißerfolgsängstliche und leistungsschwache Schüler der 4. Grundschulklasse teil. Die Änderung der Kennwerte für das Leistungsmotiv vor und nach dem Trainingsprogramm zeigt Abb. 4. Es wird dort deutlich, daß bei der Trainingsgruppe, im Vergleich zu einer Kontroll- und einer Erwartungskontrollgruppe, die erfolgsbezogene Tendenz des Leistungsmotivs ansteigt, während sich die mißerfolgsmeidende Tendenz verringert. Ähnliche Effekte konnten in einer Reihe von Nachfolgeuntersuchungen bei verschiedenen Probandengruppen bei weiterer Präzisierung des Trainingsprogramms beobachtet und mit Hilfe des LM-Gitters nachgewiesen werden (vgl. zusammenfassend: Krug/Heckhausen, 1982; Heckhausen et al., 1985, Kap. 5 und 6).

Die letzte hier berichtete Untersuchung basiert auf einer Adaptation dieser Programme zur Förderung der Leistungsmotivation im Sportunterricht und wurde an der Deutschen Sporthochschule in Köln entwickelt (Hecker, Kleine, Weßling-Lünnemann/Beier, 1979). Wesentlicher Programminhalt war hier die Vermittlung fähigkeitsangemessener Strategien

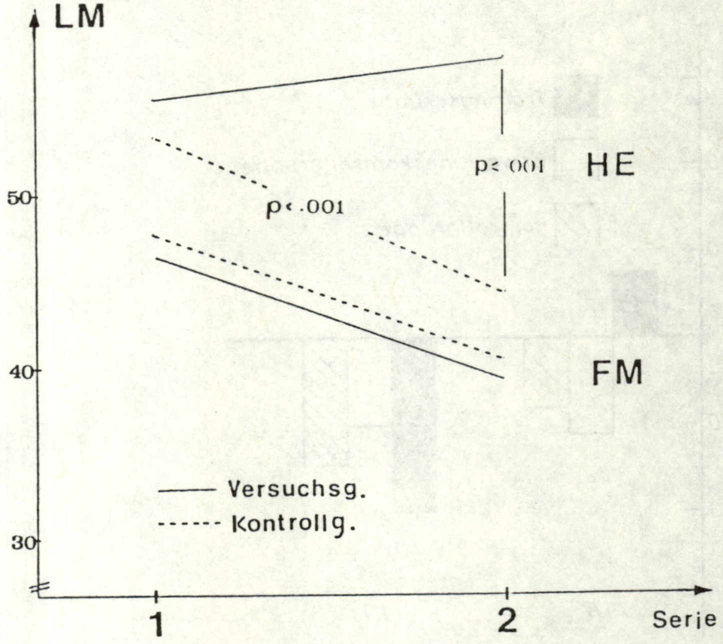

Abb. 5: Änderung der Tendenzen des Leistungsmotivs in Versuchs- und Kontrollgruppen zu den beiden Meßzeitpunkten (nach Hecker et al., 1969, 164)

der Aufgabenwahl bei einer Hochsprungaufgabe. Das Trainingsprogramm kam während des 3. Schuljahres in mehreren Versuchsklassen insgesamt fünfzehnmal zum Einsatz. Es führte zunächst, wie erwartet, zu einer zunehmend realistischeren Anspruchsniveausetzung, aber auch zu einer Änderung im Motivbereich. Nach Beendigung der Trainingsserien waren die Versuchsgruppen erfolgszuversichtlicher als die Kontroll gruppen. Ein entsprechender Effekt für das Motivmaß FM ergab sich hier allerdings nicht. Interessanterweise traten in dieser Untersuchung auch entsprechende Veränderungen in den Attributionsmustern auf. Erfolg wurde häufiger mit den internalen Faktoren Begabung und Anstrengung und seltener mit externalen Faktoren erklärt. Dieser Befund unterstreicht die Validität der berichteten Motivunterschiede.

Zusammenfassend weisen diese Arbeiten sowohl auf die Brauchbarkeit der Interventionsmethoden wie auch auf einen speziellen Aspekt der Gültigkeit des LM-Gitters hin, der dieses Verfahren für Probleme der Motivationsdiagnostik im Unterricht besonders geeignet erscheinen läßt.

4. Literatur

Burger, Chr./G. Trommsdorff (1982): Einfluß von Personenmerkmalen auf Belohnungsaufschubverhalten unter verschiedenen situativen Bedingungen; in: Zeitschrift für Experimentelle und Angewandte Psychologie 29. S. 181-203.

Halisch, F. (1982): Über die Güteeigenschaften des LM-Gitters für Kinder (Schmalt) - Kritische Anmerkungen zu einer Analyse von Krug & Walter (1979); in: Diagnostica 28. S. 146-153.

Hecker, G./W. Kleine/G. Weßling-Lünnemann/A. Beier (1979): Interventionsstudien zur Entwicklungsförderung der Leistungsmotivation im Sportunterricht; in: Zeitschrift für Entwicklungspsychologie und Pädagogische Psychologie 11. S. 153-169.

Heckhausen, H. (1963): Hoffnung und Furcht in der Leistungsmotivation. Meisenheim, Hain Vlg.

Heckhausen, H. (1980): Motivation und Handeln. Berlin, Springer Vlg.

Heckhausen, H./H.-D. Schmalt/K. Schneider (1985): Achievement motivation in perspective. New York, Academic Press.

Holling, H./J. Otto (1981): Der Einfluß kapazitätsbeanspruchender Motivationskomponenten auf die Schulleistung; in: Zeitschrift für Experimentelle und Angewandte Psychologie 28. S. 587-601.

Krug, S./J. Hanel (1976): Motivänderung: Erprobung eines theoriegeleiteten Trainingsprogramms; in: Zeitschrift für Entwicklungspsychologie und Pädagogische Psychologie 8. S. 274-287.

Krug, S./H. Heckhausen (1982): Motivförderung in der Schule; in: F. Rheinberg (Hrsg.): Bezugsnormen zur Schulleistungsbewertung: Analyse und Intervention. Jahrbuch 1982 für empirische Erziehungswissenschaft. Düsseldorf, Schwann Vlg. S. 65-114.

McClelland, D.C. (1985): Human motivation. Glenview/Ill., Scott, Foresman & Co Vlg.

Peez, H./H.-D. Pilhofer/P. Zimmermann (1980): Einsatz des "LM-Gitters" in der Grundschule; in: Psychologie in Erziehung und Unterricht 27. S. 51-60.

Rheinberg, F. (1979): Bezugsnormen und die Wahrnehmung eigener Tüchtigkeit; in: S.-H. Filipp (Hrsg.): Selbstkonzept - Forschung. Stuttgart, Klett-Cotta Vlg. S. 237-252.

Rheinberg F. Leistungsbewertung und Lernmotivation. Göttingen: Hogrefe. 1980.

Rösler, F./D. Manzey/J. Jesse/U. Grau (1980): Geschlechts- und formulierungsbedingte Unterschiede beim LM-Gitter für Kinder (Schmalt); in: Diagnostica 26. S. 244-250.

Rösler, F./D. Manzey/J. Jesse/U. Grau (1982): Ist das LM-Gitter nur ein LM-Test? - Eine dreimodale Faktorenanalyse des LM-Gitters für Kinder (Schmalt); in: Diagnostica 28. S. 131-145.

Schmalt, H.-D. (1973): Die Gitter-Technik - ein objektives Verfahren zur Messung des Leistungsmotivs bei Kindern; in: Zeitschrift für Entwicklungspsychologie und Pädagogische Psychologie 5. S. 231-252.

Schmalt, H.-D. (1975): Selbständigkeitserziehung und verschiedene Aspekte des Leistungsmotivs; in: Zeitschrift für Entwicklungspsychologie und Pädagogische Psychologie 7. S. 24-37.

Schmalt, H.-D. (1976 a): Das LM-Gitter - Ein objektives Verfahren zur Messung des Leistungsmotivs bei Kindern - Handanweisung. Göttingen, Hogrefe Vlg.

Schmalt, H.-D. (1976 b): Die Messung des Leistungsmotivs. Göttingen, Hogrefe Vlg.

Schmalt, H.-D. (1982 a): Two concepts of fear of failure motivation; in: R. Schwarzer/H.M. v.d. Ploeg/C.D. Spielberger (Hrsgg.): Advances in test anxiety research, Vol. 1. Lisse, Swets & Zeitlinger S. 45-52.

Schmalt, H.-D. (1982 b): Bezugsnorm-Orientierung der Mutter: Eine wichtige Variable des Erziehungsverhaltens; in: F. Rheinberg (Hrsg.): Bezugsnormen zur Schulleistungsbewertung: Analyse und Intervention. Jahrbuch 1982 für empirische Erziehungswissenschaft. Düsseldorf, Schwann Vlg. S. 249-261.

Schmalt, H.-D./W.-U. Meyer (Hrsgg.): Leistungsmotivation und Verhalten. Stuttgart, Klett Vlg.

Schmalt, H.-D./W. Schab (1984): Methodenkritische Untersuchungen zum LM-Gitter für Kinder (Schmalt);in: Diagnostica 30. S. 282-298.

Schmalt, H.-D./G. Oltersdorf (i. Vorb.): Ausdauerverhalten: Kognitive versus mechanistische Theorien.

Smits, B./H.-D. Schmalt (1978): Dimensionsanalytische Untersuchungen des LM-Gitters für Kinder (Schmalt);in: Diagnostica 24. S. 146-161.

Trudewind, C./U. Geppert/H. Börner (1979): Selbständigkeitserziehung durch Lehrer: Beziehungen zur Leistungsmotivation und Ängstlichkeit ihrer Schüler; in: Zeitschrift für Empirische Pädagogik. S. 235-251.

Tucker, L.R. (1951): A method for synthesis of factor analysis studies. Personnel. Res. Br. Rep. (US. Dept. of the Army, A.G.O.), 984.

EBERHARD TODT

ERFASSUNG VON INTERESSEN GEGENÜBER PHYSIK UND TECHNIK

Interesse ist ein Konstrukt der Alltagspsychologie mit einer wechselvollen Bedeutungsgeschichte.
In der Psychologie erfuhr Interesse eher pragmatische - meist triviale - Operationalisierungen:
Man fragte Individuen mehr oder minder differenziert, wofür sie sich interessierten und nahm dann an,
- daß das, was sie antworteten, zuverlässige und gültige Indizes ihres Interesses seien

und
- daß sie ihr Handeln nach dem ausrichten, was sie als Interesse geäußert hatten - etwa bei der Berufswahl, beim Lernen, in der Freizeit.

Interesse ist daher primär ein Konstrukt der angewandten Psychologie geblieben: d.h. der Berufs- und der Pädagogischen Psychologie.
Wenn im folgenden versucht wird, etwas Ordnung in Theorie und Praxis der Interessenerfassung zu bringen, so sollte folgendes bedacht werden:
- der Ordnungsversuch erfolgt nicht rigoros: der pragmatische Aspekt der Interessenerfassung behält einen hohen Stellenwert;
- die Theoriebildung im Umfeld des Konstrukts (d.h. im Bereich Emotion, Motivation, Persönlichkeit und Handeln) ist keineswegs so weit fortgeschritten und so überzeugend, daß man sehr viele Hilfen für die theoretische Fundierung der Interessenforschung erwarten könnte;

und
- meine gegenwärtigen Erkenntnisse und Überlegungen haben eine Geschichte und sie sind noch mitten in der Entwicklung.

Ich will versuchen, mein Thema über folgende Schritte in den Griff zu bekommen:
1. Die Bedeutung des Konstrukts Interesse
2. Differenzierung des Konstrukts Interesse
3. Erfassung von Interesse für die Curriculum- und für die Unterrichtsplanung in Physik
4. Erfassung von Interessiertheit im Physikunterricht (Zustand)
5. Indizes für weitere erwünschte (längerfristige) Effekte eines interessanten Physikunterrichts

Vielleicht sollte man noch folgendes erwähnen:
- Ich bleibe inhaltsorientiert und pragmatisch, d.h. ich behandele keine testtheoretischen Alternativen. Diskussionen über alternative Modelle der formalen Analyse von Fragebogen bzw. Tests sind den hier intendierten Diskussionen nachzuordnen. Sie haben hier noch wenig Erkenntniswert.

- Ich berichte vor allem über Erfassungsmethoden, an deren Entwicklung ich zumindest mitgewirkt habe. Diese Entwicklungen haben durchaus internationale Vorbilder mitreflektiert, aber sie versuchten jeweils darüber hinauszukommen. Betrachtet man Gardners kritisches Sammelreferat von 1975 zu unserem Thema und akzeptiert man die Beobachtung, daß sich seitdem im angloameri-kanischen Bereich nichts Bedeutsames zu unserem Thema mehr getan hat, dann wird man mich deshalb kaum kritisieren können.
- Ich versuche zaghaft, theoretische Bezüge herzustellen, denn es gilt meines Erachtens noch immer, was Barak 1981 bei der Vorlage einer eigenen Theorie schrieb:

  "While the measurement of interests has flourished, the conceptual definition and theoretical understanding of interests have been neglected."

Die Erfassung eines Konstrukts ohne theoretische Annahmen dürfte wenig Erkenntniswert besitzen - ebenso wie die Deutung von Untersuchungsbefunden ohne theoretischen Bezug.

1. Die Bedeutung des Konstrukts Interesse

Die Bedeutung dessen, was wir im Alltag als "Interesse" bezeichnen, steht ganz offensichtlich im umgekehrten Verhältnis zu der Bedeutung, die "Interesse" in der wissenschaftlichen Psychologie zugemessen wird.

Es gibt zahlreiche Lehrbücher der Emotion, der Motivation, der Entwicklung und der Persönlichkeit, in denen der Begriff "Interesse" im Index überhaupt nicht vorkommt.

Interesse erscheint offensichtlich

- so vordergründig,
- so unmittelbar am Tage,
- so selbstverständlich,
- und damit so trivial,

daß es wissenschaftlicher Bemühungen um ihre Erfassung und um ihre Theorie nicht bedarf.

Konstrukte wie

- Trieb,
- Bedürfnis,
- Intelligenz,
- Selbstkonzept,

sind da weniger vordergründig, komplexer, geheimnisvoller und daher interessanter und für die Analyse lohnender.

Bleiben wir bei dem Konstrukt "Interesse".

Welche Bedeutung kommt ihm im Alltag zu?

Befragt man Schüler, Studenten oder Erwachsene, so werden Interessen eine zentrale Bedeutung in verschiedenen Lebensbereichen zugeschrieben:

Interessen sind bedeutsam für:

1. Wahlpflicht-Kurswahlen in der Sekundarstufe I
2. Leistungskurswahlen in der Sekundarstufe II

3. die Studien-/Berufswahl
4. Lernen allgemein
5. Freizeitverhalten
6. eine positive Befindlichkeit

Interessen sind offensichtlich aber auch bedeutsam für:
7. die kognitive Entwicklung
8. affektive Lernziele
9. Komponenten des Selbstbildes

Wären Psychologen nicht der Auffassung, solche Interessen seien auf grundlegende Konstrukte der Psychologie zurückzuführen, d.h. sie seien willkürlich abgegrenzte Bezirke oberflächlicher Beobachtung bzw. Erlebnisweisen, dann müßten sie sich intensiv mit Interessen beschäftigen. Diesen Gefallen aber tun uns nur wenige renomierte Psychologen wie etwa Izard (1981):

Izard nimmt in seiner differentiellen Emotionstheorie an - und versucht es zu belegen - ,

> "daß Interesse die vorherrschendste motivationale Bedingung für das tägliche Funktionieren des normalen Menschen ist. Es tritt häufig in Kombination und manchmal in Konflikt auf mit einem oder mehreren der anderen Affekte und es interagiert fortwährend mit perzeptiv-kognitiven Prozessen. Häufig wiederkehrende Interesse-Kognition-Interaktionen bilden die affektiv-kognitiven Orientierungen oder Strukturen, die die konstruktiven und kreativen Tätigkeiten des gesunden Individuums kennzeichnen. In dem Maße,in dem man frei ist von Erfordernissen des Überlebens und negativen Emotionen, ist man frei zu handeln entsprechend der positiven motivationalen Kraft von Interesse -Erregung und interessenbestimmter affektiv-kognitiver Strukturen..." (Izard 1981, S.243)

Was den Zustandsaspekt des Interesses anlangt, sieht er enge Beziehungen zum Forschungsbereich "intrinsische Motivation". Allerdings geht Interesse seiner Auffassung nach Informationsverarbeitungsprozessen voraus, ist also nicht deren Folge.

Was den Dispositionsaspekt des Interesses anlangt, sieht er enge Beziehungen zu Allports (1949) funktioneller Autonomie der Motive - man kann ihn auch in Beziehung bringen zu der modernen Fassung in Baraks Theorie (Barak 1981).

2. Differenzierung des Konstrukts Interesse

Bei der Vorbereitung auf das internationale Symposium des IPN "Interests in Science and Technology Education" (Lehrke et al. 1985), ergab sich für mich die zwingende Notwendigkeit, von einemn einheitlichen Konstrukt "Interesse" abzugehen. Es war sehr befriedigend für mich, daß ein Großteil der Teilnehmer dieses Symposiums der gleichen Auffassung zu sein schien.

Der eigene Versuch dieser Differenzierung hängt eng mit dem im folgenden zu referierenden Operationalisierungsversuchen, aber auch mit den Problemen zusammen, die sich meines Erachtens der heutigen Interessenforschung stellen.

Als *allgemeine Interessen* (bezüglich derer die verschiedensten Menschen in ihren Interessenprofilen approximativ verglichen werden können (vgl. Allport)) bezeichne ich Interessen, die

- Orientierungen gegenüber verschiedenen Tätigkeits- bzw. Objektbereichen darstellen (z.B. Technik, Kunst, Sport ...)
- relativ stabil sind,
- sich aber im Verlaufe der Kindheits- und Jugendentwicklung nach bestimmten Aspekten differenzieren und
- sich im Laufe dieser Differenzierung zum Teil reduzieren.

Diese Differenzierung und Reduzierung führt zu charakteristischen Interessenprofilen.

Es sind Interessen, die

- sich über Fragebogen erheben lassen und
- für Entscheidungsverhalten relevant sind (Kurs-, Studien-, Berufswahlen).
- Diese allgemeinen Interessen entwickeln sich in enger Wechselwirkung mit dem Selbstbild.

Als *spezifische Interessen* bezeichne ich Interessen, die

- auf wiederholte positive Erfahrungen mit bestimmten Tätigkeiten bzw. Erlebnissen zurückgehen

und die

- relevant sind für (vorhersagbares) Handeln in verschiedenen Lebensbereichen (Freizeit, Schule, Beruf), allerdings zunächst nur für sehr spezifische Tätigkeiten (z.B. Elektrobasteln, Tierezeichnen ...)
- diese Interessen haben - wie allgemeine Interessen - Dispositionscharakter, sind also relativ überdauernd (aber sie haben eine andere Genese als allgemeine Interessen).
- Spezifische Interessen sind kompatibel oder werden kompatibel gemacht mit dem jeweiligen Selbstbild des Individuums,
- ihre Erfassung erfolgt besser über offene Befragung ("Wofür interessierst du dich?") oder über die Angabe, wie oft bestimmte Tätigkeiten in der Freizeit ausgeführt werden.
- Spezifische Interessen entsprechen dem, was Allport als funktionell autonome Motive und Izard als affektiv-kognitive Motivationsstrukturen bezeichnet. (Allgemeine Interessen hat Izard nicht thematisiert.)

Interessiertheit ist als Zustand zu verstehen, der

- gemeinsam mit, aber auch relativ unabhängig von inneren Dispositionen (allgemeine bzw. spezifische Interessen) variieren kann;
- sehr wesentlich von äußeren Bedingungen (Unterrichtsbedingungen) abhängig sein kann;
- in seiner Qualität unabhängig vom spezifischen Bereich (z.B. Physik, Gesellschaftslehre) zu sein scheint;
- wichtig zu sein scheint für - zumindest - die innere Beteiligung am

- wichtig zu sein scheint für - zumindest - die innere Beteiligung am Geschehen (z.B. Unterricht), d.h. für die allgemeine Aktivation bzw. Aufmerksamkeit.
- Für Izard ist es (Interesse-Erregung) die wichtigste Emotion bei kognitiven und kreativen Aktivitäten überhaupt.
- Erfaßt wird Interessiertheit durch einzelne Fragen: z.B. wie interessant ist der Physikunterricht für Dich, oder durch ein semantisches Differential (vgl. unten).

Diese verschiedenen Arten von Interesse - vielleicht auch Komponenten oder Erscheinungsformen von Interesse - erfordern - wie bereits angedeutet - unterschiedliche Arten der Erfassung. Allerdings: ganz klar lassen sie sich operational nicht voneinander trennen - nur schwerpunktmäßig (Todt 1985).

3. Erfassung von Interesse für die Curriculum- und Unterrichtsplanung in Physik/Technik

In den USA wird bei schulbezogenen Interessefragebogen im allgemeinen nicht zwischen interest und attitude unterschieden, oft auch nicht zwischen Biologie, Chemie und Physik. All dieses und noch mehr ist "science". Ein verbreiteter Fragebogen ist das Scientific attitude inventory (SAI).

1983 veröffentlichte Munby eine vergleichende Analyse über 30 mit dem SAI ("the most popular of its type") durchgeführte Untersuchungen. Seine Folgerung ist:

> "The report concludes that we can be less than certain of what is measured by the SAI, and that it needs reworking before it can be used with confidence." (1983, S,.141)

Die recht unterschiedlichen Ergebnisse der Untersuchungen führt er auf die Formulierung der Items zurück, die oft nicht eindeutig attitudes zu erfassen schienen.

Nach diesem Abstecher in die USA komme ich auf unsere eigenen Operationalisierungsversuche zurück:

3.1 Systematische Analyse von Inhalten und Tätigkeiten des Physikunterrichts

Bezogen auf die hessischen Rahmenrichtlinien Physik und auf eine Voruntersuchung über die Präferenzstruktur von Tätigkeiten, die im Physikunterricht vorkommen, entwickelten wir Anfang der 70 er Jahre einen Fragebogen, den wir PIT nannten.

Die Logik war die systematische Kombination von Inhalten und Tätigkeiten in den einzelnen Items. Dieser Fragebogen wurde in den Klassenstufen 5 bis 10 eingesetzt. Fragebogen dieser Art erbringen (international) mit großer Eintönigkeit (Todt 1985)

- abnehmendes Interesse an Physik im Laufe der Sekundarstufe I
- mehr oder minder große Geschlechtsdifferenzen in den Interessen gegenüber Physik und Technik.

Tätigkeiten	INHALTE Wärmelehre	Optik	Mechanik	Magnetismus	Elektrizitätslehre
beschreiben					
erklären					
begründen					
überlegen					
untersuchen					
experimentieren					
beobachten					
messen					
diskutieren					
zeichnen					
lernen					
berechnen					
Anzahl der Items	13	11	14	5	16

Abb. 1: Aufbau des Fragebogens "Präferenzen für Inhalte und Tätigkeiten" (PIT, Teil Physik)

<u>Beispielitems des PIT:</u>

7. Lernen, was man unter einem Lichtjahr versteht.
11. Lernen wie es zu der Leistungsbezeichnung 1 Pferdestärke kam (1 PS).
12. Darüber diskutieren, welche Bedeutung es für den Menschen hat, daß man verschiedene mechanische Energieformen ineinander umwandeln kann.

<u>Antwortalternativen:</u> sehr gern, gern, weder gern noch ungern, ungern, sehr ungern

Abb. 2: Beispielitems des Interessefragebogens

Der Fragebogen erfaßt offensichtlich vor allem allgemeine Interessen, d.h. allgemeine Orientierungen gegenüber der Physik, die relativ unabhängig sind von konkreter Erfahrung.

Eine Veränderung so erfaßter Interessen erschien uns eher möglich über die Veränderung der Konnotationen bzw. der Assoziationen beim Lesen der Items als über die Vermittlung konkreter Erfahrungen:

3.2 Systematische Variation der Kontexte, in denen Physikthemen dargestellt werden

Wir legten Schülern und Schülerinnen der Sekundarstufe I unterschiedlich verpackte Themen der Mechanik und der Elektrizitätslehre vor und erbaten Angaben über ihr Interesse (Todt und Händel, im Druck).

Die Verpackungen waren: Lehrbuchtext, Anwendung aus dem täglichen Leben, Beispiel aus der Technik, Versuchsanordnung zu dem Thema, Beispiel aus der Medizin. Zu all diesen Konnotationen wurde u.a. erfragt, wie interessant das für den Schüler(in) sei.

In Physik unterscheidet man Stoffe, die den elektrischen Strom leiten (Leiter) von solchen, die ihn nicht leiten (Isolatoren oder Nichtleiter). Die charakteristische Größe für einen Leiter ist sein Widerstand R, der definiert ist als der Quotient aus der am Widerstand angelegten Spannung U und der Stromstärke I, die im Kreis fließt:

$$R = U/I$$

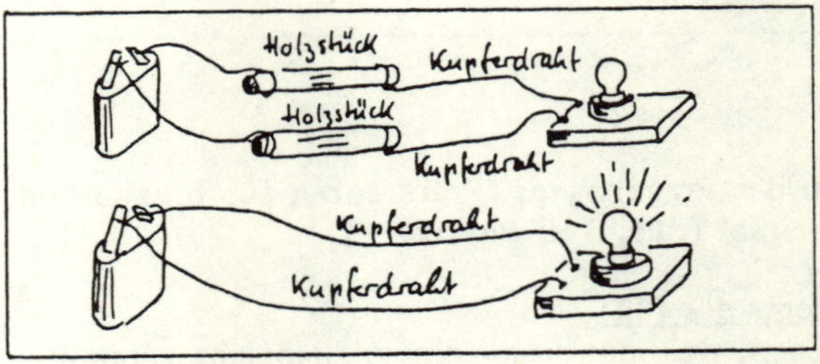

1. Wie interessant ist dieses Thema an sich für Dich?
   - sehr interessant
   - interessant
   - einigermaßen interessant
   - etwas interessant
   - nicht interessant

Abb. 3: Beispiel für einen Lehrbuchtext

Ein Beispiel aus der Medizin:

In der Medizin wird die Leitfähigkeit der menschlichen Haut untersucht und zur Heilung benutzt. So gibt es eine elektrische Massage, bei der dem Patienten zwei Elektroden (das sind Pole einer Spannungsquelle) auf die Haut gesetzt werden. Die Spannung wird so eingestellt, daß der Patient ein leichtes Kribbeln spürt. Dadurch werden Muskelverspannungen gelockert.

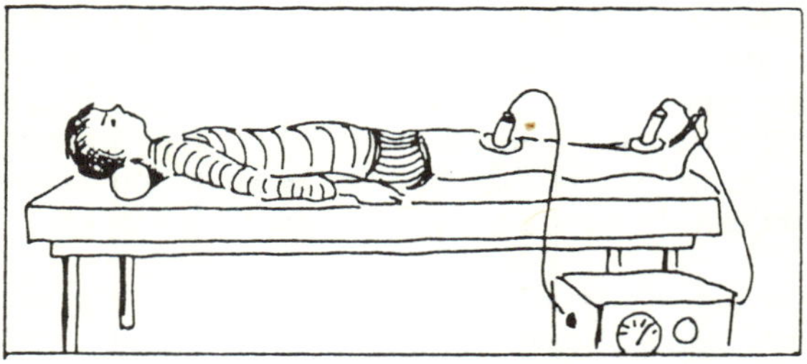

1. Wie interessant ist diese Anwendung der physikalischen Gesetzmäßigkeit für Dich

sehr interessant
interessant
einigermaßen interessant
etwas interessant
nicht interessant

Abb. 4: Beispiel für eine medizinische Anwendung

Das Ergebnis war erwartungsgemäß:
Bei medizinischen Anwendungen war das Interesse von Schülern und Schülerinnen gleichermaßen hoch. Bei allen anderen Konnotationen war das Interesse der Schüler mehr oder minder deutlich höher als dasjenige der Schülerinnen.
Daß Schüler bzw. Schülerinnen sensibel auf Verpackungen, Konnotationen bzw. Kontexte reagieren, hatte auch eine frühere Fragebogenversion gezeigt:

3.3 Systematische Anreicherung von Physik-Lernzielen mit erreichbaren Kompetenzen

Dammer legte zwei Gruppen von Schülern/Schülerinnen der 7. und 8. Klassenstufe innerhalb einer Unterrichtsstunde denselben Fragebogen zweimal vor.

Beispielitems:

1. Wie gern möchtest Du lernen, aus einer gleichförmigen Bewegung die Geschwindigkeit eines Körpers festzu stellen?
3. Wie gern möchtest Du die Bewegung von Körpern auf Kreisbahnen untersuchen?
5. Wie gern möchtest Du die Beziehung zwischen Masse und Trägheit verstehen?

Antwortalternativen: sehr gern, gern, weder gern noch ungern, sehr ungern

Abb. 5: Beispielitems aus der Untersuchung von Dammer

Der einen (E-Gruppe) erläuterte sie zwischen beiden Durchführungen an Hand von je drei illustrierten Beispielen, welche Kompetenzen sie erreichen könnten, wenn sie im Unterricht das betreffende Lernziel erreicht hätten (vgl. Abb,. 6). Der anderen Gruppe (K-Gruppe) gab sie diese Information nicht. Sie gab ihr bebilderte Texte aus einem anderen Bereich. Die wichtigsten Ergebnisse sind in Abb. 7 angegeben.

5 Wenn Du die *Beziehung zwischen Masse und Trägheit* verstanden hast, dann kannst Du folgende *praktische Probleme* lösen

a) Du verstehst, warum Du fast hinfällst, wenn Du in einem Bus stehst und dieser plötzlich anfährt und stoppt

b) Du verstehst, warum ein schwerer Teller bei einem Plattenspieler besser ist als ein leichter

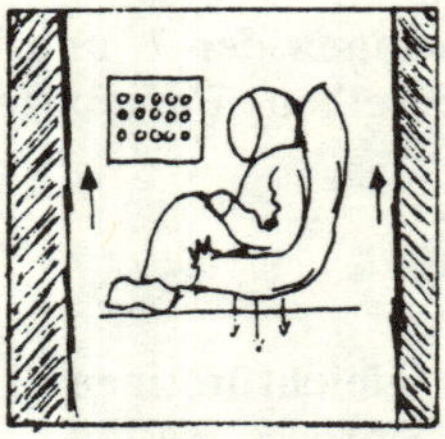

c) Du verstehst, warum Astronauten beim Start der Rakete mit sehr großem Gewicht in ihre Sitze gedrückt werden.

Frage 5: Wie gern möchtest Du die Beziehung zwischen Masse und Trägheit verstehen?

Abb. 6: Item 5 (Untersuchung Dammer): Illustriertes Beispiel für Kompetenzen, die man erreichen kann, wenn man im Unterricht das betreffende Lernziel erreicht hat

Bei der zweiten Befragung	Mädchen E	Mädchen K	Jungen E	Jungen K
mittleres Interesse unverändert	14	18	10	20
mittleres Interesse geringer	0	2	0	0
mittleres Interesse größer	6	0	10	0

Abb. 7: Ergebnisse der Untersuchung von Dammer: Anzahl der Items, bei denen unverändertes oder signifikant (p .05) größeres bzw. geringeres Interesse geäußert wurde

3.4 Exkurs: Intensiver Experimentalunterricht zur Beeinflussung von Physik-Interessen

Im Jahre 1968 untersuchten wir auf Anregung des Direktors eines Mädchengymnasiums und in Zusammenarbeit mit einigen Physiklehrern den Effekt eines 5-monatigen Experimentalunterrichts in kleinen Gruppen auf das Interesse der Schülerinnen der 7. Klasse. Die zwei E-Gruppen (10 bzw. 12 Schülerinnen) erhielten von zwei verschiedenen Lehrern pro Woche zwei Stunden Experimentalunterricht unter optimalen äußeren Bedingungen.

Die Kontroll-Gruppen (20 bzw. 21 Schülerinnen) erhielten in dieser Zeit keinerlei Physikunterricht.

Die Überprüfung der Kenntnisse und Interessen vor und nach dem Unterrichtszeitraum ergab:

- Die E-Gruppen zeigten einen signifikanten Zuwachs ihrer Physikkenntnisse. Die Physikkenntnisse der K-Gruppen zeigten - erwartungsgemäß - keine Veränderung.
- Die Interessen gegenüber Physik veränderten sich weder bei den K- noch bei den E-Gruppen.

3.5 Bevorzugte Form der Verarbeitung Naturwissenschaftlicher Informationen im Unterricht

Seit Heath im Jahre 1964 erstmals das Konstrukt "Kognitive Präferenzen" einführte, wurde eine größere Anzahl von Untersuchungen mit verschiedenen Operationalisierungen dieses Konstrukts - besonders im Bereich des naturwissenschaftlichen Unterrichts - durchgeführt.

Heath fragte sich:

Wie möchte der Schüler mit bestimmten Inhalten umgehen?

Möchte er

- spezifische Fakten memorieren?
- praktische Anwendungen machen?
- kritische Fragen an die Information stellen?
- grundlegende Prinzipien herausfinden?

Wir haben verschiedene Variationen dieses Ansatzes erprobt:

Goehrke gab zehn Themen/Probleme aus der Physik vor (Goehrke 1976) und ließ die Schüler(innen) zunächst ihr Interesse daran angeben. Dann bat er die Schüler(innen), zu sieben verschiedenen Bearbeitungsformen der Themen - die weitgehend der Bloomschen Taxonomie kognitiver Lernziele nachempfunden waren - anzugeben, wie gern sie diese Bearbeitungsformen hätten (vgl. Abb. 8).

Ein analoges, aber thematisch differenzierteres Verfahren entwickelte Balser für die Erfassung der Interessen an sechs Bereichen der Technik (Balser 1976): Maschinentechnik, Bautechnik, Technologie, Elektrotechnik, Steuerungs- und Regeltechnik, technisches Zeichnen. Die kognitiven Präferenzen, die erhoben wurden, waren wieder an Blooms Taxonomie angelehnt. Beispielitems enthält Abbildung 9.

Die Antwortalternativen variieren etwas von Item zu Item - insgesamt waren sie aber systematisch verteilt.

Auswertbar sind solche Fragebogen sowohl nach Themenbereichen (Maschinentechnik, Bautechnik usw.) über die verschiedenen kognitiven Präferenzen hinweg als auch nach kognitiven Präferenzen (Wissen, Verstehen, Anwendung usw.) über die Themenbereiche hinweg.
Einige der Ergebnisse für eine 9. Klassenstufe (integrierte Gesamtschule) zeigen die Abbildungen 10 und 11 (Balser 1976).

Eine weitere Version solcher Fragebogen entwickelte Welker (1986) für Lehrlinge verschiedener Bauberufe. Hier kann man eigentlich nur zum Teil von kognitiven Präferenzen sprechen: Es geht hier um eher wissensbezogene, eher praktische und eher global berufsbezogene Interessen (vgl. Abb. 12). Der inhaltliche Bereich (Bautechnik) war ähnlich differenziert aufgegliedert wie bei Balser.

Du hast bestimmt schon einmal einen Stock ins Wasser gehalten. Wenn Du dann genau hingesehen hast-erschien Dir der Stock an der Wasseroberfläche geknickt.
Weißt Du, welche physikalische Gesetzmäßigkeit sich dies erklären läßt?

Ich kenne diese Gesetzmäßigkeit (Erklärung) bereits: **Ja** **Nein**
Ich möchte ... erfahren, warum dies so ist. **SG** **G** **WN** **U** **SU**
(Ich möchte diese Gestzmäßigkeit kennenlernen.):

Man kann solche Probleme im Unterricht auf verschiedene Arten behandeln. Nimm einmal an, dieses Problem sollte in euerem Physikunterricht behandelt werden. Was würdest Du dann bevorzugen und was ablehnen:

	sehr gern	gern	weder gern noch ungern	ungern	sehr ungern
der Lehrer erklärt, und die Schüler werden aufgefordert, sich diese Erklärung aufzuschrei ben und zu merken.	SG	G	WN	U	SU
der Lehrer erklärt das Problem und fordert die Schüler auf, die Erklärung in eigenen Worten niederzuschreiben und sie sich durch eine eigene Zeichnung zu veranschaulichen.	SG	G	WN	U	SU
der Lehrer erklärt das Problem und fordert die Schüler auf, selbst Anwendungsbeispiele aus dem täglichen Leben zu suchen und praktisch zu erproben	SG	G	WN	U	SU
der Lehrer erarbeitet mit der Klasse eine mögliche Erklärung und fordert die Schüler auf, Experimente auszudenken und durchzuführen, um die einzelnen Erklärungen selbständig zu überprüfen.	SG	G	WN	U	SU
der Lehrer erarbeitet mit den Schülern die Erklärung des Problems und fordert die Schüler auf, möglichst viele Probleme zu suchen, die in der gleichen Weise erklärt werden könnten.	SG	G	WN	U	SU
der Lehrer gibt den Schülern bewußt eine falsche Erklärung und fordert sie auf, ihm zu zeigen, welchen Fehler er gemacht hat.	SG	G	WN	U	SU
der Lehrer berichtet den Schülern darüber, wel cher Forscher die Erklärung für dieses Problem gefunden hat, und wie er zu seiner Erklärung gekommen ist.	SG	G	WN	U	SU

Abb. 8: Beispiel für die Antwortalternativen zu einem Thema in der Untersuchung von Goehrke

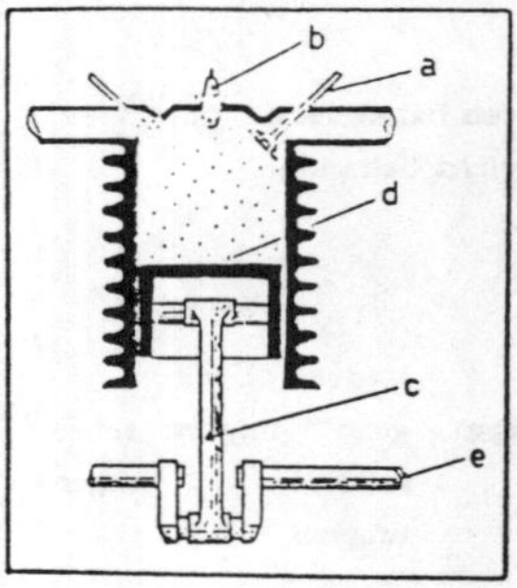

1 Lernen, wie sich dieser Motor nennt.
2 Das Modell eines Motors mit einem Baukasten bauen.
3 Einen Motor auseinandernehmen, und beobachten, welche Funktion die Einzel teile haben.
4 Einen neuen Motor entwerfen und ein Modell davon mit einem Baukasten bauen.

Abb. 9: Beispiel für die Erfassung kognitiver Präferenzen (Balser 1976). Hier sind folgende Niveaus der Taxonomie von Bloom aufgenommen: Wissen, Anwendung, Analyse, Synthese

Simultanvergleich der Mittelwertsvektoren zwischen den Geschlechtern der *kognitiven Skalen* des *Interessefragebogens* IFTK
Interessefragebogen (IFTK - kog. Skalen) Mittelwerte

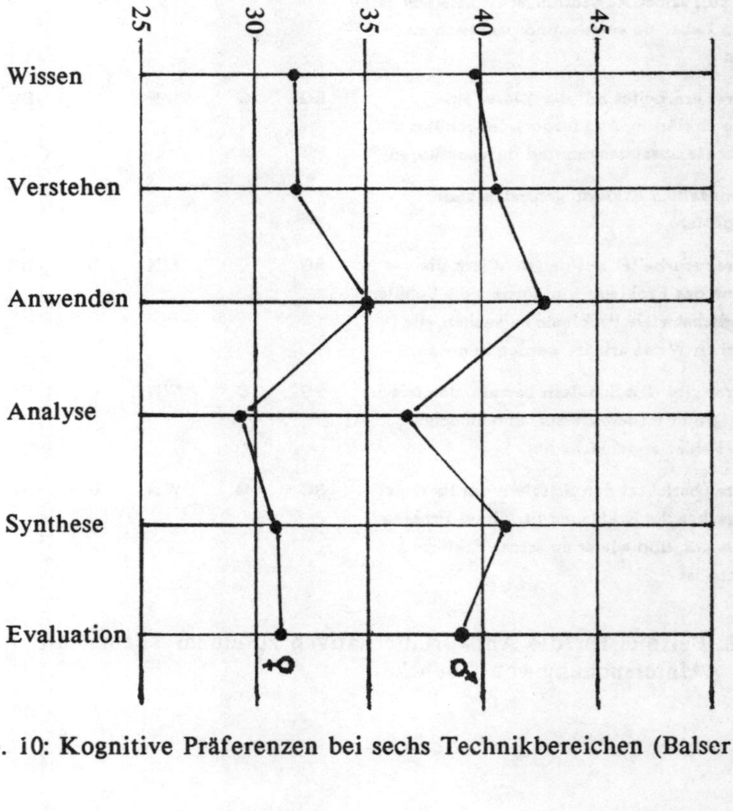

Abb. 10: Kognitive Präferenzen bei sechs Technikbereichen (Balser 1976)

Interessenfragebogen (IFTK - Technikskalen) Mittelwerte

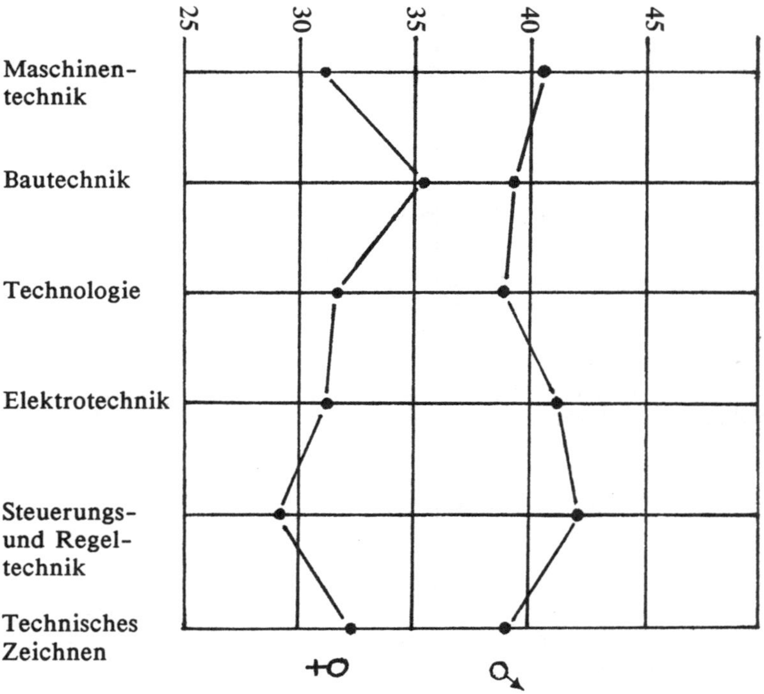

Abb. 11: Technikinteressen (über sechs Niveaus kognitiver Präferenzen) (Balser 1976)

Die Abbildung zeigt eine Lautsprecherbox.

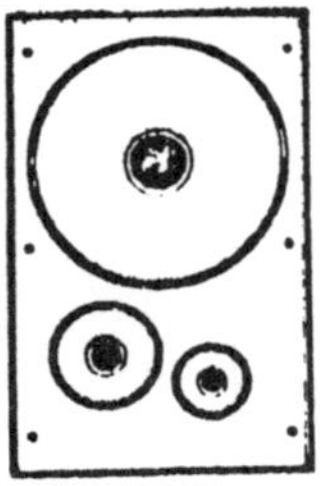

13) Wie gern möchtest Du mehr darüber erfahren, wie ein Lautsprecher funktioniert?
14) Wie gern würdest Du eine Lautsprecherbox nachbauen?
15) In einer Werkstatt für Radiotechnik arbeiten.

Die Abbildung zeigt einen Wasserhahn (im Schnitt).

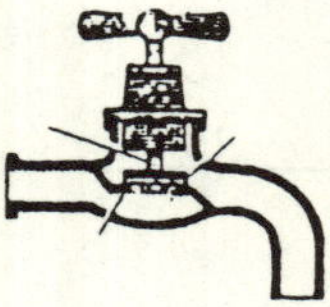

16) Wie gern möchtest Du mehr darüber erfahren, wie Wasserhähne funktionieren?
17) Wie gern würdest Du einen Wasser hahn nachbauen?
18) In einem Installationsbetrieb arbeiten.

Abb. 12: Beispielitems aus der Arbeit von Welker (1986)

3.6 Kombination von Inhalten, Kontexten und kognitiven Präferenzen

Eine Verbindung von Kontext, kognitiven Präferenzen und inhaltlicher Differenzierung versuchte Häussler (1985) bei der Entwicklung des Physik-Interessen-Fragebogens, den wir in dem Längsschnittprojekt des Instituts für die Pädagogik der Naturwissenschaften (IPN) benutzen: Die Konstruktionsaspekte des Fragebogens zeigt Abbildung 13:

Die Konzeption des IPN-Fragebogens Physikinteresse

A. Themen-Teilgebiete
1. Vom Licht
2. Von Tönen und Klängen
3. Von der Bewegung und wie man Kraft sparen kann
4. Wie sich Wärme ausbreitet und wie man mit Wärme etwas in Bewegung setzen kann
5. Von der Elektrizität und vom Magnetismus
6. Von der Elektronik
7. Wie die Welt im kleinen aufgebaut ist
8. Radioaktivität

B. Kontexte
1. Physik als erlebbares Phänomen
2. Physik im Alltag
3. Physik und Beruf
   3.1 techn. Handwerk/Industrie/Forschung
   3.2 Kunsthandwerk/Medizin/Beratung
4. Physik als Wissenschaft
   4.1 qualitativ
   4.2 quantitativ
5. Physik und Gesellschaft

C. Tätigkeiten
1. rezeptive Ebene
2. praktisch konstruktive Ebene
3. theoretisch konstruktive Ebene
4. bewertende Ebene

Abb. 13: Konstruktionsaspekte des Fragebogens von Häussler (1985)

Die Aufgliederung der drei Dimensionen begründete er mit Ergebnissen der sogenannten Delphi-Studie des IPN.
Beispielitems zeigt Abb. 14:

	Mein Interesse daran ist: sehr groß	groß	mittel	gering	sehr gering
1. Mehr darüber erfahren, wie ein Fernrohr, ein Mikroskop oder ein Fotoapparat funktioniert	☐	☐	☐	☐	☐
2. Mehr darüber erfahren, wie Farben am Himmel zustandekommen (Himmelsblau, Abendrot, Regenbogen)	☐	☐	☐	☐	☐
3. Mehr darüber erfahren, wie man mit Satelliten die Erde erkunden und beobachten kann (z.B. Entdeckung von Bodenschätzen oder Pflanzenkrankheiten, Wetterbeobachtung, militärische Aufklärung, Spionage)	☐	☐	☐	☐	☐
4. Mehr über den Zusammenhang zwischen Lichtbrechung und Farbe des Lichts erfahren	☐	☐	☐	☐	☐

Abb. 14: Beispielitems aus dem Fragebogen von Häussler

Jeder Themenbereich (z.B. Optik) wurde zunächst durch einen leicht verständlichen Text von einer Seite umrissen. Dann folgten elf Items zu dem Themenbereich, bei denen Tätigkeit und Kontext systematisch variiert waren.
Die Auswertung kann sich auf Inhalte, auf Kontexte und auf Tätigkeiten beziehen.
Was liefern solche Fragebogen - bzw., Ergebnisse, die mit ihrer Hilfe gewonnen wurden - für die Curriculumplanung und für die Planung von Unterricht?
Einmal

- Informationen über die Altersabhängigkeit des Interesses für bestimmte Themen der Physik bzw. Technik,

dann

- Informationen über die Altersabhängigkeit des Interesses für bestimmte Formen der Verarbeitung (z.B. rezeptiv, aktiv, bewertend) der Themen,

dann

- Informationen über die Geschlechtsabhängigkeit des Interesses für bestimmte Kontexte der Themen,

dann

- Informationen über Geschlechtsabhängigkeit der positiven Reaktion auf bestimmte Beispiele zu den Themen.

Solche Informationen sind durchaus umsetzbar in Lehrplänen/ Rahmenrichtlinien und in Unterrichtsplanungen.

Der Erhebung allgemeiner Interessen zur Bereicherung der Lehrplanarbeit stehen manche Physikdidaktiker sehr skeptisch gegenüber - obwohl die Möglichkeiten solcher Erhebungen noch nicht erschöpft sein dürften. Sie sind der Auffassung, daß

- solche Interessen bei Lehrplanentwicklungen nicht handlungsleitend sein könnten, da andere Aspekte (wie sachlogische Zusammenhänge) bzw. Auswahl- und Ordnungsgesichtspunkte dominant sein müßten.

Sie sind weiterhin der Auffassung, daß

- Unterricht nicht nach dem Lustprinzip, d.h. abhängig vom jeweiligen Interesse, gestaltet werden sollte,
- daß themenbezogenes Interesse rasch verfliegen werde, wenn die harte Realität des Physikunterrichts erlebt wurde

und

- daß vorhandene Interessen viel zu begrenzt und isoliert seien, um den Unterricht über längere Zeit zu tragen. Andere formulieren sogar als zentrales Ziel des schulischen Unterrichts, daß die Schüler lernen müßten, Themen, denen sie nicht von vornherein mit Interesse gegenüberstünden, intensiv und erfolgreich zu bearbeiten.

Daher führe ich noch eine Interessenerfassungsmethode an, die zur Anwendung kommen kann, wenn die Themen bereits vorgegeben sind, der Lehrer aber dennoch zunächst von den Interessen der Schüler an bestimmten Aspekten des Themas ausgehen möchte.

3.7 Erhebung von Interessen zum interessebezogenen Einstieg bei vorgegebenen Themen

Diesen Ansatz entnehme ich einem Aufsatz von Bittner (1979). Sie erprobte den Ansatz im Fach Biologie - wo er gewiß einfacher zu handhaben ist als in der Physik:

Interessendiagnose

In der 6. Klasse (Gymnasium) war das Rahmenthema "Vögel" zwingend vorgegeben. Dazu wurde folgende Erhebung gemacht: Jeder Schüler sollte bis zu fünf Fragen zum Thema "Vögel" formulieren, die ihn persönlich am meisten interessieren. Es wurden 30 Minuten vorgesehen-, die meisten Schüler waren aber schon nach 10 bis 15 Minuten fertig.

Es wurden 215 Fragen gestellt, davon waren 153 inhaltlich verschieden. Dem Inhalt nach ließen sich die Fragen sechs größeren Themenbereichen zuordnen:

- Anatomnie (z.B.: Wie sind die Federn des Vogels aufgebaut?)
- Systematik (z.B.: Gehören Pinguine zu den Vögeln?)
- Lebensweise der Vögel (d.h. Verhalten, Ökologie; z.B.: Warum sind die Männchen schöner als die Weibchen?)
- Umwelt und Naturschutz (z.B.: Sterben Vögel auch aufgrund von Abgasen aus?)
- Kontakt und Beschäftigung mit Vögeln (z.B.: Wie kann man Küken aufziehen?)
- enzyklopädische Fragen (z.B.: Wie heißt der schnellste Vogel?)

Die geäußerten Fragen verteilten sich etwa gleichmäßig auf die sechs Bereiche.

Um nun für die erste Unterrichtsreihe zum Rahmenthema eine Sachstruktur zu finden, auf die sich das Interesse der Mehrheit der Schüler richtet, wurde eine zweite (standardisierte) Befragung vorgenommen:

Es wurden dazu zwölf für die sechs Themenbereiche exemplarische Fragen herausgenommen und die Schüler sollten diese benoten:

1 = sehr interessant; 2 = interessant; 3 = durchschnittlich; 4 = uninteressant; 5 = sehr uninteressant

Fragen (in der Reihenfolge des ermittelten Interesses):

1. Warum können manche Vögel sprechen lernen?
2. Wie geht man mit Vögeln richtig um?
3. Wie wachsen kleine Vögelchen auf?
4. Warum werden in Italien so viele Vögel gefangen?
5. Wie ist das eigentlich mit dem Vogelzug?
6. Welche Vogelarten gibt es bei uns?
7. Wieso können die Vögel fliegen?
8. Warum gibt es bei uns immer weniger Vogelarten?
9. Welches ist der kleinste und welches der größte Vogel?
10. Warum können die Vögel singen?
11. Von was leben die Vögel?
12. Sind alle Vögel Säugetiere?

4. Erfassung von Interessiertheit im Physik-Unterricht (Zustandsinteresse)

Hier werden im allgemeinen zwei sehr einfache Ansätze verwandt: Die schlichte Auskunft:

IPN 25	Ich finde das Fach Physik ...	sehr interessant	(5)
	(oder den Unterricht	interessant	(4)
	in Physik)	mittelmäßig	(3)
		langweilig	(2)
		sehr langweilig	(1)
oder:	Ich mag Physik ...	sehr gern	(5)
		gern	(4)
		weder gern noch ungern	(3)
		ungern	(2)
		sehr ungern	(1)

Präziser wäre die Erfassung von Zustandsinteressen, wenn man so formulierte:

Der Unterricht in Physik	sehr interessant	(5)
war heute	interessant	(4)
	mittelmäßig	(3)
	langweilig	(2)
	sehr langweilig	(1)

Der zweite Ansatz wird durch semantische Differentiale dargestellt. Ein solches Polaritätsprofil zeigt Abbildung 15:

POLARITÄTSPROFIL

gründlich	□	□	□	□	□	□	□	oberflächlich
heiter	□	□	□	□	□	□	□	traurig
interessiert	□	□	□	□	□	□	□	gelangweilt
freundlich	□	□	□	□	□	□	□	mürrisch
usw.								

Abb. 15: Polaritäten von Eigenschaftswörtern, mit denen die Befindlichkeit im Physikunterricht beurteilt werden soll (Goehrke 1976)

Interessiertheit schlägt sich in einem solchen Differential etwa so nieder, wie Abbildung 16 zeigt:

Mädchen	Jungen
1. gründlich	1. konzentriert
2. heiter	2. aktiv
3. freundlich	3. angenehm
4. konzentriert	4. gründlich
5. aktiv	5. heiter
6. vergnügt	6. fleißig
7. arbeitsam	7. arbeitsam
8. engagiert	8. engagiert
9. fleißig	9. frisch
10. frisch	10. vergnügt
11. angenehm	11. freundlich

Abb. 16: Subjektive Befindlichkeit von am Physikunterricht interessierten Jungen und Mädchen (7./8. Klassenstufe, integrierte Gesamtschule) (Goehrke 1976)

Solche Indizes sind Indizes der Befindlichkeit im Unterricht. Sie sagen zunächst wenig oder nichts aus

- über die (äußere) Beteiligung am Unterricht
- über physikbezogene Aktivitäten außerhalb des Unterrichts (Freizeitinteressen)
- über Leistungen im Physikunterricht
- über allgemeines Interesse an Physik

Diese Indizes (besonders der erste Ansatz) stehen aber in enger Beziehung zu Realisationen gewünschter Bedingungen für interessanten Unterricht. An diese Bedingungen sei hier erinnert:

Für mein Interesse am Physikunterricht ist es sehr wichtig bzw. wichtig, daß ...

SCHÜLER	SCHÜLERINNEN
1. der Lehrer den Stoff gut erklärt	1. der Lehrer Geduld hat, wenn ein Schüler etwas nicht verstanden hat
2. der Lehrer Geduld hat, wenn ein Schüler etwas nicht verstanden hat	2. der Lehrer den Stoff gut erklärt
3. der Lehrer beim Drannehmen und beim Verteilen von Aufgaben keinen Schüler bevorzugt	3. der Lehrer beim Drannehmen und beim Verteilen von Aufgaben keinen Schüler bevorzugt
4. viele Schülerversuche gemacht werden	4. der Lehrer schwere Formeln, Gesetze usw. langsam und mit vielen Beispielen erklärt
5. der Lehrer schnell erkennt, wenn wir etwas nicht verstanden haben	5. der Lehrer schnell erkennt, wenn wir etwas nicht verstanden haben
6. der Lehrer schwere Formeln, Gesetze usw. langsam und mit vielen Beispielen erklärt	6. ich merke, daß ich von Stunde zu Stunde etwas Neues hinzugelernt habe
7. ich merke, daß ich von Stunde zu Stunde etwas Neues hinzuge lernt habe	7. der Unterricht logisch aufeinander aufgebaut ist
8. Themen behandelt werden, über	8. viele Schülerversuche gemacht werden
usw.	usw.

Abb. 17: Rangreihe der Wichtigkeit von Bedingungen der Interessiertheit am Physikunterricht (nach Einschätzung von Schülern und Schülerinen der 7. bis 10. Klassenstufe einer integrierten Gesamtschule) (Händel 1984)

Für Day und Berlyne (1971) sind Interesse bzw. Neugier und Angst zwie Aspekte derselben Sache: der Aktiviertheit eines Individuums:

- geringe Aktiviertheit läßt Interesse erleben,
- hohe Aktiviertheit läßt Angst erleben.

Daher sei abschließend noch ein Ansatz zur Erfassung von Leistungsangst im Physikunterricht angegeben:

3. Ich mache mir ... Sorgen über die nächste Physikstunde, wenn ich abends im Bett liege.
5. In Physik bin ich ... aufgeregt, wenn der Lehrer mich aufruft und mir Fragen stellt.
6. Ich habe ... das Gefühl, daß ich bei einer Physikprüfung umso schlechter abschneide, je mehr davon für mich abhängt.
7. Wenn eine wichtige Physikarbeit bevorsteht, bekomme ich ... Leibschmerzen.

usw.

Antwortalternativen: sehr oft, oft, manchmal, selten, nie

Abb. 18: Beispielitems eines Fragebogens zur Leistungsängstlichkeit im Physikunterricht (Wulff 1974)

Die Reaktionen von Schülern und Schülerinnen auf solche Items sind sehr homogen. Die innere Homogenität dieser Skala ist >.90

5. Indizes für weitere erwünschte (längerfristige) Effekte eines interessanten Physik-Unterrichts

Ziel eines interessanten Physikunterrichts ist zweifellos nicht nur eine positive Befindlichkeit, ein angenehmer emotionaler Zustand der Schüler(innen).

Ziele sind vor allem:

- überdauernde Lernleistungen und
- überdauernde Interessen an Physik, die sowohl entscheidungsrelevant sind (Kurswahlen) als auch handlungsrevelant sind (freiwillige Beschäftigung mit Physik und Technik).

Zur Erfassung solcher Konsequenzen intensiver Beschäftigung mit Physik und Technik in und außerhalb des Unterrichts wurden verschiedene Indizes entwickelt, von denen ich einige darstellen will:

5.1 Operationalisierung der Krathwohlschen Taxonomie affektiver ernziele

Der Logik nach wäre die Krathwohlsche Taxonomie affektiver Lernziele ein idealer Bezugsrahmen für die Erfassung des Ausmaßes verinnerlichter Interessen an Physik. Aber:

- Die Logik der Taxonomie hat ihre Probleme

und

- Die Taxonomie ist schwierig zu operationalisieren.

Dennoch haben wir einen Versuch gemacht, den wir Levy nachempfunden haben (Abbildung 19).

Problem D: Wenn man einen beladenen Schlitten anschieben will, muß man zuerst viel Kraft aufwenden. Dann plötzlich geht das Schieben viel leichter.

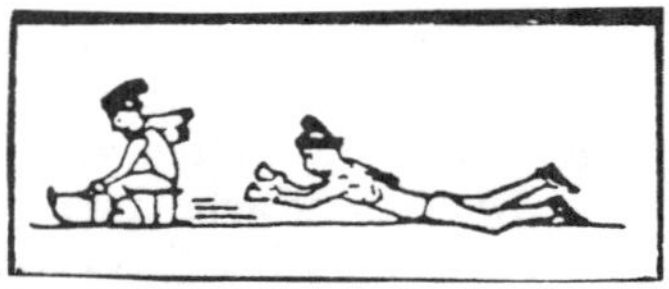

Achtung: Kreuze bitte bei jeder Aussage "ja" oder "nein" an!

		ja	nein
28	Dieses Problem würde mir auffallen.		
29	Bei diesen Problemen würde ich auf Einzelheiten achten.		
30	Ich wäre bereit, in der Schule bei diesem Problem mitzuarbeiten		
31	Ich würde mich - auch nach der Schule - mit diesem Problem beschäftigen (nachdenken, nachlesen, nachfragen, Versuche machen).		
32	Es würde mir großen Spaß machen, mich - auch nach der Schule - mit diesem Problem zu beschäftigen (nachdenken, nachlesen, nachfragen, Versuche machen).		
33	Solche Probleme und die Gesetze ihrer Erklärung sind für mich wichtig.		
34	Solche Probleme und die Gesetze ihrer Erklärung sind für mich wichtiger als Problem und Gesetze aus anderen Gebieten (z.B. Deutsch, Gesellschaftslehre).		
35	Dieses Problem und die damit zusammenhängenden Gesetzmäßigkeiten sind für mich so wichtig, daß ich sehr gern meine Freunde damit begeistern würde.		
36	Ich würde meinen Freunden sehr gerne erklären, aus welchen Gründen ich diese Probleme und die mit ihnen verbundenen Gesetzmäßigkeiten für wichtig halte.		

Abb. 19: Itemgruppe aus einem Fragebogen zur Operationalisierung der Taxonomie von Krathwohl

Im Bereich der Gesundheitsinteressen haben wir einmal die Reaktionen von Schülern/Schülerinnen auf solche Fragen hin analysiert - um zu überprüfen, ob sich empirisch Modellmerkmale einer Taxonomie widerspiegeln. Das Ergebnis war nur teilweise befriedigend (Todt et al. 1978)

5.2 Erfassung verschiedener Intensitätsstufen des Physikinteresses

Ein anderer Ansatz wurde - in Anlehnung an eine amerikanische Einstellungsskalierung (Shorr 1953) - von Sikorski (1969) entwickelt.

Die Annahme ist hier, daß ein Interesse umso erfahrungsabhängiger und handlungsrelevanter sein dürfte, je mehr Nachteile (Barrieren) bei seiner Realisierung in Kauf genommen werden. Es wurde eine größere Anzahl von Interessenitems mit mehr oder minder hohen (potentiellen) Barrieren formuliert und zunächst einer Reiz- und später einer Reaktionsskalierung unterzogen. Abbildung 20 zeigt einige Beispiele. Eine spätere Reaktionsskalierung (Todt 1978) ergab, daß die höheren Intensitätstufen stärker miteinander korrelierten als die niedrigeren.

Inwieweit das als Generalisierung des Interesses aufgrund intensiver Erfahrung oder als einheitliche Orientierung bei eher fach-/berufsbezogenen Aktivitäten zu interpretieren ist, muß offen bleiben.

Die niedrigen Intensitätsstufen scheinen eher einem allgemeinen "sensation seeking" zuzuordnen zu sein.

Item Nr.	Zugeordnete Intensität	Einstufung Mdn	Q	Item
30	1	1.4	3.8	Eine elektrische Modelleisenbahn bauen
31	1	1.4	3.0	Die Fahreigenschaften eines neuen Autos erproben
43	2	2.0	2.0	Beim Start einer Weltraumrakete zusehen
44	2	2.3	2.4	Den Kontrollraum eines Flughafens besichtigen
40	3	2.5	1.7	Die Herstellung von Autos beobachten
28	3	2.5	2.7	Den Wagen eines Rennfahrers betreuen
42	3	2.9	2.9	Ein Unterseeboot besichtigen
29	3	3.0	4.7	Das Modell eines Segelschiffs bauen
20	3	3.0	3.2	Ein Motorfahrzeuge reparieren
33	3	3.2	3.0	Ein Museum der Technik besichtigen
37	4	3.9	2.9	Ein Atomforschungszentrum besichtigen
39	4	4.1	2.6	Das Forschungslabor einer chemischen Fabrik besichtigen
25	4	4.2	3.1	Die elektrischen Anlagen in ein Auto einbauen
41	4	4.3	1.6	Einen großen Staudamm mit seinen technischen Anlagen besichtigen
21	4	4.3	3.7	Elektrische Geräte reparieren
34	5	4.5	2.9	In einem Flugzeugwerk arbeiten
32	5	4.5	2.9	Ab und zu Sendungen über neue Forschungs -ergebnisse der Naturwissenschaft verfolgen
35	5	4.8	3.1	Lebensberichte berühmter Naturwissenschaftler lesen
27	5	4.9	2.1	Naturwissenschaftliche Sendungen im Fernsehen ansehen
22	6	5.7	4.3	Lernen, wie man eine Wetterkarte liest
26	6	6.1	2.1	Berichte über Forschungen lesen, für die Nobelpreise vergeben wurden

Abb. 20: Items, die nach der Intensität eingestuft wurden, in der sie Interesse eines daran Interessierten widerspiegeln (Sikorski 1969). Die Intensitätsskala hatte insgesamt elf Stufen. Hier sind nur die ersten sechs Stufen angegeben.

5.3 Wissen und Verstehen als Index für Interesse und interesseabhängiges Lernen

Allgemeines Wissen und Verstehen in Physik und Technik kann - wenn es nicht primär auf Leistungsdruck zurückzuführen ist - auch als Index für interessierte Beschäftigung mit Physik/Technik in bzw. außerhalb des Unterrichts interpretiert werden. Solche Kenntnistests muß ich hier nicht vorführen. Wir haben davon mehrere entwickelt (Todt 1966; Balser 1976; Welker 1986).

5.4 Freizeitaktivitäten als Index für Interesse und interesseabhängige Erfahrung

Die Häufigkeit physik-/technikbezogener Freizeitaktivitäten können auch als Index erfahrungs- und handlungsrelevanter Interessen herangezogen werden. Inwieweit sie jeweils Folge unterrichtlicher Erfahrung sind, muß offen bleiben. Ein solcher Index wurde etwa von Händel entworfen. Er ist in Abbildung 21 angegeben:

1. Hausaufgaben für Physik machen.
2. Für die nächste Arbeit in Physik lernen.
3. Fernsehsendungen schauen, die mit Physik oder Technik zu tun haben.
4. Bücher lesen, die Themen aus den Bereichen Physik oder Technik behandeln
5. Mit Experimentierkästen spielen.
6. Mit Technikerkästen spielen (z.B. Fischer-Technik).
7. Basteln (z.B. Modelle nachbauen, eine elektrische Orgel bauen).
8. Dinge auseinandernehmen und reparieren (z.B. das Fahrrad oder einen Wecker).
9. Museen oder Ausstellungen besuchen, die mit Physik oder Technik zu tun haben.
10. Kurse in der Volkshochschule besuchen, die physikalische oder technische Themen behandeln.
11. Mit Freundinnen oder Freunden über Themen aus der Physik oder Technik sprechen
12. In Zeitungen oder Zeitschriften über physikalische oder technische Themen lesen.
13. Anderen (z.B. Handwerkern) bei technischen Arbeiten zusehen.
14. Schaufenster ansehen, in denen technische Dinge ausgestellt werden.

Antwortalternativen: sehr oft, oft, manchmal, selten, nie

Abb. 21: Freizeitaktivitäten als Index für Physik/Technikinteressen (Händel 1984)

5.5 Kurswahlen als Interessenindex

Kurswahlen in der Sekundarstufe I (Wahlpflichtbereich) und in der Sekundarstufe II wurden ebenfalls als Indizes handlungsrelevanter Interessen, die auch auf Unterrichtserfahrung zurückgehen, interpretiert. In den USA werden solche Wahlen oft als Interessenindizes gewertet. Allerdings dürfte die Zahl der Interessierten die Zahl der (einen bestimmten Kurs) Wählenden deutlich übersteigen.

5.6 Strategien der Informationsaufnahme als Interessenindex

Mit einer letzten Erfassungstechnik für Interessen will ich schließen: Auch sie soll so etwas wie verschiedene Intensitätsgrade und damit Realisationswahrscheinlichkeiten des Interesses widerspiegeln (wie Sikorskis Verfahren). Die Technik besteht darin, daß dem Schüler (der Schülerin) eine größere Anzahl von Themen etwa der Physik in einem Heftchen vorgegeben wird. Der Schüler (die Schülerin) hat nun die Möglichkeit,

- diese Themen oberflächlich zu bearbeiten, indem er nur "aufregende" Aspekte der Themen durchgeht und bearbeitet

oder aber

- weniger Themen intensiv zu bearbeiten.

Dabei hat er sein Vorgehen zu protokollieren. Beide Vorgehensweisen sollten ihm als gleichberechtigt dargestellt werden.

Schäfer (1975) realisierte einmal einen solchen Ansatz, den er "Lexikon-Ansatz" nannte. Schäfer schrieb zu verschiedenen Themen wie "Flugzeug", "Barometer", "Schiff", "Uhr" usw. kleine Texte, die er unter den Überschriften:

Was ist das?	Wie funktioniert das?
Überraschendes	Was umfaßt der Begriff?
Verwendung	Wer hat es erfunden?
Voraussetzung	Nachteile, Kritik
Versuch	

in ein Lexikon einbaute. Die Schüler hatten die Möglichkeit, sich eher oberflächlich oder eher intensiv mit den einzelnen Themen zu beschäftigen. Sie mußten jedoch den Weg ihres Vorgehens protokollieren. Schäfer versuchte dann - über externe Beurteiler - die verschiedenen Vorgehensweisen der Schüler den verschiedenen Niveaus der Krathwohlschen Taxonomie affektiver Lernziele zuzuordnen.

Schäfers Versuch war nur ein erster Ansatz, den wir weiter verfolgen wollen.

Nach diesem Rundgang durch sehr verschiedene Provinzen von Interessenindizes will ich versuchen, ein paar Schlußfolgerungen zu ziehen:

1. Die Erfassung allgemeiner Interessen an Physik und Technik, bezogen auf
   - eine Vielfalt von Themenbereichen,
   - unterschiedliche Konnotationen und
   - unterschiedliche Tätigkeiten

   dürfte durchaus gewisse Anregungen für Curriculumplaner und Unterrichtsplaner beinhalten. Aber den Einfluß bzw. die Einflußmöglichkeiten solcher Interesseuntersuchungen muß man als relativ gering ansetzen. Zur Analyse der altersabhängigen Veränderung der allgemeinen Interessen und möglicher Bedingungsfaktoren dieser Interessen sind solche Indizes allerdings sinnvoll und befriedigend solide (zuverlässsig und gültig).
2. Die Erfassung der Interessiertheit am Physikunterricht ist für manchen vielleicht etwas roh und einfältig. Es ist auch nur eine Mo-

mentaufnahme. Die gute Vorhersagbarkeit der Antworten der Schüler auf solche Einzelitems (aufgrund bestimmter realisierter Unterrichtsbedingungen) spricht aber für die Gültigkeit solcher Indizes.

3. Die Erfassung erfahrungsabhängiger Interessen und deren potentieller Handlungsrelevanz erscheint wesentlich schwieriger. Dieses Problem bedarf noch intensiver Bearbeitung - es ist aber auch besonders reizvoll. Hier liegen nur einige - wenig erprobte - Ansätze vor. Die Lösung dieses Problems wird aber die Voraussetzung für eine genauere Analyse der Entwicklung der Beziehung zwischen allgemeinem Interesse, spezifischem Interesse und Interessiertheit in bestimmten Realitätsbereichen sein. Diese Beziehung entwickelt sich unserer Annahme nach im Jugendalter. Hier setzen unsere Untersuchungen derzeit an. Eine weitere Gruppe unserer Untersuchungsfragen ist auf die Analyse der Beziehungen zwischen Interessenindizes und Indizes verschiedener anderer Konstrukte ausgerichtet: Emotionen, Motive, kognitive Strukturen, Selbstbild / Persönlichkeit. Natürlich interessieren wir uns auch für alle möglichen äußeren Bedingungen der Interessengenese - aber das ist hier nicht das Thema.

Literatur

Allport, G.W. (1949): Persönlichkeit. Stuttgart.

Balser, H. (1976): Interesse und Schülerfähigkeit als Beratungs- und Zuordnungskriterien im Lernbereich Technik der Gesamtschule. Diplomarbeit, FB Psychologie, Gießen.

Barak, A. (1981): Vocational interests: A cognitive view; in: Vocational Behavior 19. S. 1-4.

Bittner, Ch. (1979): Die Ermittlung von Schülerinteressen zu dem vorgegebenen Rahmenthema "Vögel"; in: Naturwiss. im Unterricht 8. S. 233-240.

Bloom, B.S. et al. (1972): Taxonomie von Lernzielen im kognitiven Bereich. Weinheim und Basel.

Dammer I. (1975): Verankerung und Beeinflußbarkeit von Physikinteressen. Diplomarbeit, FB Psychologie, Gießen.

Day, H.I./ D. E. Berlyne (1971): Intrinsic motivation; in: Lesser, G.S. (Ed): Psychology and Educational Practice. Glenview, Ill. und London. S. 294-335.

Gardner, P.L.(1975): Attitudes to science: a review; in: Studies in science education 2. S. 1-41.

Goehrke, R. (1976): Eine Untersuchung über "Motivationsvariablen" im Physikunterricht bei Gesamtschülern der 7. und 8. Klassenstufe. Diplomarbeit, FB Psychologie, Gießen.

Händel, B. (1984): Interesse und Einstellung gegenüber Physik. Diplomarbeit, FB Psychologie, Gießen.

Häussler, P. (1985): A questionnaire for measuring three different curricular components of pupils'interest in physics: Topic, context and action; in: M. Lehrke/L. Hoffmann/P. L. Gardner (Eds.). S. 81-87.

Heath, R.W. (1964): Curriculum, cognition and educational measurement; in: Educational and Psychological Measurement 24. S. 239-253.

Izard, C.E. (1981): Die Emotionen des Menschen. Weinheim und Basel.

Krathwohl, D.R./B.S. Bloom/B.B. Masta (1975): Taxonomie von Lernzielen im affektiven Bereich. Weinheim.

Lehrke, M./L. Hoffmann/P. L. Gardner (Eds. 1985): Interests in science and technology education. Kiel.

Munby, H. (1983): Thirty studies involving the "Scientific Attitude Inventory": What confidence can we have in this instrument? in: Research in Science Teaching 20. S. 141-162.

Schäfer, H.T. (1975): Operationalisierung der Krathwohl-Taxonomie durch Konstruktion eines Meßinstrumentes für affektive Lernziele im Fach Mechanik bei Sekundarschülern. Diplomarbeit, Fachbereich Psychologie, Gießen.

Shorr, J.E. (1953): The development of a test to measure the intensity of values; in: Educ. Psychol. 44. S. 266-274.

Sikorski, P.B. (1969): Untersuchung über die Skalierbarkeit von Interesse-Items bezüglich ihrer Intensität. Semesterarbeit, Psychologisches Institut, Gießen.

Todt, E. (1966): Bericht über die Entwicklung eines neuen Kenntnistests - Der Differentielle Kenntnis-Test. dgp-Informationen Neue Folge Heft 1. S. 7-20.

Todt, E. (1978): Das Interesse. Stuttgart.

Todt, E. (1985): Theorie der Interessenentwicklung. Unveröffentlichtes Manuskript, Gießen.

Todt, E. (1985): Elements of a theory of science interests; in: Lehrke, M./L. Hoffmann/P.L. Gardner (Eds.): Interests in science and technology education. Kiel. S. 59-69

Todt, E./G. Schütz/A. Moser (1978): Gesundheitsbezogene Interessen in der Sekundarstufe I. Stuttgart.

Todt, E./B. Händel (i. Druck): Analyse der Kontextabhängigkeit von Physikinteressen; in: Mathematisch-naturwissenschaftlicher Unterricht.

Welker, P. (1986): Technisches Verständnis und technisches Interesse bei Auszubildenden des 1. und 2. Ausbildungsjahres (Bauhauptgewerbe). Diplomarbeit, FB Psychologie, Gießen.

Wulff, B. (1974): Untersuchungen über einige Persönlichkeits- und Umweltkorrelate der Physik-Leistungsangst im Rahmen eines Streß-Modells. Diplomarbeit, FB Psychologie, Gießen.

HEINRICH STORK

STUFEN DER KOGNITIVEN ENTWICKLUNG NACH PIAGET UND IHRE MÖGLICHE BERÜCKSICHTIGUNG IM NATURWISSENSCHAFTLICHEN UNTERRICHT

1. Zur kritischen Situation des Physik- und Chemieunterrichts

Die gegenwärtige Situation des Physik- und Chemieunterrichts ist nicht gut; der Wind bläst ihm kräftig ins Gesicht, wie man zu sagen pflegt. Bei den Schülern ist er recht unbeliebt; sie wählen ihn weitgehend ab, sobald sie die Möglichkeit dazu haben. (In Nordrhein-Westfalen hat nur ein Viertel der Abiturienten Physik oder Chemie gewählt.) Außerdem ist der Lernerfolg im Physik- und Chemieunterricht recht gering; dies gilt zumindest für den obligatoriscvhen Unterricht. Wird ein nicht rein reproduktiver, ein auch nur etwas freierer Umgang mit dem Gelernten gefordert, so zeigen sich die Schüler unwissend und unsicher, auch und gerade im Bereich des einfachen Grundlagenwissens.

Es ist weithin üblich - und wohl auch richtig - diese unerfreulichen Befunde auf die mangelnde Motivation der Schüler zurückzuführen. Welche Gründe hat dieser Motivationsmangel seinerseits? Hier gibt es unterschiedliche Vermutungen. Der Unterricht sei lebensfremd, so sagen manche; gelegentlich knüpfe er zwar an die Lebenswelt an, im allgemeinen befasse er sich aber mit der Deutung und theoretischen Verknüpfung von Phänomenen, die die Schüler (bestenfalls!) bei Laborexperimenten erlebten. Andere verweisen auf den Zeitgeist, der dem Physik- und Chemieunterricht wenig günstig sei: Als wichtig erscheine heute die verstehende Zuwendung zum Mitmenschen; kausale und quantitative Betrachtungsweisen natürlicher und technischer Abläufe empfinde man als recht zweitrangig. Unsere Studie - über die ich heute berichten will - geht von einer dritten These aus, nämlich der, daß unser Physik- und Chemieunterricht die Schüler intellektuell überfordert, und daß der beklagte Motivationsschwund auch ein Ausdruck von Schülerresignation ist.

Diese Vermutung wird zwar in der Bundesrepublik selten ausgesprochen und sehr ungern gehört, aber sie stammt keineswegs von uns. Sie stammt von angelsächsischen Lehrern und Fachdidaktikern, die sich vergleichsweise systematisch mit der intellektuellen Leistungsfähigkeit von Schülern verschiedener Altersstufen befaßt haben. Sie sind dazu ihrerseits angeregt worden durch die Theorie und empirischen Untersuchungen von Jean Piaget (1896 bis 1980). Piaget ist der führende Entwicklungspsychologe unseres Jahrhunderts; er hat für die naturwissenschaftliche Fachdidaktik darüber hinaus den Vorzug, daß es ihm um die intellektuelle Verarbeitung von Erfahrungen geht, mit denen auch die Naturwissenschaft befaßt ist. Die Gründe dafür werden uns deutlich werden, wenn wir nun zunächst einen Blick auf die Lehre Piagets von der Intelligenz und deren Charakter werfen.

2. Zum Charakter und zur Entwicklung der Intelligenz nach Piaget

Was ist Intelligenz? Piaget unterscheidet zunächst zwischen
- speziellem Wissen und
- allgemeinem Wissen.

Allgemeines Wissen ist die Fähigkeit, sich spezielles Wissen anzueignen oder es anzuwenden. Diese Fähigkeit kann man auch Intelligenz nennen. (Aktive Betätigung der Intelligenz ist Denken.) Die Intelligenz hat also potentiellen Charakter, sie ist eine *Fähigkeit*. Worin besteht sie, was befähigt jemanden zur Aneignung und zum Gebrauch speziellen Wissens?

Angesichts dieser Frage verweist Piaget darauf, daß man etwas verstehen könne, wenn man wisse, wie etwas entstehe und wozu es führe. Er fragt also (zunächst) nicht nach einer Definition von Intelligenz, sondern danach, wie ausgfereigte Denkfähigkeit zustande kommt. Piaget geht diese Frage vonder Biologie aus an (er ist von Haus Biologe) und verweist darauf, daß jeder Organismus möglichst intakt zu bleiben sucht; dies gelingt ihm, indem er sich funktionell anpaßt. Im einfachsten Fall geschieht dies durch Reflexe. Leuchtet man z.B. in einem halbdunklen Raum mit einer Taschenlampe einer Versuchsperson plötzlich ins Auge, so verkleinert sich die Pupille sofort. der Zweck dieser Verkleinerung liegt auf der Hand. Helligkeitssprünge sind für das Sehen nachteilig, deshalb werden sie durch den Pupillenreflex reduziert. Zum Zustandekommen dieses Reflexes ist folgendes zu sagen: Die Pupille wird von der Iris (Regenbogenhaut) begrenzt. Diese besteht aus undurchsichtigen Muskeln, die beim Kontrahieren die Pupille verengen, beim Erschlaffen weiten. Tritt ein Helligkeitssprung auf, so melden die Lichtsinneszellen der Netzhaut dies über den Sehnerv an das Gehirn. Von dort gehen Signale an die Irismuskeln beider Augen. Sie führen bei steigender Helligkeit zur Verkleinerung, bei sinkender zur Vergrößerung der Pupille.

Das Beispiel zeigt: Der Organismus paßt sich funktionell an; er sorgt für ein Gleichgewicht zwischen sich und der Umwelt. (Der Ausdruck "Gleichgewicht" mag den Physiker und Chemiker stören; gemeint ist die Schaffung von Bedingungen, die der Koexistenz des Einzelnen mit der Umwelt zugute kommen.) Die Einstellung dieses Gleichgewichts heißt "Äquilibration"; auf diese Äquilibraton zielt der Entwicklungs- und Lernprozeß des Individuums. Sie ist nur möglich aufgrund einer entsprechenden *Struktur* des Organismus. Der Begriff der "Struktur" ist bei Piaget ein Zentralbegriff. Er versteht darunter einen Komplex zweckdienlich angeordneter Elemente. In diesem Komplex kann man Substukturen ausmachen, deren Zusammenwirken zu einer bestimmten Leistungsfähigkeit führt. Solche Substrukturen heißen "Schemas".

Sinnvolle Reaktionen auf Umweltgegebenheiten setzen also eine Struktur voraus. Das biologische Beispiel hat uns dies verdeutlicht, aber diese Aussage gilt - nach Piaget - weit über den biologischen Bereich hinaus. Ebenso, wie uns unsere biologische Struktur biologische Regulationen erlaubt, ermöglicht uns unsere kognitive Struktur kognitive Regulationen. Allerdings: Die biologische Struktur und ihre Entwicklung ist uns angeboren, die kognitive Struktur ist es nicht; sie muß - nach Piaget - entwickelt werden. Piaget verkennt selbstverständlich nicht, daß diese kognitive Entwicklung an Reifungsprozesse gebunden ist, die im Kind und im Jugendlichen ablaufen; sie spannen einen wachsenden Rahmen des Möglichen auf. Um diese Möglichkeiten aber in größerem Umfang zu realisieren, ist es erforderlich, daß das Kind und der Jugendliche sich fortwährend aktiv mit seiner Umwelt auseinandersetzt. Diese Auseinandersetzung führt zu Verhaltensweisen, die nicht nur je einer Einzelsituation gerecht werden, sondern in Gruppen von ähnlichen Situationen hilfreich sind. Verhaltensweisen solcher Art werden nicht mehr vergessen, da sie auf Strukturen beruhen, die das lernende Individuum ausgebildet hat. Piaget unterscheidet drei Bereiche von zu erarbeitenden Strukturen:

1. Reflexähnliche Regulationen (Träger: instinktive Strukturen);
2. handlungsorientierte Regulationen (Träger: sensomotorische Strukturen);
3. intelligente Regulationen (Träger: operationale Strukturen).

Als Beispiel für reflexähnliche Regulationen diene das "Signallernen". Gibt man auf die Hornhaut des menschlichen Auges einen Luftstoß ab, so blinzelt es. Verbindet man den Luftstoß mit einem Glockenton und wiederholt diese Kombination mehrfach, so blinzelt das Auge schließlich auf den Glockenton allein, und zwar ohne unser bewußtes Zutun, reflexähnlich. Der Glockenton ist zum *Signal* für den Luftstoß geworden.

Piaget selbst stellt - als Beispiel für reflexähnliche Regulationen - die Ausweitung des Saugschemas beim Kleinkind in den ersten Lebenswochen heraus. Ihm geht es ja um die Entwicklung des Kindes, die er in allen Phasen verfolgt. Bald nach den ersten Wochen lassen sich handlungsorientierte Regulationen beobachten, z.B.: Ein Kind von 10 Monaten liege unter einem Tisch; ein Zipfel der Tischdecke rage in seinen Gesichtskreis und Greifradius hinein. Das Kind begreift diesen Zipfel durchaus als Herausforderung; es erfaßt ihn, hebt ihn an; wenn er ihm entgleitet, wiederholt es das Anheben, wartet auf das Entgleiten oder läßt den Zipfel sogar fallen. Es sieht so aus, als ob hier eine Regelmäßigkeit erkundet wird. Andererseits: Zieht man den Zipfel fort, aus dem Gesichtskreis heraus, so ist es, als ob er nie existiert habe. Für die sensomotorische Intelligenz gibt es Gegenstände nur als Objekte aktueller Handlungen.

Ein wichtiger Schritt auf dem Wege zu den kognitiven Regulationen und operationalen Strukturen ist die Entwicklung des Schemas des dauerhaften Objekts. Ein Zweijähriger, dessen Spielzeug man versteckt, sucht intensiv und ausdauernd danach. Das Kind weiß nun von der Existenz von Gegenständen; selbst bewußte Ablenkung vermag es oft nicht von der Suche abzuhalten. Dieses Wissen ermöglicht die Entstehung von *Symbolen*. Sie zeigt sich im Symbolverhalten: Ein (etwa dreijähriges) Kind spielt z.B. " zu Bett gehen", wobei ein von ihm ausgesuchter Gegenstand als Bett fungiert. Auf das aktuelle Dasein des Bettes kommt es nicht mehr an.

In dieser Phase beginnt das Kind auch mit der Entwicklung von Klassifikationsschemas, in die es neue Beobachtungen einordnet. (Diese Klassifikationsschemas nennt man gewöhnlich "Begriffe"; ihre Entwicklung und Präzisierung beschäftigt uns ein Leben lang.) Mit Hilfe solcher Schemas wird "assimiliert". So assimiliert ein Kind z.B. alle Tiere als "Wau-Wau", nachdem es diese Zuordnung an einem oder an mehreren Hunden gelernt hat. So kann man - wenn man die ionische Bindung am Natriumchlorid kennengelernt hat - auch die Bindung im Kaliumfluorid, im Calciumoxid als ionische Bindungen assimilieren. Warum dieser Vorgang "Assimilation" heißt, ist wohl einsichtig: Es handelt sich in der Tat um eine subjektive Angleichung der Umwelt an das Individuum durch die Klassifikations- und Erklärungsschemas des Individuums. Umgekehrt müssen ungeeignete oder unzureichende Schemas ständig umgeformt, präzisiert und damit den subjektiv veränderten Umweltbedingungen angepaßt werden. Das "Wau-Wau"-Schema muß verändert werden, wenn das Kind außer Hunden noch Katzen und Ponies kennengelernt hat, und das Schema "ionische Bindung" paßt offenbar nicht auf den Tetrachlorkohlenstoff, das Schwefeltetrafluorid, weil hier ganz offensichtlich keine Ionengitter vorliegen. Diesen Vorgang der Präzisierung alter und Ausgliederung neuer Schemas nennt Piaget *Akkommodation*; es handelt sich um einen Angleichungsprozeß des Individuums an die Umwelt.

Stadium	Altersintervall	Typische Aktivitäten
Sensumotorisches Stadium	0 bis 2 Jahre	Wahrnehmung, Wiedererkennen, Koordination von Mittel und Zweck;
Praeoperationales Stadium	2 bis 7 Jahre	Verständnis funktionaler Beziehungen, Symbolisches Spiel;
Konkret-operationales Stadium	7 bis 11 Jahre	Invariante Strukturen von Klassen, Zahlen, Relationen;
Formal-operationales Stadium	11 bis 15 Jahre	Urteilendes und hypothetisch - deduktives Denken.

Tabelle 1: Stadien der kognitiven Entwicklung nach Piaget

Wiederum wird deutlich: Für Piaget ist Intelligenz eine entwickelte Form der Äquilibration. Subjekt und Objekt dieser Äquilibration sind kognitive Schemas; Subjekt sind sie bei der klassifizierenden Assimilation, Objekt sind sie bei dem Geändert-werden durch Akkommodation.

Wann, von welchem Lebensalter ab, kann man als Didaktiker und Lehrer mit dem Vorhandensein von bestimmten kognitiven Struturen und von deren Bausteinen, den Schemas, rechnen? Darüber sagt die oben genannte Sequenz des Strukturaufbaus nichts aus. Sie läßt auch die unterschiedliche Differenzierung der Strukturen in den verschiedenen Bereichen nicht erkennen, obwohl von ihr der Zeitbedarf für den Strukturaufbau abhängt. Nach Piaget durchläuft die individuelle Entwicklung die in Tabelle 1 dargestellten vier Stadien.

Gegenüber der bisherigen Gliederung ist hier eine starke Differenzierung eingetreten. Die intelligenten Regulationen und zugehörigen kognitiven (operativen) Strukturen werden in drei Stadien aufgebaut; den reflexähnlichen Regulationen ist nicht einmal ein Stadium zugeordnet. (Sie bilden das erste von sechs Unterstadien des sensomotorischen Stadiums.)

3. Zu typischen Aktivitäten der beiden letzten Stadien

Weil es uns um Schulkinder geht, beschränken wir uns auf die letzten beiden Stadien. Als typische Aktivität in der konkret-operationalen Phase wird das Erkennen von Invarianzen bezeichnet: Die Invarianz von Menge, Gewicht und Volumen einer Stoffportion wird erarbeitet (in dieser Reihenfolge). Weithin bekannt sind die Piagetschen Versuche zur *Invarianz der Menge.* Beim bekanntesten wird eine Kugel aus Knetmasse in Form einer "Wurst" ausgerollt, so daß diese immer länger und dünner wird. Während der Verlängerung hält man einige Male inne und fragt das Kind, ob die Menge der Knetmasse noch die gleiche sei. Kinder im Alter von vier bis sieben Jahren verneinen das; sie sagen, es handle sich um mehr (weil die Wurst länger sei), oder um weniger (weil die Wurst dünner sei). Ähnliche Ergebnisse erhält man beim Umgießen einer konstanten Flüssigkeitsportion in Gläser mit veränderter Grundfläche und Höhe, wie das Bild 1 es zeigt.

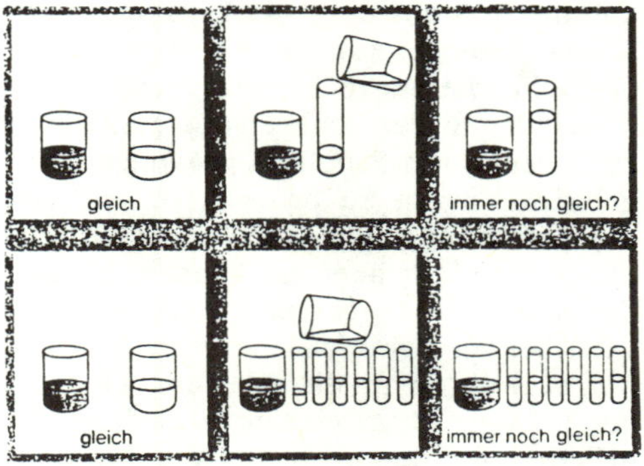

Bild 1: Versuche zur Entwicklung und Prüfung der Einsicht in die Invarianz der Menge (Muller 1969)

Piaget hält die Einsicht in die Invarianz für das Ergebnis eines Ausgleichsprozesses kognitiver Tätigkeiten. Dieser umfasse vier Schritte; beim ersten achte das Kind nur auf die Länge (der "Wurst"), beim zweiten nur auf die Dicke, beim dritten schwanke das Kind zwischen beiden, und im vierten erfasse es beide Eigenschaften gemeinsam: länger, aber dünner.

Am Beispiel der Erarbeitung der Invarianz des *Gewichts* zeigt sich, daß Kinder in dieser Phase nicht mehr an aktuelle Wahrnehmungen und aktuelle konkrete Handlungen gebunden sind. Nehmen wir an, ein solches Kind habe durch eigene Beobachtungen die Erfahrung gemacht: "Eine Knetmassekugel ist rot und vielfach verformbar". Zeigt man dem Kind, daß zwei gleich große Knetmassekugeln auf zwei Waagschalen gleich schwer sind, verformt man dann eine der Kugeln und fragt nach dem Gewicht, so kann das Kind durch ein *verinnerlichtes Handeln* das z.B. pfannkuchenartig verformte Stück Knetmasse gedanklich wieder in seine ursprüngliche Form zurückführen und damit verallgemeinernd auf die Konstanz des Gewichts schließen. (Sie sehen hier an einem Beispiel, daß Piaget "Denken" als "verinnerlichtes Handeln" nach bestimmten Regeln ansieht; solche Handlungen nennt er "Operationen". Daher heißen die Strukturen, die solch ein verinnerlichtes Handeln tragen, "operationale Strukturen".) Die Einsicht von der Erhaltung des Gewichts erstreckt sich auf alle Stoffportionen und alle Formen; sie erstreckt sich nicht auf andere Eigenschaften von Stoffportionen, z.B. das Volumen. Dessen Unabhängigkeit von der Form einer Stoffportion muß gesondert erarbeitet werden.

Was können konkret-operational denkende Personen nicht, was haben formal-operational denkende ihnen voraus? Das läßt sich an Hand des Piagetschen Pendelproblems verdeutlichen. Probanden unterschiedlichen Alters wurde die Aufgabe gestellt, experimentell herauszufinden, von welcher oder welchen Variablen die Schwingungsdauer eines Pendels abhängt. Die Versuchsanordnung bestand aus einem Stück Schnur, das so an einem Stativ befestigt war, daß man es verkürzen oder verlängern konnte, und aus einer Reihe unterschiedlicher Gewichte, die man an die Schnur hängen konnte. Als Variablen boten sich die Schnurlänge, das Gewicht, die Starthöhe und eventuell die Kraft des Anstoßes an.

Kinder in der konkret-operationalen Phase sind durchaus in der Lage, zur Lösung des Problems geeignete Versuche durchzuführen und die Ergebnisse richtig zu beobachten. Infolgedessen machen sie in der Regel die Erfahrung, daß eine Verkürzung der Schnur auch die Schwingungsdauer verkürzt; aber sie können die andern Variablen nicht eliminieren. Oft werden Gewicht und Länge gleichzeitig verringert, und der Erfolg wird beiden Faktoren zugeschrieben; oder trotz Änderung beider Faktoren schreibt man die Wirkung einem Faktor zu. Ist aber die formal-operationale Phase erreicht - so "macht sich der Heranwachsende spontan die Strategie der unabhängigen Variation jedes einzelnen Faktors zu eigen, wobei er jeweils alle anderen konstant hält ... Der Heranwachsende manipuliert nicht nur zufällig jeweils eine Variable: Er tut dies in der

Absicht, ein mögliches Gesetz zu prüfen, zum Beispiel 'Erhöhung des Gewichts = Herabsetzung der Schwingungsfrequenz'. Gleichzeitig variiert er jedoch keine anderen Faktoren, etwa die Länge, da er sich bewußt ist, daß andernfalls das Ergebnis entweder auf die Länge oder auf das Gewicht oder gar auf beides zurückzuführen sein könnte" (Lunzer 1971). Dieses Vorgehen zeigt, daß sich die Probanden eine Mehrzahl *möglicher* Abhängigkeiten vorstellen konnten, aus denen die wirklich gegebene experimentell herausgefunden werden mußte. Dieser methodische Vorrang des Möglichen vor dem Wirklichen ist Kennzeichen eines hypothetisch-deduktiven Denkens. Vor allem diese Art des Denkens hat die formal-oprerationale Phase der konkret-operationalen Phase voraus.

Nun liegt es - wenigstens für Gymnasiallehrer - nahe, zu sagen: "Was soll's? Anspruchsvolle, wirkliche Physik und Chemie sind ja doch der Kollegstufe, allenfallls noch dem 10. Schuljahr vorbehalten; in diesen Klassen sind die Schüler älter als 15 Jahre, also kann unser Unterricht von formal-operational denkenden Adressaten ausgehen!" Genau dies tut der Unterricht in der Regel, auch schon in der Mittelstufe (des Gymnasiums). Um zum Beispiel die Aussage des Archimedischen Prinzips verstehen zu können, muß der Schüler imstande sein, die Vorstellung eines vom eintauchenden Körper verdrängten Wasservolumens zu entwickeln. Diese Vorstellung hat keine unmittelbare Entsprechung in der Erfahrung; sie ergibt sich erst aus einer vorgängigen Abstaktion. Das gleiche gilt für zahlreiche weitere Begriffe, etwa die Wärmemenge oder die elektrische Ladung; es gilt auch - um ein Beispiel aus der Chemie zu nennen - für den Begriff des "Neutralisationsäquivalents", zumal ein solches Äquivalent von unterschiedlichen Quantitäten unterschiedlich konzentrierter Säuren (oder Laugen) gebildet werden kann. Die Teilchenvorstellung mag das Verständnis des Neutralisationsäquivalents erleichtern: Gleiche Anzahlen miteinander reagierender Säure- und Baseteilchen sind der Vorstellung zugänglicher als ein struktuloses Äquivalent. Diese Erleichterung setzt jedoch voraus, daß man den Teilchenbegriff auf makroskopisch kontinuierlich erscheinende Materie konsequent anwenden kann - auch das ist eine konstruktive geistige Leistung. Jeder Physik- und Chemielehrer erwartet von seinen Schülern ferner ein angemessenes Vorgehen bei der experimetellen Prüfung von Vermutungen (Hypothesen), zumindest aber die verstehende Beurteilung eines ihnen benannten Verfahrens als angemessen. Experimentieren die Schüler beispielsweise im Akustikunterricht mit einer Lochscheibe - wobei die angeblasene Lochreihe, die Drehzahl der Scheibe und die Stärke des Luftstroms variiert werden können - und fordert der Lehrer sie auf, zu ermitteln, von welcher Variablen die Tonhöhe abhängt, so erwartet er, daß die Schüler - spätestens nach einigen Denkanstößen - bei ihrem experimentellen Vorgehen nicht mehr als eine Variable auf einmal ändern. Er rechnet auch damit, daß die Schüler die Beweiskraft einzelner Experimente erkennen, also nicht glauben, eine Aussage über die Abhängigkeit der Tonhöhe von der Drehzahl treffen zu können, wenn sie die Drehzahl und die Lochreihen gleichzeitig gewechselt haben. Eine solche Einsicht setzt voraus, daß sich die Schüler eine Vielzahl möglicher Abhängigkeiten vorstellen können, aus denen die wirklich gegebene experimentell herausgefunden werden muß.

4. Ergebnisse und Methoden von Untersuchungen auf formales Denken

Solche Fähigkeiten, wie sie gerade umrissen wurden, kann man aber nicht als selbstverständlich gegeben voraussetzen, auch nicht oberhalb eines Alters von 15 Jahren. Zahlreiche Anschlußuntersuchungen haben gezeigt, daß Piagets Genfer Probanden in ihrer Entwicklung überdurchschnittlich weit fortgeschritten waren. Ergebnisse amerikanischer Erhebungen führten Higgens-Trenk und Gaite (1971) zu der Schlußfolgerung, es sei unwahrscheinlich, daß normale Heranwachsende die Ebene des formalen Denkens vor einem Lebensalter um zwanzig erreichten - falls sie sie überreicht erreichten. Die Tabellen 2 und 3 zeigen die Ergebnisse einer Reihe solcher Untersuchungen. Bei der in Tabelle 2 erstgenannten Studie wurden etwa 600 Schüler aus verschiedenen Schulen des Staates Oklahoma anhand von sechs Piagetschen Aufgaben in Einzelinterviews getestet, und zwar je 100 aus den Klassenstufen 7 bis 12. Der Anteil der formal-operational Denkenden steigt kontinuierlich an, aber nur im Bereich von 1% bis 12% (Lawson und Renner 1974). Die zweitgenannte Untersuchung befaßt sich mit dem Entwicklungsniveau von benachteiligten (disadvantaged) Schülern; man stellte ihnen in Einzelinterviews zehn Piagetsche Aufgaben . Der Anteil der formal-operational Denkenden lag bei 15,6 % bzw. 13,2 % (Nordland et al. 1974). Ein Übergangszustand wird nicht ausgewiesen; man erkennt leicht, daß das dem Anteil der formalen Denker zugute kommt. Denoch ist dieser Prozentsatz gering, vor allem, wenn man berücksichtigt, daß es sich hier um "Science Students", also um Schüler mit naturwissenschaftlichem Schwerpunkt handelte. In einer Vielzahl von Untersuchungen schneiden diese Schüler durchweg besser ab. Um solche Schüler handelt es sich auch bei den beiden Untersuchungen, deren Ergebnisse in Tabelle 5 dargestellt sind. Im ersten Falle werden die Probanden nach speziellen Schwerpunkten getrennt aufgeführt; bei der Biologie sind es 32,5% formal Denkende, bei der Chemie 78% und bei der Physik 64%. Die Zuweisung erfolgte aufgrund von Einzelinterviews mit vier Piagetschen Aufgaben (Lawson und Renner 1974). Die zweitgenannte Studie unterteilt eine Population von Science Students nach anderen Gesichtspunkten, und zwar nach dem Scholastic grade, also danach, ob sie der Leistungsgruppe A, B, C oder D/F angehörten. Der Anteil der formalen Denker sinkt kontinuierlich mit dem Scholastic grade. Er ist durchgängig hoch, was (zum Teil) offensichtlich wiederum am Verzicht auf die Ausweisung eines Übergangszustandes liegt (Sayre und Ball 1975).

Angesichts dieser amerikanischen Ergebnisse ist man geneigt, das Niveau an deutschen Gymnasien höher einzuschätzen. Hier liegt eine Untersuchung von Klinger und Bormann aus dem Jahre 1978 vor. Die gebnisse führen Klinger und Bormann zu folgenden Schluß:

"Die Entwicklung der Fähigkeiten der Schüler ... zu formal-operationalem Denken setzt keineswegs etwa in der Altersstufe von 12 Jahren (Klasse 6/7) in breiter Front ein, erfährt in der Mittelstufe ihre Ausprägung und kennzeichnet in der Sekundarstufe II weitgehend das intellektuelle Verhalten und die Leistungsfähigkeit der Schüler. Es ist vielmehr so, daß viele Schüler der gesamten Sekundarstufe ihre intellektuelle Anbindung an die konkret-operationale Denkweise nicht überwinden und formal-operationales Denken nicht entwickeln oder nur unzureichend anwenden können". Da aber "Science by its very nature formal" ist (Herron 1975), muß sich dieser Sachverhalt im Unterricht auswirken. Tatsächlich gibt es eine Reihe sorgfältiger Untersuchungen, die zeigen, daß die Ergebnisse von Tests auf konkret- oder formal-operationales Denken mit dem Erfolg im naturwissenschaftlichen Unterricht korrelieren. Dennoch ist natürlich mit Nachdruck darauf hinzuweisen, wie sehr die Ergebnisse solcher Tests von der angewendeten Methode abhängen. Piaget selbst zog bei seinen Untersuchungen das sogenannte "kritische Interview" heran. Es handelt sich um Einzelinterviews, während derer

Probandengruppe Schule Klasse	Anzahl der Probanden	Durchschnittsalter (in Jahren)	Entwicklungsstadien (Anteil der Schüler in %)		
			konkret-operational	Übergangszustand	formal-operational
High-School					
7. Klasse	96	von	83	16	1
8. Klasse	108	11,3	77	20	3
9. Klasse	94	bis	82	14	3
10. Klasse	94	18,3	72	21	5
11. Klasse	99		71	23	8
12. Klasse	97	Ø = 14,8	66	22	12
Junior High-School 7. Klasse (Schwarze und Spanisch- Amerikanische Bevölkerungsgruppe)	96	12,6	84,4	-	15,6
Senior High-School (Schwarze Bevölkerungsgruppe)	506	15,6	86,8	-	13,2

Tabelle 2: Ergebnisse von Untersuchungen des Entwicklungsniveaus von Schülern amerikanischer High Schools

Probandengruppe Schule Klasse	Anzahl der Probanden	Durch-schnitts-alter (in Jahren)	Entwicklungsstadien (Anteil der Schüler in %) konkret-operational	Übergangs-zustand	formal-operational
High-School Schwerpunkt:					
Biologie	51	16,4	29,5	35,3	35,2
Chemie	50	17,3	4,0	18,0	78,0
Physik	33	17,9	3,0	33,3	63,7
High-School (Naturwissenschaftl. Schwerpunkt, Klassen 10, 11, 12) Scholastic grade:					
A	51	keine	11,8	-	88,2
B	78	Angaben	37,2	-	62,8
C	55		63,6	-	36,4
D-F	21		81,0	-	19,0
Gesamt	205		42,0	-	58,0

Tabelle 3: Ergebnisse von Untersuchungen des Entwicklungsniveaus von Schülern amerikanischer High Schools

der Proband geeignete Materialien oder Versuchsvorrichtungen selbst beobachten, oft auch selbst handhaben kann. Der Proband gibt über einen bestimmten Aspekt des beobachteten Ablaufs ein Urteil ab, wonach der Versuchsleiter mit Fragen eingreift. Dabei paßt er seine Fragestellung möglichst eng der Argumentations- und Denkweise des Probanden an, die auf diese Weise immer deutlicher zutage tritt. Die Ergebnisse solcher Interviews sind nur begrenzt mit Ergebnissen vergleichbar,

Klassenstufe	Schüler -anzahl	-alter	Anteile in den Stadien konkret-operational	im Übergang	formal-operational
10. Klasse	25	16,3	21%	52%	27%
11. Klasse	34	16,8	16%	42%	42%
12. Klasse	36	17,7	8%	42%	50%

Tabelle 4: Ergebnisse einer Untersuchung des Entwicklungsniveaus von Schülern eines deutschen Gymnasiums (ausschließlich Jungen)

die man erhält, wenn den Schülern im Klassenverband schriftliche Testaufgaben vorgelegt werden, wobei der Lehrer keine Hinweise oder Hilfen gibt. Bei solchen Tests müssen sich die Probanden verbal beschriebene Sachverhalte und Abläufe angemessen vergegenwärtigen; das ist nicht leicht. Außerdem weiß man inzwischen, daß bei den Testaufgaben nicht nur deren logische Struktur eine Rolle spielt, sondern der Schwierigkeitsgrad auch durch die Anzahl der Elemente in einer Aufgabe, durch die Art der Darbietung relevanter Information und durch unterschiedliche Vertrautheit mit dem jeweiligen Umfeld beeinflußt wird. Daher empfiehlt es sich, ein Testinstrument mit einer Vielzahl unterschiedlicher Aufgaben heranzuziehen, um den Einfluß einer einzelnen Aufgabe einzuschränken. Auch aus diesem Grund läßt der von Klinger und Borman eingesetzte Test zu wünschen übrig, was die Autoren ausdrücklich einräumen. Er umfaßt nur drei Aufgaben, von denen eine dazu noch das Insel-Puzzle von Karplus ist; das ist eine mißverständliche, sehr umstrittene Aufgabe, die nicht von Piaget oder seiner engeren Arbeitsgruppe stammt.

An dieser Stelle setzt unsere eigene Untersuchung ein. Die geschilderten Befunde zeigen, daß es für den Lehrer wichtig ist, das Entwicklungsniveau seiner Schüler zu kennen. Wie kommt er zu dieser Kenntnis? Die deutlich unterschiedlichen Testergebnisse bei verschiedenen Gruppen zeigen, daß eine allgemeine Aussage - etwa anhand des Alters - nicht möglich ist. Das Entwicklungsniveau der Schüler aus den Klassen oder Kursen, vor die sich der Lehrer am Anfang des Schuljahres gestellt sieht, müßte je für sich bestimmt werden. Gibt es dafür eine Methode, die einerseits zuverlässig genug und andererseits für die Schulpraxis brauchbar ist?

5. Der Lawson-Test

Bei unserer Suche danach stießen wir auf den "Classroom Test of Formal Reasoning"; den A.E. Lawson von der University of California in Berkeley entwickelt hat (Lawson 1978). Lawson geht davon aus, daß Einzelinterviews mit Piagetschen Aufgaben zwar zuverlässige Angaben über das Entwicklungsniveau gestatteten, daß sie aber einen erfahrenen Interviewer verlangten und außerdem für die Schulpraxis zu zeitraubend seien. Andererseits sind reine Papier- und Bleistift-Tests mit deutlichen Nachteilen behaftet: Ohne konkrete Materialien und Gerätschaften schwinde die Motivation, und die Wahrnehmung einer klaren Bedeutung (sense of meaningfulness) gehe verloren. Lawson schließt folgenden Kompromiß: Der Testleiter stellt den Probanden konkrete Gerätschaften und Materialien vor; im Zusammenhang mit diesen verdeutlicht und formuliert er die Fragestellung. Die Probanden haben ein Testheft vorliegen, in dem für jede Aufgabe mehrere Antworten angegeben sind; sie haben die richtige Antwort anzukreuzen und müssen ihre Antwort begründen. (Nur bei richtiger Antwortwahl *und* hinreichender Begründung gilt die Aufgabe als richtig gelöst.) Dieses Vorgehen behält wichtige

Elemente des Einzelinterviews bei (nämlich die Fragestellung anhand konkreter Gerätschaften und das Erfordernis begründeter Antworten), erlaubt aber das Testen von ganzen Klassen unter Einsatz einer ansehnlichen Zahl und Vielfalt von Aufgaben.

Der Test besteht aus 15 Aufgaben; 13 von ihnen sind auf die Fähigkeiten gerichtet, die nach Piaget das formale Denken ausmachen:

- Fähigkeit zum proportionalen Denken (4 Aufgaben),
- Fähigkeit zur Kontrolle von Variablen (4 Aufgaben),
- Fähigkeit zum kombinatorischen Denken (2 Aufgaben),
- Fähigkeit zum Wahrscheinlichkeitsdenken (3 Aufgaben).

Zur Verdeutlichung der konkreten Fragestellung und der Forderung begründeter Antworten seien die Aufgaben 3 und 4 geschildert. Sie zielen auf das proportionale Denken.

Der Testleiter stellt zwei Standzylinder vor, einen engeren und einen weiteren. Beide sind - vom Boden her beginnend - durch farbige Klebestreifen graduiert. Der weite Zylinder wird nun bis zur Marke 4 mit angefärbtem Wasser gefüllt. Der Testleiter gießt das Wasser in den engen Zylinder um und stellt heraus, daß es in diesem bis zur Marke 6 steigt. Das Wasser wird weggegossen und der weite Zylinder bis zur Marke 6 gefüllt. Die Frage an die Probanden lautet: Wie hoch würde diese Füllung im engen Zylinder steigen, wenn man sie umgießt? - Die richtige Antwort ist: Marke 9; als Begründung wird im besten Falle die Proportion 4/6 = 6/x erwartet. Richtig ist aber auch: 9, weil es wieder das Anderthalbfache ist. Diese Überlegung reicht aber bei der Aufgabe 4 möglicherweise nicht hin; hier wird vorgegeben, daß der enge Zylinder bis zur Marke 11 gefüllt wird. Wie hoch wird dann das Wasser beim Umgießen den weiten Zylinder füllen? (Bis 7 1/3.) 71% der Probanden lösten Aufgabe 3 richtig, 48% die Aufgabe 4.

6. Ergebnisse beim Einsatz des Lawson-Tests an deutschen Gymnasien

Unsere Probanden waren 354 Schülerinnen und Schüler, und zwar 152 Mädchen und 202 Jungen aus zehnten Klassen. Von ihnen besuchten

- 43 Schülerinnen und 68 Schüler ein Gymnasium in Essen-Werden,
- 43 Schülerinnen und 40 Schüler ein Gymnasium in Aurich,
- 41 Schülerinnen und 50 Schüler ein Gymnasium in Ahrensburg,
- 25 Schülerinnen und 44 Schüler ein Gymnasium in Elmshorn.

Das durchschnittliche Alter betrug 15,5 Jahre.

Außer dem Lawson-Test absolvierten alle Probanden auch den Grundintelligenztest CFT 3 (von Cattell und Weiss), einen sehr bekannten und vielfach eingesetzten Test. Er besteht aus 8 Teiltests mit insgesamt 100 Aufgaben, so daß maximal 100 Punkte zu erreichen sind. Tabelle 5 gibt die statistischen Kennwerte der Ergebnisse wieder. Die Differenz der arithmetischen Mittelwerte von Jungen und Mädchen ist statistisch nicht signifikant. Die Daten liegen in der Größenordnung, wie sie die Testautoren für eine Normstichprobe angeben. Noch wichtiger ist die Verteilung der Punktwerte und Intelligenzquotieneten, die in Bild 2 graphisch wiedergegeben wird. Sie sieht schon auf den ersten Blick recht annehmbar aus, und tatsächlich zeigt die Eintragung der Werte

	Mädchen	Jungen	alle Schüler(innen)
Arithmetisches Mittel	54,7	56,5	55,7
Standard-abweichung	6,4	6,9	6,8
Standardfehler	0,5	0,5	0,4

Tabelle 5: Wichtige statistische Kennwerte der Ergebnisse beim Grundintelligenztest CFT 3

in ein sogenanntes Wahrscheinlichkeitsnetz (Bild 3, Daeves und Beckel 1942), daß sie normal verteilt sind. (Das ist dann der Fall, wenn sich bei dieser Art der Darstellung im Bereich von 10 % bis 90 % eine Gerade ergibt.) Unsere Probandengruppe wies also keine Besonderheiten auf, die das Ergebnis des Lawson-Tests in Frage stellen könnten.

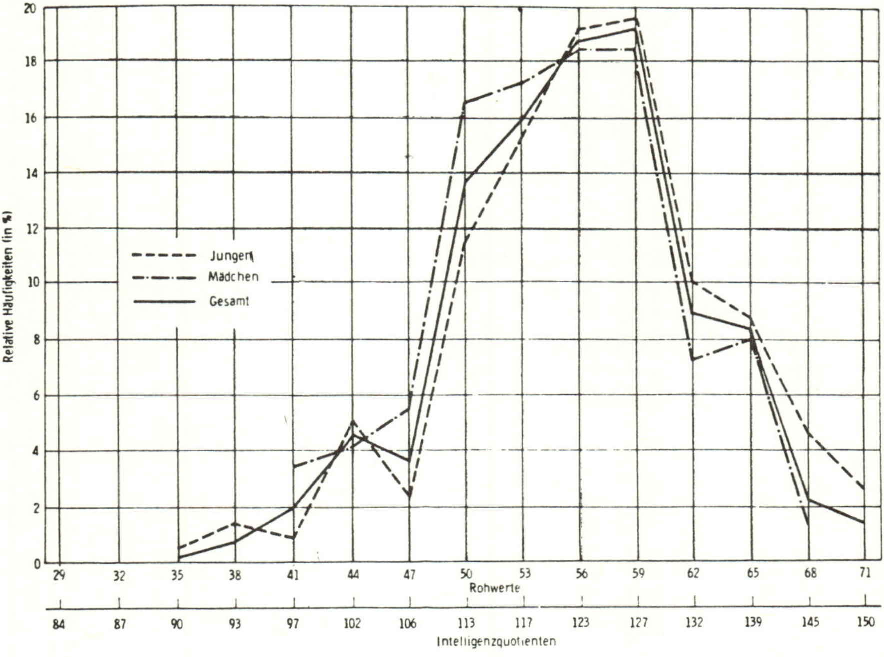

Bild 2: Relative Häufigkeiten der gruppierten Rohwerte und zugehörige Intelligenzquotienten im Intelligenztest für alle Probanden. Die Zuordnung der Intelligenzquotienten zu den Rohwerten erfolgte nach der Anweisung von Weiss (1971).

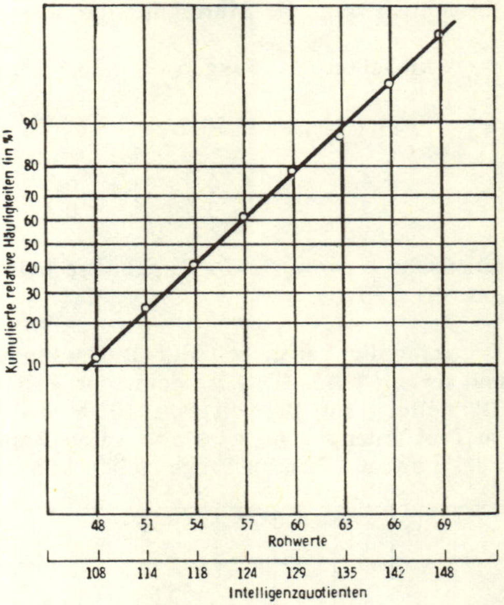

Bild 3: Eintragung der kumulierten relativen Häufigkeit der gruppierten Rohwerte aus dem Intelligenztest in ein Wahrscheinlichkeitsnetz

Tabelle 6 stellt die Ergebnisse des Lawson-Tests vor, und zwar die statistischen Kennwerte der Häufigkeitsverteilung der erzielten Punkte. Die Differenz der Mittelwerte bei Jungen und Mädchen ist statistisch signifikant. Bild 4 stellt die Häufigkeitsverteilung graphisch dar; man erkennt, daß sie annähernd normal ist. Die Erstellung im Wahrscheinlichkeitsnetz (Bild 5) bestätigt diesen Eindruck.

	alle Probanden	Mädchen	Jungen
Arithmetisches Mittel X_i	9,34	8,46	10,0
Standardabweichung s	2,84	2,81	2,69
Standardfehler	0,15	0,23	0,19

Tabelle 6: Wichtige statistische Kennwerte der Ergebnisse beim Lawson-Test

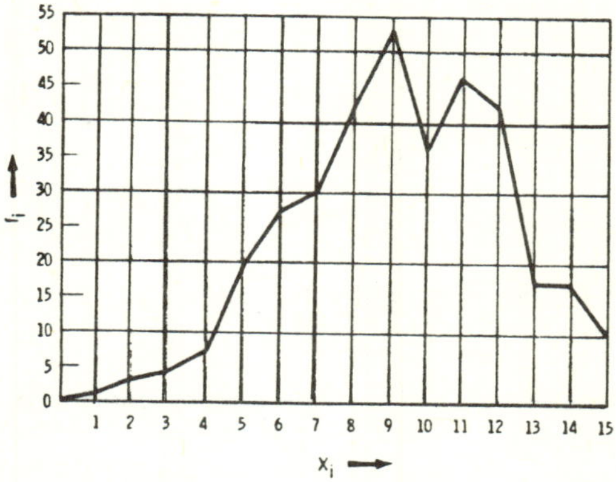

Bild 4: Verteilung der Punktzahlen im Lawson-Test
(x_i steht für die von den einzelnen Probanden erreichten Gesamtpunktzahlen, f_i für die Anzahl der Schüler, die einen bestimmten Rohwert erreichten.)

Ordnet man die Probanden aufgrund ihrer Punktzahlen den Piagetschen Entwicklungsstadien zu (vgl. Lawson 1978, auch Gräber und Stork 1984), und ermittelt man die Anteile von Probanden in diesen Stadien, so erhält man die in Tabelle 7 dargestellten Ergebnisse. Etwa ein Viertel

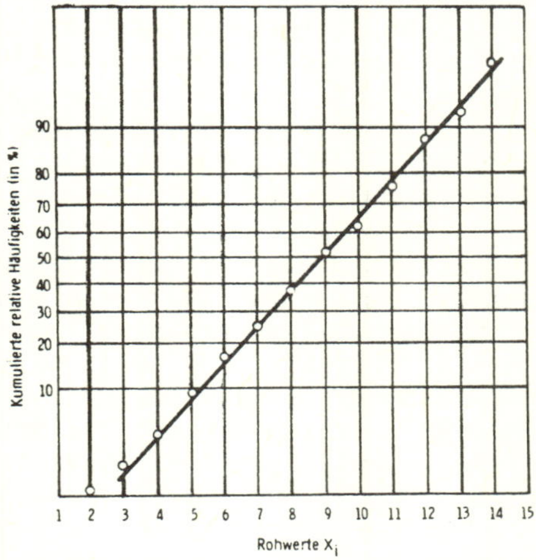

Bild 5: Eintragung der kumulierten relativen Häufigkeiten der gruppierten Rohwerte aus dem Lawson-Test in ein Wahrscheinlichkeitsnetz

Entwicklungsstadium	Anteile von allen Probanden	Jungen	Mädchen
konkret-operational	10%	6%	14%
im Übergang	66%	60%	70%
formal-operational	25%	30%	16%

Tabelle 7: Prozentuale Verteilung der Probanden auf die Entwicklungsstadien

der Probanden kann also formal-operational denken. Bei den Jungen beträgt dieser Anteil 30%, wobei in Aurich 20% und in Elmshorn 36% gefunden wurden. Der von Klinger und Bormann gefundene Anteil von 25% fügt sich hier gut ein. Lawson selbst wandte seinen Test auf 513 Probanden an, je zur Hälfte Jungen und Mädchen. Es handelte sich um Schüler der 8., 9. und 10. Klassenstufe mit einem Durchschnittsalter von 15,3 Jahren (zwischen 12,8 und 18,3 Jahren). Lawson bestimmte folgende Anteile: 15% formal denkend, 35% konkret denkend und 50% im Übergang. Auch dieser Wert (15% formal Denkende) liegt innerhalb der von uns gefundenen Schwankungen (12% in Aurich, 35% in Elmshorn); für seine geringe Größe mag der höhere Anteil an Mädchen mitentscheidend sein, wie das bei uns in Aurich der Fall ist. - Lawson hat seine Angaben nicht aufgeschlüsselt. Bei uns liegt der Anteil der formal Denkenden bei den Jungen etwa doppelt so hoch wie bei den Mädchen. Dieser Unterschied wird von vielen psychologischen Untersuchungen bestätigt. Sie ergaben, daß (bei Adoleszenten) quantitative Fähigkeiten, also Umgehen mit Zahlen und Symbolen, sowie räumliches Wahrnehmungsvermögen typisch männliche Schwerpunkte sind, während Wahrnehmungsgeschwindigkeit und -genauigkeit sowie verbale Fähigkeiten eher den Mädchen zukommen (vgl. Degenhardtund Trautner 1979). Die Ergebnisse des Tests sind also durchaus einleuchtend, auch wenn man den geringen Anteil an formal Denkenden als enttäuschend oder sogar schockierend empfinden mag. Darüber hinaus ist das Differenzierungsvermögen des Lawson-Tests größer als das des angesehenen Intelligenztests CFT 3.

Die für den Lehrer entscheidende Frage ist jedoch, ob zwischen den Testergebnissen und dem Unterrichtserfolg ein Zusammenhang besteht: Haben die Fähigkeiten, die der Lawson-Test prüft, wirklich mit dem Lernerfolg im Chemieunterricht zu tun? Wir sind dieser Frage empirisch nachgegangen. Die 111 Probanden vom Gymnasium in Werden erhielten einen über 19 Stunden gehenden Versuchsunterricht, der von *einem* Lehrer erteilt wurde. Der Unterricht umfaßte 2 Einheiten: Säuren und Basen (7 Stunden), Redoxreaktionen (12 Stunden). Methodisch gesehen war er in drei Phasen unterteilt. In der ersten wurden die vorhandenen Kenntnisse aktualisiert und neue, umfassende Theorien anhand bekannter Stoffe eingeführt. In der zweiten wurde das Stoffwissen erweitert und mit Hilfe der Theorien strukturiert. Ziel dieses Vorgehens war es, die Schüler zu geistiger Aktivität herauszufordern, vor allem in der dritten Phase: Hier wurden sie mit neuen, teils selbst gewonnenen Erfahrungen konfrontiert, die sie selbst theoretisch deuten sollten. Der Erfolg dieses Unterrichts wurde durch einen lernzielorientierten Test mit 43 multiple-choice-Aufgaben erhoben. Er wurde von den Schülern zweimal bearbeitet: einmal vor und einmal nach dem Versuchsunterricht. Für jede richtig beantwortete Aufgabe gab es einen Punkt; die Punktdifferenz zwischen Vor- und Nachtest ist der Lernerfolg.

Tabelle 8 zeigt die durchschnittlichen Lernerfolge verschiedener Gruppen. Die 12 konkret-operational denkenden Schüler erzielten einen durchschnittlichen Punktgewinn von 3,75 Punkten, die 72 Schüler im Übergangszustand einen von 8,5 Punkten, und die 27 formal-operational denkenden gewannen 12,2 Punkte hinzu. Die Signifikanz der Mittelwertdifferenzen wurde mit dem Duncan-Verfahren überprüft und mit einer Irrtumswahrscheinlichkeit von 5% bestätigt. Die Gruppierung durch den Lawson-Test ist also aussagekräftig für den Lernerfolg in

Gruppe	Anzahl der Schüler/ Schülerinnen	Arithmetisches Mittel beim Lernerfolg	Standard-abweichung	Standard-fehler
konkret-operational	12	3,75	5,71	1,65
Übergangs-zustand	72	8,50	6,07	0,71
formal-operational	27	12,91	6,52	1,25

Tabelle 8: Zusammenhang zwischen Lernerfolg und kognitivem Entwicklungsniveau bei den Werdener Schülerinnen und Schülern

Gruppe	Anzahl der Schüler/ Schülerinnen	Arithmetisches Mittel beim Lernerfolg	Standard-abweichung	Standard-fehler
IQ bis 110	19	7,89	6,92	1,59
IQ von 111 bis 130	72	7,96	5,91	0,70
IQ über 130	20	13,15	6,93	1,55

Tabelle 9: Zusammenhang zwischen Lernerfolg und Intelligenzquotienten bei den Werdener Schülerinnen und Schülern

einem Unterricht der beschriebenen Art. Bei einer Einteilung in IQ-Gruppen zeigten sich bis zum IQ von 130 keine Unterschiede im Lernerfolg. Nur die 20 Schüler mit einem höheren IQ als 130 erzielten einen signifikant höheren Lernerfolg (Tabelle 9).

7. Konsequenzen für den Unterricht

Was lehren uns die geschilderten Theorien und Ergebnisse? Die wichtigste Schlußfolgerung liegt wohl auf der Hand: Viele Schüler, oft die Mehrzahl von ihnen, werden im Physik- und Chemieunterricht überfordert. Sie können die abstrakten Unterrichtsinhalte nicht bewältigen, wenigstens dann nicht, wenn eine Lehrmethode angewandt wird, die die dazu erforderlichen kognitiven Fähigkeiten schon *voraussetzt*. Dieser Sachverhalt wird oft dadurch verdeckt, daß die Schüler sich durch verbale Einprägung und Wiedergabe der Unterrichtsinhalte, also durch Auswendiglernen, helfen. Das kostet Mühe und belastet das Gedächtnis; dennoch fördert es den Lernenden wenig, weil keine Strukturen aufgebaut werden, die ihm einen übertragenden Umgang mit dem Gelernten ermöglichen könnten. Sein Wissen verhilft ihm also nicht zur Bewältigung abgewandelter Situationen, denen er in der Schule und im Leben begegnet. Dies sind die Folgen, wenn man die wichtigste Komponente des Unterrichts außer Acht läßt: den Schüler, wie er wirklich ist.

Diese Feststellung der Überforderung läuft unseres Erachtens aber nicht auf die Aussage hinaus: "Es gehen eben zu viele Schüler zum Gymnasium, die dessen Ansprüchen nicht gewachsen sind." Ebenso wenig annehmbar ist ein anderer, gewissermaßen entgegengesetzter Schluß: Da so viele Schüler nicht formal-operational denken könnten, müsse der Physik- und Chemieunterricht sich auf ein Niveau beschränken, das auch den konkret-operational Denkenden zugänglich sei. Man kann aber in der Sekundarstufe II und in den letzten beiden Jahren der Sekundarstufe I die Naturwissenschaften nicht unter Auslassung ihres wesentlichen Kriteriums lehren("Science is by its very nature formal", siehe oben); darüber hinaus ist formales Denken ein wichtiges allgemeines Lernziel des Gymnasiums. Wo es fehlt, muß man es zu entwickeln suchen. Wie kann man dabei vorgehen? Es ist einzuräumen, daß wohlbegründete Antworten noch nicht gegeben werden können; die diesbezügliche Forschung steht noch am Anfang. Beim derzeitigen Kenntnisstand werden zwei methodische Maßnahmen empfohlen:

1. man führe die Schüler in dosierte kognitive Konflikte;
2. man mache die Komponenten des formalen Denkens zu expliziten Lernzielen.

8. Der learning cycle

Wie verwirklicht man fruchtbare kognitive Konflikte im Unterricht? Das ist nicht leicht, weil ein solcher Konflikt naturgemäß ein individuelles Geschehen ist, das vom Vorwissen des Einzelnen und seiner Offenheit für neue Erfahrung abhängt. Eine Reihe amerikanischer Didaktiker sucht diese Schwierigkeiten dadurch zu bewältigen, daß man kognitive Konflikte in eine Sequenz von sogenannten Lernzyklen (learning cycles) einbaut. Bei jedem Zyklus wird die konflikterzeugende neue Erfahrung im gemeinsamen Experiment gewonnen; sie widerspricht (scheinbar) konsolidierten Ergebnissen vorgängigen Unterrichts (also dem - hoffentlich - gemeinsamen Wissen).

Jeder learning cycle umfaßt drei Phasen:

1. Exploration,
2. Konzept-Einführung,
3. Konzept-Anwendung.

Während der *Exploration* erkunden die Lernenden möglichst selbständig neue Gegenstände (oder Ereignisse). Dies geschieht am besten durch eigenes experimentelles Tun oder eigene Manipulation von Modellen ("hands-on-experience"). Die Versuche haben das Ziel, die Schüler in ein deutliches kognitives Ungleichgewicht zu führen; andererseits müssen die Ergebnisse aber auch den Schlüssel zur Überwindung dieses Konflikts bergen.

Die *Konzepteinführung* beginnt mit der Thematisierung des kognitiven Konflikts; die in der ersten Phase gewonnenen Erfahrungen sind mit den Vorstellungen der Schüler nicht vereinbar (nach PIAGET: nicht assimilierbar). Im besten Falle finden die Schüler selbst ein neues Denkmuster, das ihre Vorstelllungen ergänzt und den Geltungsbereich alter Vorstellungen einschränkt (d.h. sie akkomodieren). Der Lehrer fördert diesen Prozeß durch Herausstellung bestimmter Erfahrungen und andere Denkanstöße. Stellt sich dabei kein Erfolg ein, so kann der Lehrer das neue Konzept auch selbst einführen; bei besonders schwierigen Denkschritten wird dies sogar die Regel sein, "because classrooms are seldom filled with Charles Darwins or Albert Einsteins" (Schneider und Renner 1980). Entscheidend ist, daß die Schüler die Lösung des kognitiven Konflikts mitvollziehen und erfahren. - Beim zweiten Schritt des learning cycle spielt die Diskussion der Schüler mit dem Lehrer und (hoffentlich!) der Schüler untereinander eine große Rolle; deshalb spricht Piaget von social transmission. Die transmission möchte aber keine unkritische Übernahme bewirken, sondern einen verstehenden, auf gleichen Erfahrungen aufbauenden Nachvollzug. Festigung und Präzisierung der neuen Vorstellung sind unbedingt erforderlich; diesem Ziel dient die Konzeptanwendung. Die Schüler werden mit vielen Sachverhalten konfrontiert, an denen das akkomodierte Konzept sich als brauchbar erweist; es macht Zusammenhänge aus Ursachen verständlich. Diese Sachverhalte kann man der Lebenspraxis entnehmen, es können bisher unter anderen Aspekten gesehene Unterrichtsinhalte sein oder ad hoc experimentell aufgewiesene Phänomene. In allen Fällen erweist die neue Vorstellung ihre erklärende Kraft; außerdem öffnet sie den Blick für Zusanmmenhänge, die bisher nicht erkennbar waren. Es kommt darauf an, daß die Schüler die erklärende Kraft des neuen Konzepts jeweils möglichst selbständig entdecken und den Zusammenhängen angemessen sprachlich Ausdruck geben können. Ein Beispiel möge das Vorgehen nach dem learning cycle verdeutlichen: In einem 10. Schuljahr soll die Brönstedsche Säure-Base-Theorie erarbeitet und als sinnvoll erkannt werden. Vorausgesetzt sei, daß die Arrheniussche Definition den Schülern bekannt ist und durch Kenntnis von mehr Substanzen auf eine breitere Basis gestellt werden soll. Dazu untersuchen die Schüler eine Reihe wäßriger Lösungen von verschiedenen Stoffen mit Indikatoren auf eine alkalische oder saure Reaktion hin. Der Einsatz von Stoffen, die schon durch ihre Benennung als Säuren oder Laugen erkennbar sind, führt zum erwarteten Ergebnis (Essigsäure, Ameisensäure, Zitronensäure, Oxalsäure, Kalilauge); Kalkwasser und Barytwasser treten als Laugen hinzu. Auch Salze werden in die Untersuchung einbezogen. Dabei zeigt sich, daß zwar die Lösungen von Natriumchlorid und Kaliumnitrat neutral reagieren - wie erwartet - daß aber die Lösung von Natriumacetat alkalisch reagiert. Warum? Im Gitter dieses Salzens gibt es doch keine Hydroxidionen, die sich im Wasser hätten verteilen können. *Der Konflikt ist da!* In diesem Fall können die Schüler die Lösung selbst finden, spätestens dann, wenn der Lehrer ihre Aufmerksamkeit auf das polarisierte H_2O-Molekül gelenkt hat. Der überraschende Befund läßt die Frage aufwerfen: Gibt es auch Salze, deren wäßrige Lösung sauer reagiert, obwohl sie keine Protonen im Gitter enthalten? Ja! Experimentell wird festgestellt, daß eine wäßrige Lösung von Ammoniumchlorid sauer reagiert. Wiederum bemühen sich die Schüler mit Erfolg um eine Erklärung. Sie sehen auch ein, wie vorteilhaft es ist, solche protolytisch aktiven Anionen und Kationen in die Säure-Base-Definition einzubeziehen; ebendies ist das Ziel Brönsteds.

In der dritten Phase, der *Konzeptanwendung*, weist der Lehrer die Schüler auf chemische Befunde in ihrer Umwelt hin, deren Erklärung nun möglich ist. In Frage kommen die alkalische Reaktion von Seifen- und Waschmittellösungen (also von Salzen höherer Fettsäuren sowie tertiärer Phosphate), oder die Milderung der Wirkung sauren Regens durch Düngekalk (Neutralisationswirkung des Calciumoxids). Dabei soll die Hilfe des Lehrers möglichst wenig über die Benennung der Phänomene hinausgehen. Es obliegt den Schülern, die benannten Vorgänge formelmäßig zu erfassen (eventuell mit Hilfe von Literatur) und dabei zu entdecken, daß in allen Fällen Brönsted-Säuren und -Basen entscheidend beteiligt sind.

9. Die Komponenten des formalen Denkens als unmittelbare Lernziele

Der Vorschlag, die Komponenten des formalen Denkens zu unmittelbaren Lernzielen zu machen, stammt wiederum von Lawson (1975). Um z.B. die Fähigkeit zu vermitteln, unterschiedliche Variablen zu kontrollieren, schlägt er folgende Sequenz vor: Zunächst wird das Gefühl für Fairneß durch eine Erzählung stimuliert. Zwei Jungen am Strand streiten sich darum, wer die meisten Liegestütze schafft. Nachdem der eine 25 vorgeführt hat, übertrifft der andere ihn leicht, indem er sie im seichten Wasser ausführt. Die Schüler protestieren: Das sei zwar clever, aber *nicht fair*. Nicht fair - das wird zum Stichwort: Es soll im folgenden um "faire Tests" gehen.

Zunächst soll ermittelt werden, welcher von drei Tennisbällen am höchsten springt; die Schüler werden gebeten, dem Lehrer zu sagen, wie er dabei vorgehen soll. In der Regel fordern sie ihn auf, zwei Bälle fallen zu lassen; dann könne man erkennen, welcher höher springe. Der Lehrer folgt diesem Vorschlag, läßt die Bälle aber aus unterschiedlicher Höhe fallen. Die Schüler protestieren: Das sei nicht fair, die Bälle müßten aus gleicher Höhe fallen. Der Lehrer folgt diesem Geheiß, läßt aber einen der Bälle auf den Tisch, den anderen auf den Fußboden fallen. Wieder verlangen die Schüler nach Fairneß; sie tun es weiterhin, wenn der Lehrer einem der Bälle einen Stoß oder Drall gibt, oder beide Bälle zwar aus gleicher Höhe, aber einen der beiden auf Schaumgummi fallen läßt. Der Lehrer spricht aus, daß ein Test dann "fair" ist, wenn alle Dinge (Variablen), die einen Unterschied bewirken, für beide Bälle die gleichen sind, mit Ausnahme natürlich des Unterschieds zwischen den Bällen selbst. In den folgenden Stunden experimentieren die Schüler selbst, und zwar mit Gegenständen, die ihnen weniger vertraut waren. Sie hatten zunächst herauszufinden, von welchen Faktoren die Durchbiegung einseitig eingespannter, am anderen Ende mit Gewichten belasteter Metallstäbe abhängig ist. (Es gab Metallstäbe unterschiedlicher Dicke, unterschiedlicher Form - rund, eckig - und aus unterschiedlichem Material, außerdem unterschiedliche Gewichte.) Dann arbeiteten die Schüler mit dem Whirly Bird; das ist ein Flügel, der sich horizontal um eine zentrale Achse dreht, nachdem man ihn durch ein "aufgezogenes" Gummiband in Bewegung gesetzt hat. Wovon hängt die Zahl der Umdrehungen ab? (Variiert werden kann hier die Anzahl der Umdrehungen zum "Aufziehen" der Bänder; außerdem hat der Flügel symmetrisch angeordnete Löcher, in die Nieten in verschiedener Anzahl und in unterschiedlicher Position eingehängt werden können.) Der Lehrer hilft beim Experimentieren nicht; er läßt die Schüler arbeiten und beschränkt sich auf Zwischenfragen. "Ist das wirklich ein fairer Test, den Sie da machen? Sind Sie sicher, daß dieser Stab sich nur deshalb weiter durchbiegt, weil er dünner ist?" Im Anschluß daran haben die Schüler zwei schriftlich gegebene Probleme zu lösen; Lawson sieht dies als einen weiteren Schritt vom Konkreten zum Abstrakten an. So sollten sie aus der

Versuchs-mummer	Pflanzen-typ	Pflanzen-teil	Farbe des Lichts	Temp. (°C)	CO_2-Volumen
1	Weide	Blatt	blau	10	200
2	Ahorn	Blatt	purpur	23	50
3	Weide	Wurzel	rot	18	300
4	Ahorn	Stengel	rot	23	400
5	Weide	Blatt	blau	23	150

Tab. 10: Tabellarische Darstellung von Versuchsbedingungen zur Prüfung auf die Fähigkeit des Isolierens von Variablen

Tabelle 10 die beiden Ansätze heraussuchen, die eine faire Aussage über die Temperaturabhängigkeit der Kohlendioxidaufnahme von Pflanzen erlauben. Das Ausgangsvolumen an Kohlendioxid betrug bei allen Ansätzen 250 Einheiten; die Tabelle 10 zeigt das Endvolumen.

Es handelt sich um die Ansätze 1 und 5, bei denen außer der Temperatur alle Variablen konstant sind. Sie gestatten die Aussage, daß bei erhöhter Temperatur die Kohlendioxidaufnahme ebenfalls erhöht war. - Bei einer Reihe von einzelnen Schülern, die diese Lernsequenz absolviert hatten, zeigte sich im abschließenden Test, daß sie tatsächlich die Fähigkeit erworben hatten, kontrollierte Experimente in einer Vielfalt von ihnen vertrauten und ihnen nicht vertrauten Situationen durchzuführen (was sie vorher nicht gekonnt hatten). Lawson setzt diese Sequenz (in abgewandelter Form) seit 8 Jahren auch im normalen Unterricht ein; eine systematische Erhebung des Erfolgs steht aber unseres Wissens noch aus.

Der Beitrag will zeigen, wie man die Entwicklungspsychologie Piagets zur Verbesserung der kritischen Situation des Physik- und Chemieunterrichts heranziehen kann. Daß dieser Ansatz bei der *Analyse* von Fähigkeiten und Defiziten gute Dienste leistet, ist wohl deutlich geworden. Die Analyse ist aber kein Selbstzweck; sie zielt auf eine *Therapie*. Diese zeigt sich erst in Umrissen; hier ist noch viel zu tun.

Literatur

Degenhardt, A./H.M. Trautner (1979): Geschlechtstypisches Verhalten. München, Beck Vlg.

Gräber, W./H. Stork (1984): Die Entwicklungspsychologie Jean Piagets als Mahnerin und Helferin des Lehrers im naturwissenschaftlichen Unterricht; in: Mathematisch-naturwiss. Unterricht 37. S. 193-201. 257-269.

Herron, J.D. (1975): Piaget for Chemists. Explaining what "good" students cannot understand; in: Journal of Chemical Education 52. S. 146-150.

Higgens-Trenk, A./A.J.H. Gaite (1971): Elusiveness of Formal Operational Thought in Adolescents. Proceedings 79th Annual Convention APA, S. 201 ff.; hier zitiert nach Lawson und Renner (1974).

Klinger, H./M. Bormann (1978): Untersuchung zur Entwicklung formal-operationaler Strukturen und physikspezifischer Schemata bei Schülern der Sekundarstufe; in: Physikunterricht 12, H. 4. S. 55-69.

Lawson, A.E./J.W. Renner (1974): A Quantitive Analysis of Responses to Piagetian Tasks and its Implications for Curriculum; in: Science Education 58. S. 545-559.

Lawson, A.E. (1975): Developing Formal Thought through Biology Teaching; in: The American Biology Teacher 37. S. 411-419, 429. (Lawson hat das hier geschilderte, erprobte Verfahren in vervielfältigte Unterlagen für einen Biologiekurs einbezogen: Explorations in Life Science, Arizona State University 1978.)

Lawson, A.E. (1978): The Development and Validation of a Classroom Test of Formal Reasoning; in: Journal of Research in Science Teaching 15. S. 11-24.

Lunzer, E.A. (1971): Formales schlußfolgerndes Denken; in: Lunzer, E.A./J.F. Morris (Hrsgg.): Das menschliche Lernen und seine Entwicklung. Stuttgart, Klett Vlg. S. 288-327.

Muller, P. (1969): Die Entwicklung des Kindes. München, Kindler Vlg.

Nordland, F.H./A.E. Lawson/J. B. Kahle (1974): A Study of Levels of Concrete and Formal Reasoning Ability in Disadvantaged Junior and Senior High School Science Students; in: Science Education 58. S. 569-575.

Sayre, S./D.W. Ball (1975): Piagetian Cognitive Development and Achievement in Science; in: Journal of Research in Science Teaching 12. S. 165-174.

Schneider, L.S./J.W. Renner (1980): Concrete and Formal Teaching; in: Journal of Research in Science Teaching 17. S. 503-517.

THOMAS BERNHARD SEILER

THESEN UND BEFUNDE ZUR ENTWICKLUNG DES ARBEITSBEGRIFFS

In diesem Beitrag sollen einige Bedingungen und Prozesse der Begriffsentwicklung diskutiert und am Beispiel der Entwicklung des Arbeitsbegriffs illustriert werden. Dabei stehen auch die Rolle äußerer, insbesondere soziokultureller Verhältnisse und soziopädagogischer Einflüsse und die Wirkung schulischer Maßnahmen zur Debatte.

1. Allgemeine Vorbemerkungen

1.1 Begriffe, Strukturen, Sequenzen

In meinem Forschungsansatz verstehe ich unter Begriffen Vorstellungs- und Wissensstrukturen, die aus sensomotorischen Strukturen, d.h. Handlungen und Wahrnehmungen in einem langwierigen Prozeß der allmählichen Verkürzung und Verinnerlichung und durch stetige Differenzierung und gegenseitige Integration entstanden sind. Ich gehe weiter davon aus, daß all diese Strukturen, seien sie sensomotorischer oder begrifflicher Art, eine kognitive oder repräsentationale Natur und Funktion besitzen. Damit soll gesagt sein, daß sie immer einem oder einigen Merkmalen von Dingen Rechnung tragen und sie in Beziehung setzen. Obwohl sie zugleich als Handlungen und/oder innere Operationen betrachtet werden können, nennen wir sie aus zwei Gründen Strukturen: Erstens, weil ihnen allen ein systematischer Charakter zukommt, und jede von ihnen als ein mehr oder weniger durchstrukturiertes System analysiert werden kann. Zweitens, weil sie wiederaktualisiert werden können, wenn entsprechende situative Bedingungen es erlauben oder erfordern. Implizit ist damit ebenfalls erklärt, daß begriffliche Strukturen die Basis unseres Wissens und Denkens bilden. Wir können sie folglich auch als Einheiten unseres Wissens und Handelns definieren, die unser Bild von der Wirklichkeit bestimmen.

Aus einer solchen Sichtweise folgt unmittelbar, muß aber um der Wichtigkeit willen besonders hervorgehoben werden, daß begriffliche Strukturen idiosynkratische Handlungs-, Wissens- und Denkstrukturen sind. Noch anders formuliert: Sie sind spezifisch für jedes individuelle Subjekt. Daher weisen auch Strukturen, die sich auf dieselben Gegenstände, Situationen und Aspekte beziehen, trotz grundlegender Gemeinsamkeiten ebenso wichtige Variationen von Person zu Person auf, weil sie in einer idiosynkratischen Entwicklungsgeschichte entstanden sind.

Von den idiosynkratischen Erkenntnisstrukturen des einzelnen Subjekts, von denen bis jetzt die Rede war, sind sehr wohl die theoretischen Begriffe abzuheben, die der Forscher konzipiert und einzelnen Personen oder Gruppen von Personen zuschreibt. Weiter sind beide zusammen von den sogenannten "Wortbegriffen" zu unterscheiden, d.h. von den Bedeutungsstrukturen, die aufgrund expliziter Definition oder kollektiven Gebrauchs bestimmten Ausdrücken und Worten zugeordnet sind. Unter Wortbedeutung allgemein verstehe ich sowohl die idiosynkratische als auch die kollektive oder konventionalisierte Zuschreibung von begrifflichen Strukturen zu sprachlichen Ausdrücken. Diese Zuordnung kann sowohl aktueller als auch habitueller Art sein.

Unter der Begriffsentwicklungsforschung verstehe ich das Bemühen, spezifische und allgemeine Gesetzmäßigkeiten zu finden, die die Entwicklung idiosynkratischer Begriffssysteme kennzeichnen und erklären können. Eine wichtige Frage betrifft bei diesem Unternehmen die Möglichkeit, über idiosynkratische Besonderheiten hinaus, allgemeingültige, alle Individuen, sei es auch nur einer Kultur oder Gesellschaft, umfassende Charakteristika zu finden oder gar einen invariablen Entwicklungsverlauf annehmen und belegen zu können. Auch wenn ich diese Frage hier nicht diskutieren kann, möchte ich doch wenigstens folgende Behauptung aufstellen:

Der Grad der Universalität und der Invariabilität einer theoretisch konzipierten und empirisch rekonstruierten Entwicklungssequenz hängt wesentlich vom Abstraktions- und Allgemeinheitsgrad sowohl der angepeilten Begriffe als auch der zu ihrer Erklärung und Beschreibung herangezogenen Entwicklungsmerkmale ab.

Wenn es aber darum geht, nicht bloß relativ allgemeine Entwicklungssequenzen, sondern spezifische Begriffsgenealogien zu konzipieren, halte ich streng invariable und universelle Genealogien für eher unwahrscheinlich. Es dürfte daher sinnvoller sein, komplexe Begriffe in Teilsysteme aufzulösen und entsprechende Teilsequenzen zu konzipieren, für die nicht bloß ein unterschiedliches Entwicklungstempo, sondern auch alternative, von Person zu Person variierende Verläufe anzunehmen sind.

1.2 Grundprinzipien der Begriffsentwicklung

Im folgenden möchte ich einige mir wesentlich erscheinende Prinzipien der Begriffsentwicklung in thesenhafter Form vortragen. Für eine differenziertere Diskussion und Begründung sei auf andere Texte (Seiler, 1985, Seiler und Wannenamcher, 1987) verwiesen. Wesentliche Implikationen dieser Thesen gehen auf die Theorie Piagets zurück. Ich werde hier aber nicht im einzelnen ausführen, wo sie in dieser Theorie begründet sind und in welchen Akzentsetzungen sie eventuell über sie hinausgehen.

(1) Begriffsentwicklung wird durch die Eigendynamik der Strukturen vorangetrieben. Neue Erkenntnisstrukturen gehen immer aus anderen hervor. Sie entstehen nicht aus dem Nichts, oder kraft eines allgemeinen Vermögens, sondern setzen die Betätigung bestehender Strukturen voraus. Im Bemühen, einen Gegenstand handlungsmäßig oder gedanklich einzuordnen, oder eine Situation lösend oder erklärend zu bewältigen, werden bestehende Strukturen neu aktualisiert. Dabei integrieren und differenzieren sie sich gegenseitig und bilden so ein neues Struktursystem heraus, das den gegenständlichen und situativen Anforderungen aus der Perspektive des Subjektes besser gerecht wird. Dieser Prozeß

wird durch neben- und übergeordnete Strukturen gesteuert und variiert. Implizit enthalten ist in dieser These, daß den kognitiven Strukturen eine motivationale Dynamik und ebenso eine emotionale Besetzung zukommt.

(2) Die erstgenannte These besagt aber keineswegs, daß Gegenstände und äußere Gegebenheiten und ebenso soziokulturelle Verhältnisse und Einflüsse und mehr noch kommunikative Interaktionen für die Entstehung und Veränderung kognitiver Strukturen keine wesentliche Rolle spielen. Diese in gewisser Weise "äußeren" Gegebenheiten sind genau so notwendig wie die inneren Strukturen und ihre Dynamik. Ihre Wirksamkeit ist aber anders zu sehen und zu erklären. Sie ist eher exemplarischer Natur (im Sinne der causa exemplaris von Aristoteles). Sie sind nicht wirkursächlich für die Betätigung der kognitiven Strukturen und ihre gegenseitige Integration, sondern liefern gleichsam den Stoff oder den Inhalt. Auch das nur auf indirekte Weise, d.h. so wie er durch die vorhandenen Strukturen erfaßbar und erfahrbar ist. Das ist auch der Grund, warum die Wirkungen bestimmter Gegenstände, der Einfluß soziokultureller und sozioökonomischer Bedingungen und ebensosehr die Folgen kommunikativer Interaktionen oder pädagogischer Belehrungen nur unter Kenntnis der dem Subjekt zur Verfügung stehenden und in der Situation aktualisierten Strukturen mit einiger Wahrscheinlichkeit vorhergesagt werden können. Begriffsentwicklung ist also eine Konstruktion des Subjektes; sie wird nicht durch äußere Einflüsse und Bedingungen erzwungen, aber sie spiegelt diese Bedingungen und Gegebenheiten wieder, wenn auch immer nur stückweise und in Ausschnitten. Die Logik der vorhandenen und aktualisierten Strukturen bestimmt, welche Aspekte aufgegriffen und durch die neu entstehenden Struktursysteme wiedergegeben werden. Da dieser Prozeß aber kontinuierlich ist, wird durch ihn möglicherweise eine stetige Annäherung an die umgebende Wirklichkeit, an das soziale Angebot und die in ihm enthaltenen Zielstrukturen gewährleistet.

Gleichzeitig ergibt sich aus dieser These die Möglichkeit, ja die Wahrscheinlichkeit, daß sowohl Entwicklungstempo als auch Entwicklungsverlauf innerhalb ein und desselben kulturellen Kontextes variieren und von Person zu Person zu unterschiedlichen Sequenzen führen kann.

1.3 Allgemeine Charakterisierung des Verlauf der Begriffsentwicklung

Zusätzlich zu den im vorhergehenden Abschnitt genannten allgemeinen Entwicklungsprinzipien ist es möglich, den Entwicklungsverlauf der Begriffe in allgemeiner Form zu charakterisieren. Das soll mit den folgenden Thesen geschehen:

(1) Begriffe entstehen aus losen Komplexen von mehr oder weniger isolierten begrifflichen Vorstellungen und durch sie gestiftete sprachliche Bedeutungen. Diese beziehen sich anfänglich auf konkrete Gegenstände und spezifische Situationen und beinhalten eher äußerliche und wahrnehmungsnahe Merkmale von Erscheinungen und Tätigkeiten. Ganz allmählich werden dann viele der so charakterisierten Strukturen untereinander verbunden. Dabei werden gleichzeitig die nur auf spezifische Gegenstände und Situationen zutreffenden Aspekte zurückgedrängt. Ge-

meinsamkeiten und Abhängigkeiten, die über die bloß in der aktuellen Situation wahrnehmbaren Merkmale und Beziehungen hinausgehen, werden allmählich rekonstruiert. Dieser Prozeß hat zur Folge und erklärt, wie und warum die Begriffe stets abstrakter (sie sind nicht nur das Abbild einer konkreten Situation), allgemeiner (sie umfassen viele Gegenstände und Situationen) und strukturierter (Merkmale sind koordiniert) werden. Könnte man also zu recht davon sprechen, daß Begriffen im Anfangszustand ein prototypenhafter Charakter zukommt? Prototypenhaftigkeit hat viele Bedeutungen und kann sowohl intensional als auch extensional verstanden werden. Prototypenhaftigkeit als Gegenstandsspezifität mit den ensprechenden intensionalen Begrenzungen wird im Verlauf der Entwicklung allmählich, wenn vielleicht auch - zumindest in bezug auf Alltagsbegriffe - nie ganz überwunden.

(2) Aus dieser Entwicklungslogik folgt auch, daß Begriffe in ihren Anfangsphasen sehr eng mit dem eigenen Tun und Erleben verbunden sind und primär leicht wahrnehmbare und dem Handeln nahestehende Aspekte enthalten. Umgekehrt erfordert es viel Zeit und Mühe, nicht unmittelbar wahrnehmbare Zusammenhänge und vom eigenen Tun weiter entfernte Bedingungen und Beziehungen zu rekonstruieren. So möchte ich in der Folge zeigen, daß soziale, ökonomische und gesellschaftliche Aspekte und Bedingungen von Arbeit in der Begriffsentwicklung sehr spät explizit erfaßt werden.

(3) Implikative und sachlogische Beziehungen zwischen den aufeinanderfolgenden Strukturen eines sich entwickelnden Begriffssystems sind eine Konsequenz dieser Konstruktion und nicht ihre Voraussetzung oder Bedingung. Man darf Begriffsentwicklung also nicht selber als einen deduktiven oder sachlogischen Prozeß mißdeuten. Auch wenn Ableitungen im Begriffsdenken eine wichtige Rolle spielen, so bestimmen sie doch den Lauf der Entwicklung kaum. Begriffsentwicklung ist also zumindest in den Anfängen nicht als sachlogisch gesteuerter Prozeß zu verstehen. Die Aufbau- oder Sachlogik einer Begriffsgenealogie ergibt sich erst im nachhinein. Erst in der übergeordneten, sekundären oder bewußt reflektierten begrifflichen Analyse kann die immanente Logik, die sich aus dem Begriffsaufbau ergibt , herausgearbeitet werden. Ohne das näher erläutern und differenzieren zu wollen,möchte ich in diesem Zusammenhang auf die begrenzte Sinnhaftigkeit und Wirksamkeit eines sequentiellen und logisch aufbauenden Vorgehens im Unterricht hinweisen.

(4) Mit dem zunehmenden Grad an Abstraktheit, Allgemeinheit und Strukturiertheit eines sich entwickelnden Begriffssystems ist auch ein zunehmender Grad an Bewußtheit und Explizitheit der Beziehungen und Merkmale gekoppelt. Kognitive Strukturen tragen anfänglich allenfalls ein eher implizites, nicht reflektives Bewußtsein in sich. Dieses primäre Bewußtsein ist eher eine Art von gegenstandsbezogener Aufmerksamkeit. Sehr früh beginnt das Subjekt aber sekundäre begriffliche Strukturen zu entwickeln, mit denen es seine Strukturen, ihre Eigenschaften und ihr Funktionieren ausschnittweise rekonstruiert. Mit dem Fortschreiten der kognitiven Entwicklung werden daher bestimmte Aspekte des eigenen

Wissens und Könnens sowie wesentlich Merkmale und Beziehungen der Begriffe untereinander herausgearbeitet. Das bedeutet, daß sich das Subjekt seiner Begriffe bewußt wird. Gleichzeitig damit erlangt es die Fähigkeit, sie zu benennen und zu beschreiben.

(5) Es scheint charakteristisch für die von Piaget als Formales Denken bezeichnete kognitive Entwicklungsstufe zu sein, daß die bewußte Explizitierung begrifflichen Wissens in dieser Zeit besondere Fortschritte macht und zahlreiche der dem Jugendlichen zur Verfügung stehenden Begriffe erfaßt. Wenn ein Subjekt beginnt, allgemeine Merkmale und Relationen eines oder mehrerer Begriffe explizit wahrzunehmen, stellt sich oft eine Tendenz zu einer gewissen Verabsolutierung und voreiligen Formalisierung ein. Diese Tendenz führt zu charakteristischen Über- bzw. Unterdehnungen der Extension von Bedeutungen, wie wir sie auch beim Arbeitsbegriff finden werden.

(6) Im Zusammenhang mit der bewußten (sekundären) Rekonstruktion bestehender Begriffsverständnisse, wird das Subjekt allmählich auch auf begriffsinterne Widersprüche, Ungereimtheiten und Begrenztheiten aufmerksam und versucht, sie durch differenzierende Integrationen zu überwinden. Das hat unter anderem zur Folge, daß die im vorhergehenden Punkt beschriebenen Verabsolutierungen abgelegt werden und erste Vorstufen relativ homogener und geschlossener Begriffssysteme entstehen können.

(7) Mit der Bewußtmachung und der durch sie begünstigten Strukturierung hängt ein weiteres Eigenschaftspaar hochentwickelter Begriffsverständnisse zusammen, nämlich ihre Beweglichkeit und Festigkeit. Begriffe sind nun gezielt verfügbar und können je nach Situation und Erfordernis aktualisiert werden. Dabei vermag das Subjekt den Anforderungen entsprechend den einen oder anderen Aspekt, die eine oder andere Beziehung stärker oder gar ausschließlich hervorzuheben und zur Bedeutungsinterpretation eines bestimmten Wortes in einer Kommunikationssituation vornehmlich oder ausschließlich heranzuziehen.

(8) Diesen in groben Etappen beschriebenen Entwicklungsverlauf durchläuft prinzipiell jedes idiosynkratische Begriffssystem. Er ist aber für die einzelnen Begriffssysteme keineswegs gleichgeschaltet. Bei einzelnen Begriffen mag er später einsetzen und wird vielleicht auch nie das konventionell sanktionierte Verständnis des entsprechenden Zielbegriffs erreichen. In manchen Begriffssystemen läuft der Prozeß auch schneller ab als in anderen, auch wenn sich über die Mehrheit der üblichen durch soziale Austausch und Bildungsprozesse vorgegebenen Begriffe ein relativ paralleler und homogener Verlauf ergeben mag. Ungeachtet natürlich der immer vorfindbaren Verschiebungen. Wenn man aber über die globale Feststellung von kognitiven Stadien und erst recht über die Rekonstruktion individueller Verläufe hinaus präzise Entwicklungssequenzen oder Genealogien einzelner Begriffssysteme konzeptualisieren und empirisch belegen will, scheint es notwendig und sinnvoll, nicht bloß ein variierendes Entwicklungstempo, sondern auch alternative Sequenzen zu postulieren.

2. Untersuchungen zur Entwicklung des Arbeitsbegriffs

2.1 Theoretische Vorarbeiten und allgemeine Hypothesen

Die Erforschung von Strukturen, Prozessen und Inhalten der Begriffsentwicklung, durch welche Methoden auch immer sie angepeilt wird, erfordert vorgängig eine theoretische Rekonstruktion des entsprechenden Begriffssystems. Zur Frage der Methoden in der Begriffsentwicklungsforschung siehe Seiler und Wannenmacher 1983 und Wannenmacher und Seiler 1985. Das gilt für Erkundigungsstudien ebenso wie für quasi experimentelle Studien, durch die nur die eine oder andere Hypothese getestet werden soll. Wenn wir aber nicht nur isolierte Hypothesen prüfen wollen - nebenbei gesagt, ist die isolierende Betrach-

	Dimensionen	Kategorien
I	Auf die eigene Person bezogene Aspekte und Relationen von Arbeit (persönliche Perspektive)	Prototypische Arbeitstätigkeiten Eigene Arbeitstätigkeiten Voraussetzungen und Fähigkeiten Eigene Ziele und Gründe Bewertungen
II	Arbeit als Tätigkeit allgemein und als Beruf (individualistische und biologische Perspektive)	Merkmale und Arten Beziehungen zu menslichen Grundbedürfnissen Allgemeine Voraussetzungen und Fähigkeiten Sinngebung: Gründe, Ziele, Sinn
III	Arbeit als soziales Geschehen (soziale Perspektive)	Zusammenarbeit (Arbeitsklima) Macht- und Rollenverhältnisse Soziale Wertschätzung (Sozialprestige) verschiedener Arbeitstätigkeiten und Berufe
IV	Arbeit als Bestandteil eines wirtschaftlichen Systems (ökonomische Perspektive)	Produktionskreislauf Arbeitsteilung Entgelt (Arbeit als Tauschmittel) Arbeitsmarkt (Angebot, Nachfrage, Arbeitslosigkeit)
V	Arbeit als gesellschaftliche Institution (gesellschaftliche Perspektive)	Ausbildungsgänge und Qualifi kationsregelungen Organisation und Normierung des Arbeitsprozesses Gesellschaftliche Struktur der Arbeitswelt

Abb. 1: Analyse des Begriffsnetzes Arbeit nach Dimensionen und Kategorien

tung und Untersuchung einzelner Aspekte oder Relationen eines Begriffssystems problematisch und kann zu falschen Schlüssen führen -, sollte die Rekonstruktion des Zielbegriffs möglichst umfassend sein. Das stellt uns vor die diffizile Entscheidung, ob wir beim üblichen Alltagsbegriffsverständnis von Erwachsenen der betreffenden Kultur und Gesellschaft stehen bleiben oder eine darüber hinausgehende Konzeptualisierung, wie sie in Wörterbüchern oder in wissenschaftlichen Abhandlungen gefunden wird, als Zielbegriff definieren wollen. Ich möchte hier diese Frage nicht diskutieren, sondern nur feststellen, daß wir unseren Untersuchungen beide Arten von Vorstudien vorgeschaltet hatten.

Das wesentliche Argument für die vorgenannte These scheint mir durch die Tatsache gegeben, daß jede empirische Forschung nur die Aspekte und Zusammenhänge offenlegen kann, die man als explizite oder mindestens implizite Hypothesen und Kategorien in sie hineinsteckt. Im Fall der Begriffsforschung haben sich die spezifischen Hypothesen und die angemessenen Erhebungsmethoden am hypothetisch rekonstruierten Begriffsnetz zu orientieren. In besonderer Weise setzt eine explorative Befragung eine ausreichende Rekonstruktion aller möglichen Aspekte und Relationen des zu untersuchenden Begriffs voraus.

Aber auch die theoretische Rekonstruktion des Zielbegriffs ist für eine entwicklungspsychologische Fragestellung noch nicht hinreichend. Darüber hinaus muß der Entwicklungsverlauf wenigstens durch einige Bedingungen und Prozesse vorhergesagt und erklärt werden. Im günstigsten Fall sollte ein inhaltliches Entwicklungsmodell mögliche Abfolgen von Teilstrukturen und Teilsystemen festlegen.

Die allgemeinen Annahmen wurden unter 2.2 skiziert. Das integrative Netz der Teilstrukturen des Arbeitsbegriffs und seine potentielle Genealogie kann hier nur in Ausschnitten und Stichworten wiedergegeben werden, da es sehr komplex ist. Ebenso möchte ich hier auf eine Netzdarstellung des Begriffssystems Arbeit verzichten und begnüge mich mit einer Übersicht über die Kategorien, für die wir eine Sequenzanalyse vorgenommen haben. Unter Kategorien verstehe ich dabei wesentliche Teilsysteme oder Teilstrukturen des Begriffs. Jede dieser Kategorien faßt einen oder mehrere Aspekte und/oder Relationen zusammen, die für das Verständnis von Arbeit konstituierend sind.

Viele dieser Kategorien kann man wieder unter übergreifenden Gesichtspunkten gruppieren, die wir Dimensionen genannt haben. Wir haben fünf solcher Dimensionen unterschieden:

- I Auf die eigene Person bezogene Aspekte und Relationen von Arbeit
- II Arbeit allgemein, als Tätigkeit und als Beruf
- III Arbeit als soziales Geschehen
- IV Arbeit als Bestandteil des wirtschaftlichen Systems
- V Arbeit als gesellschaftliche Institution.

Diese Dimensionen lassen sich aber nur teilweise als Zusammenfassungen oder Überbegriffe einer Reihe von Kategorien auffassen, sie stellen gleichzeitig eine Art von Perspektive dar, unter der man sowohl das globale Arbeitskonzept als auch einzelne seiner Teilstrukturen betrachten kann. Fast alle Kategorien können nach diesen Gesichtspunkten weiterdifferenziert und abgestuft werden. In der ersten Dimension kommt eine rein persönliche, fast möchte man sagen egozentrische Perspektive, zum Ausdruck. Gleichzeitig beinhaltet die erste und zweite Dimension zusammen eine eher individualistische und quasi biologische Perspektive. Die dritte Dimension enthält die soziale Perspektive, die vierte die ökonomische und die fünfte drückt die gesellschaftliche Perspektive aus, unter der man Arbeit betrachten kann. Die Abb.1 gibt eine Übersicht über die Dimensionen und Kategorien.

Diese Kategorien und Dimensionen sind für uns aber nicht nur ein Analyseinstrument. Wie die folgende für den Arbeitsbegriff spezifische Hypothese zeigen soll, sind die Dimensionen auch entwicklungsrelevant.

In den allgemeinen Annahmen zur Begriffsentwicklung gingen wir davon aus, daß bei jedem Begriff, der entwicklungsmäßig erworben wird, sich zuerst die mit dem eigenen Erleben und Tun zusammenhängenden Aspekte und Beziehungen herauskristallisieren. Bezogen auf den Arbeitsbegriff könnte das bedeuten, daß die ersten beiden Dimensionen zuerst bewußt erfaßt werden und daß umgekehrt Aspekte und Beziehungen, die sich aus der sozialen, der wirtschaftlichen und gesellschaftlichen Funktion und Perspektive von Arbeit ergeben, erst relativ spät explizit herauskristallisiert werden. Das Verständnis, das Kinder von Arbeit haben, sollte also vornehmlich eine egozentrische und individualistische Sichtweise zum Ausdruck bringen und allenfalls einige biologische Eigenschaften und Notwendigkeiten enthalten wie z.B. Aspekte von Mühe und Anstrengung. Dazu gehört aber auch die Rolle der Arbeit als Mittel zum Gelderwerb und zur Gewährleistung des Lebensunterhaltes.

Erst beim Jugendlichen dagegen erwarteten wir ein explizites Verständnis für soziale, ökonomische und gesellschaftliche Bedingungen von Arbeit. Das individualistische und quasi biologische Verständnis von Arbeit sollte somit relativ spät abgelegt werden.

Von den zwanzig spezifischen Entwicklungssequenzen, die wir unter Zugrundelegung der allgemeinen und spezifischen Annahmen konzipiert haben, möchte ich zur Illustration nur ein Beispiel anführen (s. Abb.2).

Stufe 1	- Zielsetzung ist nur implizit und extern: arbeitet, weil Mutter/Vater es fordert
Stufe 2	- noch keine persönlichen Zielsetzungen, jedoch Wünsche wie z.B. Spaß, Freude, Interesse, Geldverdienen - für die eigene Person gelten die als allgemein angesehenen Ziele wie z.B. Geld verdienen, einen Beruf ausüben - durch momentane Erfahrungen beeinflußte,

wechselnde Berufswunschvorstellungen
- keine oder kaum Zukunftsvorstellungen

Stufe 3

- A. soll etwas einbringen (vor allem Geld)
- A. soll aber auch Spaß machen
- globale, unspezifische Sinnaussagen
- allgemeines Bedürfnis nach Sinnhaftigkeit
- das Thema Ausbildung steht im Vordergrund
- Berufsvorstellungen können vorhanden sein
- Angabe von vagen und globalen eigenen Zielvorstellungen
- Wunsch nach Vermeidung von als negativ bewerteten Begleierscheinungen von A., z.B. Streß, Routine, Zwang
- äußere Vorteile von Berufen wie z.B. Prestige, Geld sind in Berufswünschen vorhanden

---

Stufe 4

- ein ausgeprägtes Bedürfnis nach Sinnhaftigkeit, nach Interessen- und Bedürfnisbefriedigung stellt sich ein
- Arbeit soll primär der Verwirklichung der eigenen Interessen und Fähigkeiten dienen: <Selbstverwirklichung> <Selbstbestätigung>
- A. soll aber auch Grundlage für selbständigen Lebensunterhalt schaffen
- konkrete Zielvorstellungen können vorhanden sein; sind teilweise unrealistisch
- oft deutliche emotionale Bewertung dessen, was man will oder nicht will

---

Stufe 5

- Zielvorstellungen im Zusammenhang mit den persönlichen A.-Tätigkeiten weiten sich über die eigene Person und die unmittelbare Zukunft aus
- Sinnversuche und Sinnverwirklichung, die über materielle und individuelle Ziele hinausreichen
- Bedingungen der Realisierung von eigenen Zielvorstellungen werden laufend überprüft

Abb. 2: Ziele und Gründe eigener Arbeitstätigkeiten (persönliche und egozentrische Perspektive (I. Dimension)

2.2 Empirische Studien

Auf der Grundlage dieser theoretischen Konzeptualisierungen haben wir folgende Studien geplant und durchgeführt:

(1) Erstens eine Erhebung des Verständnisses von beruflicher und nicht beruflicher Arbeit bei Erwachsenen mittels Fragebogen (Diplomarbeit Theo Demal, 1983).

(2) Zweitens zwei umfassende Querschnittstudien, wovon die erste als Dissertationsprojekt von Wolfgang Wannenmacher die Jahrgänge fünf bis elf umfaßt, und die zweite die Jahrgänge 12 bis 19. Letztere Studie wurde mit Mitteln der DFG gefördert und von Tamino Abele und Stefanie Stadler durchgeführt.

(3) Drittens eine Trainingsstudie (Diplomarbeit Esther Rotsztejn und Renate Spahn, 1986), in der wir versuchten, durch gezielte Maßnahmen insbesondere das ökonomische und gesellschaftliche Verständnis von Arbeit bei 16jährigen Jugendlichen zu fördern.

Die folgenden Ausführungen nehmen überwiegend bezug auf die zweite Querschnittstudie über die Entwicklung des Arbeitsbegriffs bei Jugendlichen.

Die Erhebung wurde mittels einer flexiblen, hypothesengeleiteten Befragung (s. Seiler und Wannenmacher, 1985) durchgeführt. Der Interviewleitfaden wurde auf der Grundlage des theoretisch erarbeiteten Begriffsnetzes und seiner Kategorien (Aspekte und Relationen) konstruiert. Dabei versuchten wir auch schon, unseren Entwicklungshypothesen Rechnung zu tragen, allerdings sollten die Fragen so offen bleiben und so formuliert sein, daß die Befragten auch ein Verständnis artikulieren könnten, das über das von uns postulierte Entwicklungsniveau hinausging. Deshalb behielten wir für alle Altersstufen im wesentlichen gleiche Grundfragen bei und veränderten in größeren Etappen nur die sprachliche Formulierung, um sie dem ansteigenden Altersverständnis anzupassen.

Je Altersstufe nahmen 10 bis 12 Jugendliche beiden Geschlechts an der Untersuchung teil. So kamen wir auf eine Stichprobe von 91 Personen. Da es sich um eine explorative Studie handeln sollte, legten wir keinen Wert auf Repräsentativität und beschränkten die Erhebung auf eine Stichprobe von Schülern, die wir mittels persönlicher Ansprache und in einer Art Schneeballsystem für unsere Untersuchung gewannen. Alle nahmen freiwillig und außerhalb der Schule an der Befragung teil.

2.3 Auswertungsmethoden

Die auf Kassetten aufgenommenen Interviews wurden transkribiert und einer Analyse nach Inhaltskategorien unterzogen. Dabei haben wir verschiedene Wege eingeschlagen. Die wichtigsten sollen kurz skizziert werden.

(1) Bei der ersten Form der Auswertung wurden gedankliche Einheiten in den Antworten eines Probanden einer der theoretisch konzipierten Kategorien zugeordnet. Das geschah unter Berücksichtigung der Frage, auf die die Antwort erfolgte, und, wenn sich dabei kein Zusammenhang herstellen ließ, auch unabhängig davon. Dieses Vorgehen erwies sich aber als zu unflexibel, da wichtige entwicklungsmäßige Veränderungen und fortschreitende Differenzierungen nicht genügend Berücksichtigung fanden.

(2) Der zweite Auswertungsmodus, auf den dieser Bericht vor allem Bezug nehmen wird, ging explizit von theoretisch konzipierten Entwicklungssequenzen aus. Dabei wurde jede gedankliche Antworteinheit

einer (wenn nötig auch verschiedenen) der zwanzig Kategorien zugeordnet. Dann wurde die Aussage auf der Grundlage eines Auswertungsmanuals mit entsprechenden Entscheidungskriterien und beispielhaften Antworten einer bestimmten Entwicklungsstufe zugeschrieben. Über das ganze Interview hinweg berechneten wir sodann für jede Kategorie den mittleren Stufenwert, den ich in der Folge als Entwicklungshöhe oder Strukturhöhe bezeichne. Das Auswertungsmanual wurde eigens zu diesem Zweck auf der Grundlage der allgemeinen und spezifischen Entwicklungsannahmen erstellt. Da es aber auch unter zusätzlicher Kenntnis der vorliegenden Daten konzipiert wurde, müßte es selbstverständlich an einer unabhängigen Stichprobe kreuzvalidiert werden.

(3) Für einen dritten Auswertungsmodus, der noch nicht abgeschlossen ist, wählten wir einen Mittelweg. Hierbei gingen wir wieder von den Grundkategorien des Begriffssystems aus, d.h. also den wesentlichen Merkmalen und Beziehungen, die zu Arbeit genannt werden können, versahen sie aber mit Abstufungen, die wir an der Differenziertheit, Integriertheit und Explizitheit der Nennung und den oben ausgeführten Perspektiven orientierten. Auf der Grundlage dieser Daten wollen wir teilweise induktive Entwicklungssequenzen konstruieren. Da wir aber nur über Querschnittdaten verfügen, werden wir das in der folgenden Weise versuchen: Wir fassen Probanden mit vergleichbaren Antwortmustern zu Gruppen zusammen und bringen diese Gruppen nach der Altersvariable in eine Stufensequenz. Dieses Kriterium ist sicher unzulänglich, aber es ist neben allgemeinen Annahmen das einzige empirische Kriterium, das uns zur Verfügung steht. Andere mögliche Gesichtspunkte, wie z.B. Schultyp, Elternhaus, Joberfahrung usw. werden wir selbstverständlich mit heranziehen, da sie möglicherweise mit den Antwortmustern zusammenhängen und als zumindest den Entwicklungsverlauf moderierende Variablen aufzufassen sind (vgl. die theoretischen Erörterungen zu Beginn).

(4) Ein vierter Auswertungsmodus, den wir allerdings noch gar nicht in Angriff genommen haben, soll sich der mathematischen Methode der "Formalen Begriffsanalyse" bedienen. Sie wurde von den Darmstädter Mathematikern Wille und Ganter entwickelt. Auf der mathematischen Verbandstheorie aufbauend analysiert sie Kontexte aus Merkmalen, die bestimmten Gegenständen zugeordnet sind. Dabei werden alle Kombinationen von bestimmten Merkmalen mit bestimmten Gegenständen herausgehoben und in einer graphischen Darstellung veranschaulicht. Wir sind dabei, Erfahrungen mit dieser Methode zu sammeln, die nicht auf statistische Mittelwerte und Streuungsmaße zurückgreift, sondern von der Gesamtheit der Daten und ihren Beziehungen ausgeht, können aber noch nicht definitiv beantworten, ob sie geeignet ist, idiosynkratische Begriffsverständnisse zu rekonstruieren, zu Mustern zusammenzufassen und diese Muster in einer Entwicklungssequenz anzuordnen.

3. Sequenzanalyse

Im folgenden möchte ich einige zusammenfassende Ergebnisse aus unserer Sequenzanalyse vorstellen. Sie beruht, wie erwähnt, auf dem zweiten Auswertungsmodus und berücksichtigt überwiegend die Daten der zweiten Querschnittstudie an 12 -19jährigen Jugendlichen.

3.1 Einige statistische Ergebnisse

Vorgängig sind mögliche Fragen nach der Auswertungsobjektivität und Reliabilität zu beantworten. Zwei Auswerterinnen (Stefanie Stadler und Esther Rotsztejn) haben nach einer Einführungszeit 11 Protokolle unabhängig voneinander nach den oben erwähnten Prinzipien ausgewertet. Dann wurden erstens die Prozentsätze der übereinstimmenden Einstufungen berechnet. Zweitens wurden die von den beiden Auswerterinnen ermittelten mittleren Strukturhöhen sowohl über die Kategorien als auch über die Dimensionen miteinander korreliert. Die folgende Tabelle (Tab. 1) zeigt, daß die Werte für eine qualitative Analyse befriedigend sind, wenn auch vielleicht noch nicht optimal.

1. Prozentsatz der übereinstimmenden Einstufungen

   über 20 Kategorien 83 %
   (bei einer Abweichungstoleranz
   im zugeschriebenen Stufenwert
   (Strukturhöhe) von 0,5)

2. Übereinstimmungsreleabilität
   (bezogen auf die fünf Dimensionen):

	I	II	III	IV	V	I-V
r	.81	.54	.92	.91	.72	.92
n	11	11	9	10	11	11

Tabelle 1: Berechnung des Übereinstimmungsgrades bei der qualitativen Stufenzuordnung durch zwei unabhängige Auswerterinnen

Auch im Fall der Sequenzanalyse können wir vorläufig, vor allem weil es sich bei den Daten um Querschnittdaten handelt, als Evidenz zugunsten unseres hypothetischen Entwicklungsmodells einzig die Korrelation zur Altersvariable heranziehen. Die Korrelationen der Strukturhöhen mit dem Alter sind durchgehend hoch. Der Durchschnitt liegt bei r = .7. Um den Zusammenhang zu verdeutlichen, sei folgende Darstellungsform präsentiert, bei der die Profile der individuellen Strukturhöhen über jede Altersgruppe hinweg gemittelt bzw. der Median genommen wurde. Diese alterstypischen Medianwerte sind in den folgenden zwei Abbildungen (Abb.3 und 4) für jeweils zwei benachbarte Altersgruppen zusammengefaßt und weiter verdichtet. Sie machen den Anstieg der Strukturhöhe mit zunehmendem Alter sehr deutlich. Zudem zeigt sich, daß offensichtlich zwischen dem 14. und dem 16. Altersjahr ein größerer Schub stattfindet. In der vierten Abbildung (Abb.4), in der die mittleren Streuungsquartile mitabgebildet sind, wird womöglich der Befund noch eindeutiger, daß die Altersgruppen 12 bis 15 und 16 bis 19 relativ homogen sind.

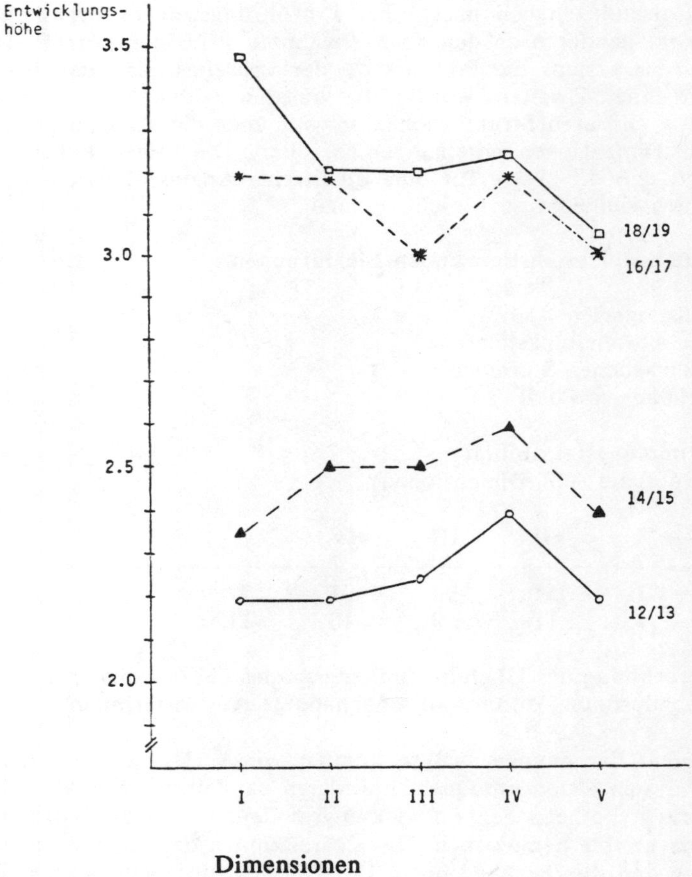

Abb.3: Entwicklungshöhe für jede Altersgruppe in den 5 Hauptdimensionen des Begriffs "Arbeit": Medianwerte
○ = 12- und 13-jährige (n=27) ▲ = 14- und 15- jährige (n=28)
✱ = 16- und 17 jährige (n=16) □ = 18- und 19- jährige (n=20)

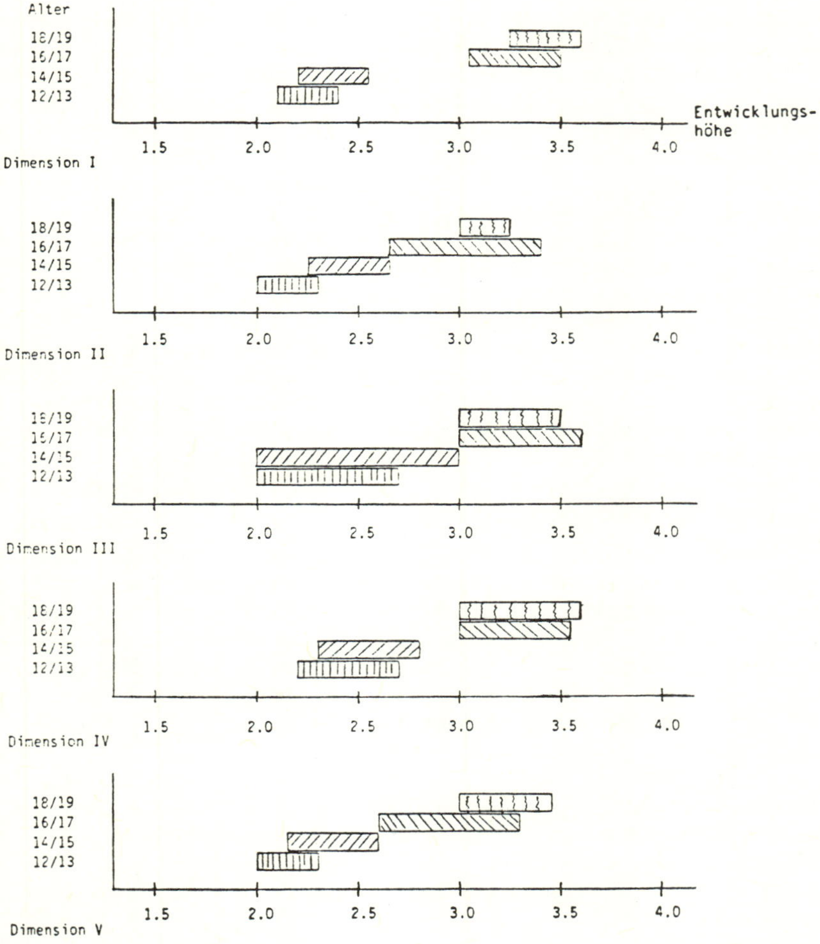

Abb. 4: Entwicklungshöhe für jede Altersgruppe in den 5 Hauptdimensionen des Begriffs "Arbeit". Kriterium: Streuung der mittleren 50 % (Quartil 2 und 3)

Natürlich ist die Parallelität der Strukturhöhe zum Alter nur ein relativ grober und äußerlicher Indikator. Er gibt uns eine vorläufige Gewißheit, daß unsere theoretisch konzipierten Entwicklungssequenzen nicht neben der Realität liegen, sondern den wesentlichen Verlauf des Entwicklungsgeschehens wiedergeben. Umgekehrt spricht die Tatsache, daß keine absolute Übereinstimmung besteht, und sich im Gegenteil eine relativ große Altersstreuung nicht nur bezüglich des Gesamtbegriffes, sondern auch innerhalb der einzelnen Dimensionen und Kategorien findet, einerseits für die relative Belanglosigkeit der Altersvariable. Andererseits sehe ich darin auch einen Beleg für die eingangs aufgestellten Entwicklungsthesen. Danach soll das Entwicklungstempo ja nicht nur von Person zu Person, sondern auch von Dimension zu Dimension und von Kategorie zu Kategorie (vielleicht in etwas geringerem Ausmaß) variieren. Die Mittel- und Streuungswerte legen nicht nur den Schluß nahe, daß sowohl intra- als auch interindividuell die einzelnen Dimensionen und Kategorien sich unterschiedlich schnell herausbilden, sondern machen auch alternative Entwicklungsverläufe wahrscheinlich, wenn sie auch keine direkte Evidenz dafür liefern.

Lassen sich solche varianten Verläufe feststellen? Aus zwei Gründen ist das mit den vorliegenden Daten und Analysen nicht möglich: Erstens sind Querschnittdaten dazu nur bedingt geeignet. Zweitens sind die Merkmale, auf die wir bisher unsere Rekonstruktion begründen haben, eher allgemeiner und abstrakter Natur und daher relativ unabhängig von den konkreten Strukturen. Um diese wichtige Frage beantworten zu können, wären Analysen notwendig, die sich Rekonstruktionen möglicher Begriffsgenealogien annähern.

3.2 Beschreibende Rekonstruktion des Entwicklungsverlaufs

Im folgenden möchte ich den Entwicklungsverlauf des Arbeitsbegriffs, so wie er sich in den Befunden unserer Untersuchungen darstellt, zusammenfassend beschreiben und einige mir wesentlich erscheinende Punkte herausstellen. Wie schon gesagt, handelt es sich dabei nicht um eine Begriffsgenealogie, soweit ist unsere Analyse noch nicht vorangeschritten, sondern um allgemeine Charakteristika, in die die Entwicklungsdynamik eingefangen werden soll.

(1) Die Entwicklung des Arbeitsbegriffs erfolgt sehr langsam und erstreckt sich über einen enormen Zeitraum. Gemessen am Zielbegriff, ist sie am Ende des Jugendalters noch keineswegs abgeschlossen. Das ergibt sich schon aus den Abb. 3 und 4a wonach auch 18 und 19jährige nur in seltenen Fällen die vierte der von uns postulierten Entwicklungsstufen erreichen.

Vielleicht ist aber auch zu sagen, daß die vierte und fünfte Stufe Idealstufen darstellen, ähnlich den höchsten Moralstufen bei Kohlberg, die nur von Ausnahmepersonen unter günstigen Bedingungen erreicht werden.

(2) Der Arbeitsbegriff entsteht nicht dadurch, daß das Kind lernt, gewisse konkrete Tätigkeiten, die der Vater oder die Mutter verrichtet, mit dem Wort "Arbeit" zu belegen. Das ist früher oder später selbstverständlich auch der Fall. Aber das Erlernen dieser isolierten Bezeichnungen und ihre unsystematische und mehr äußerliche Verwendung ist nicht identisch mit dem Erwerb des Arbeitsbegriffs. Dagegen vermag diese Verwendung in vielen Fällen durch den intuitiven Vergleich der be-

nannten Tätigkeiten und Situationen die Konstruktion eines primitiven Vorläuferbegriffs von Arbeit zu beschleunigen.

(3) Vorformen eines eigentlichen Arbeitsbegriffs entstehen erst im späteren Kindesalter. Das geschieht zum einen dadurch, daß einzelne Merkmale, die mit konkreten Tätigkeiten und Ereignissen verknüpft sind, z.B. der Aspekt der Mühe, herausgelöst werden. Zum andern, indem bestimmte Ereignisse und (nicht unbedingt eigene) Tätigkeiten, wie z.B. das Fortgehen des Vaters ("Vater geht arbeiten") mit anderen ("Vater muß Geld verdienen") in Zusammenhang gebracht werden. Während man vorher eher von einem Komplex von nebeneinander existierenden und isolierten Teilbegriffen oder Vorstellungen sprechen müßte, rücken jetzt diese Teilbegriffe zusammen. Merkmale werden generalisiert. Erste Beziehungen werden hergestellt. Eine große Zahl von Tätigkeiten und Ereignissen wird so allmählich in loser Weise miteinander gekoppelt, allerdings eher aufgrund von vagen und unbestimmten Eindrücken und keineswegs in bewußter und expliziter Weise. Gleichzeitig bleibt dieses vage und heterogene Gebilde noch sehr stark an konkrete Tätigkeiten gebunden. Man könnte einerseits sagen, daß der prototypenhafte Charakter noch überwiegt. Andererseits werden aber auch immer neue und verschiedenartige Tätigkeiten von unterschiedlichen Leuten vom Begriff aufgesogen. Der 10 bis 12jährige beginnt ebenfalls, Arbeitstätigkeiten danach zu diskriminieren, ob sie etwas hervorbringen oder verändern, und er differenziert sie auch nach den Fertigkeiten, die der Aufführende besitzen muß. Mit anderen Worten, sowohl die Intension als auch die Extension weitet sich aus, ohne daß man von einer expliziten und bewußt reflektierten Strukturierung des Begriffsverständnisses sprechen kann.

(4) Erst mit Beginn des Jugendalters setzt eine solche Strukturierung des Arbeitsbegriffs ein. Jetzt wird Arbeit von Nicht-Arbeit wenigstens teilweise explizit und reflektiert unterschieden, und gleichzeitig wird Arbeit explizit mit anderen Begriffssystemen in Beziehung gebracht. In Zusammenhang damit stellt der Jugendliche erste Überlegungen an über Sinn und Zweck der Arbeit. Ebenso macht er sich allmählich klar, daß Arbeit als Beruf einen wesentlichen Teil des Lebens ausmacht, daß Arbeit meist mit Anstrengung, Mühe und Müdigkeit verbunden ist, und daß sie in regelmäßigem Rhythmus mit Freizeit, Erholung und Urlaub wechselt. Besonders deutlich wird ihm aber der "Muß"-Charakter der Arbeit, den er von der Notwendigkeit, Geld zu verdienen und den Lebensunterhalt zu gewährleisten, ableitet. Dieser Nowendigkeits- oder Verpflichtungscharakter, der aber noch nicht gesellschaftlich oder ökonomisch begründet wird und das Moment der Anstrengung und Mühe, mag erklären, warum wir bei den meisten Jugendlichen unsere Stichprobe spätestens ab 14/15 Jahren einen emotional eher negativ besetzten Arbeitsbegriff vorfinden. Nach einer Studie, die zur Zeit gerade durchgezogen wird, scheint das bei Jugendlichen, die gerade mit einer Berufsausbildung begonnen haben, nicht oder in geringerem Maße der Fall zu sein.

(5) Entsprechend den oben aufgestellten Hypothesen und in gewisser Weise parallel zum beginnenden Aufbau formaler Denkstrukturen im Sinne Piagets, setzt im Jugendaler eine Tendenz ein, den Arbeitsbegriff von innen her zu systematisieren, indem einzelne Merkmale oder Beziehungen stärker herauskristallisiert und gegenüber anderen privilegiert werden. So werden zentrale Merkmale von eher nebensächlichen abgehoben. In einzelnen Fällen besteht sogar die Tendenz, bestimmte Merkmale und Beziehungen zu verabsolutieren. So erklärt ein Jugendlicher sinngemäß: Von Arbeit möchte ich nur sprechen, wenn man etwas freiwillig und aus Interesse tut. Je nachdem, um welche Merkmale es sich handelt, führt diese Tendenz zu einer Ausweitung oder Einengung des Arbeitsbegriffs, d.h. wir finden auch hier typische Überdehnungen oder Unterdehnungen, wie sie für die meisten Worte in der frühen Kindheit als charakteristisch angesehen werden.

(6) In Ablösung dieser Tendenz oder auch unabhängig davon, macht die Integration des Begriffs in der Weise Fortschritte, daß dem Jugendlichen viele der früher impliziten Widersprüche bewußt werden. Durch Differenzierung und relativierende Integration werden sie allmählich ausgeräumt. Eindimensionale Sichtweisen werden mehr und mehr, keineswegs aber vollständig, abgelegt. Damit kommt es allmählich zur Ausbildung eines in sich geschlossenen Begriffssystems, das schon eine gewisse Beweglichkeit und Festigkeit erlangt. Es ermöglicht dem Jugendlichen, je nach Situation und ihren Anforderungen gezielt den einen oder anderen Aspekt zu zentrieren und somit dem Wort Arbeit oder anderen verwandten Wörtern je nach Situation die angemessene Bedeutung zu verleihen. Darüber hinaus wird er dadurch in die Lage versetzt, Verwendungen des Wortes und Bedeutungszuschreibungen zu verstehen, die nicht mit denen übereinstimmen, die er selber für gewöhnlich gebraucht.

(7) Ein wichtiger Befund, den wir in dieser extremen Weise nicht erwartet hatten, betrifft die Dimensionen drei bis fünf. Erst sehr spät zeichnet sich bei unseren Jugendlichen ein Begriffsverständnis ab, das Arbeit nicht bloß als individualistisches Geschehen oder als eine biologischen Zwängen unterworfene Tätigkeit von Individuen begreift, sondern sie durch soziale, wirtschaftliche und gesellschaftliche Bedingungen und Normen reguliert sieht. Aber selbst bei den ältesten Jugendlichen, die wir befragt haben, bleiben diese Vorstellungen äußerst rudimentär. Man muß auch sagen, daß sie noch kaum explizit reflektiert erscheinen. Sie werden daher auch nicht spontan geäußert, sondern allenfalls auf insistierendes Nachfragen. Z.B. werden nur auf explizite Befragungen einige vage wirtschaftliche Implikationen genannt. Ähnliches gilt für soziale Bedingungen und für gesellschaftliche und normative Implikationen. Nur wenn ausdrücklich befragt, stimmt der Jugendliche zu, daß jede Arbeit die Arbeit anderer Leute voraussetzt oder nach sich zieht, daß die meisten Arbeiten im Verein und in Abhängigkeit von anderen vollzogen werden, daß der Arbeitsprozeß durch soziale und gesellschaftliche Normen und Bestimmungen reguliert wird, daß den verschiedenen

Arbeitsformen und Arbeitsstrukturen auch ein unterschiedliches Sozialprestige zukommt, daß der Wert der Arbeit sich auch nach wirtschaftlichen Kriterien bemißt, daß der wirtschaftliche Produktionsprozeß eine hochdifferenzierte Arbeitsteilung nach sich zieht, und diese Arbeitsteilung in der industrialisierten Gesellschaft zu unterschiedlichen Berufen und Ausbildungsgängen führt etc. Dieses Wissen bleibt aber global und unbestimmt. Es handelt sich offenbar um eher implizite Wissensstrukturen, die noch nicht systematisch mit dem Arbeitsgriff verbunden sind, sondern als brachliegende und isolierte Bruchstücke daneben stehen.

Diese Interpretation wird durch zwei weitere Befunde erhärtet. Erstens wenn der Jugendliche eine "sinnhafte Überhöhung oder Vertiefung" vornimmt, erfolgt sie eher in der Richtung eines idalistischen Wunschdenkens, nämlich ausschließlich das tun zu können, was den eigenen Interessen und Wünschen entspricht und was Spaß macht. Zweitens treten Anforderungen und Erwartungen von anderen und in allgemeiner Form von der Gesellschaft allenfalls in negativer Bewertung ins Bewußtsein. Wenn daher gesellschaftliche und soziale Implikationen des Arbeitsbegriffs spontan angesprochen werden, so handelt es sich ausschließlich um kritische, negative und eher schlagwortartige Äußerungen. Dieses Phänomen ist interessant, wird es doch von der kognitiven Komplexitätstheorie vorhergesagt (vgl. Seiler 1973). Wir finden also auch bei Jugendlichen höherer Altersgruppen einen eher individualistischen, auf subjektive Wünsche, Bedürfnisse und Zielsetzungen zugeschnittenen Arbeitsbegriff. Man geht nur insofern darüber hinaus, als man zu ihrer Begründung biologische Notwendigkeiten heranzieht.

4. Die Rolle soziokultureller Faktoren und soziopädagogischer Einflüsse in der Entwicklung des Arbeitsbegriffs

Nach dieser globalen und verkürzten Darstellung der Entwicklung des Arbeitsbegriffs bei Jugendlichen unserer Gesellschaft, möchte ich nun gezielt die Frage nach den universellen und den kulturspezifischen Aspekten dieser Entwicklung stellen. In der theoretischen Einführung habe ich die Thesen aufgestellt, daß Begriffsentwicklung als Ergebnis einer eigendynamischen Konstruktion durch das Subjekt und seine Strukturen aufzufassen sei. Die Dynamik und die Gesetze dieser Konstruktion seien universell, ihr Ergebnis aber sei spezifisch für bestimmte soziokulturelle und sozioökonomische Verhältnisse, weil diese äußeren Gegebenheiten das Material und den Inhalt für diese Konstruktion abgeben würden.

Welche Befunde kann ich aus unseren Untersuchungen zur Erhärtung dieser Thesen beibringen? Es ist klar, daß Untersuchungen dieser Art, erst recht wenn sie die schon erwähnten Beschränktheiten aufweisen, diese Frage weder definitiv noch zwingend beantworten lassen. Wir haben die Entwicklung des Arbeitsbegriffs bei einer relativ homogenen Gruppe untersucht, wir haben sie nicht mit anderen Gruppen oder sogar anderen Kulturen verglichen. Dennoch, meine ich, fällt es nicht schwer, einige soziopädagogische Einflüsse bei dieser Konstruktion deutlich auszumachen.

Nicht bloß im frühen Alter spiegeln viele Antworten der Kinder und angehenden Jugendlichen Ereignisse und Einflüsse ihrer Umwelt, der näheren und weiteren wieder. Manchen Inhalten, ja sogar Formulierungen sieht man es gleichsam an, daß sie familialen und sozialen Gegebenheiten und Äußerungsgewohnheiten entsprechen. Während der Schulzeit wird naturgemäß die Wirkung unterrichtlicher Belehrungen mehr oder weniger offensichtlich. Wir können das allerdings auch nur durch relativ allgemeine Parallelitäten belegen.

Gleichzeitig fällt aber auf, daß das, was die Kinder aufgreifen, immer nur einen Ausschnitt aus dem Angebot darstellt. Zuerst werden offensichtlich begrenzte und isolierte Aspekte, die sich mehr auf den äußeren Anschein als auf innere Zusammenhänge beziehen, wiedergegeben. Man mag einwenden, daß Eltern und Pädagogen im Umgang mit jüngeren Kindern sich mit ihren Hinweisen und Erklärungen anfänglich auf diese Aspekte beschränken. Das ist nur teilweise richtig, wie ich noch zeigen möchte. Wo es der Fall ist, mag darin ein Stück intuitive Einsicht der Erzieher in die Logik dieses Entwicklungsverlaufs zum Ausdruck kommen. Diese Einsicht scheint aber nicht durchgängig zu sein, man wird oft eher von einem Überangebot sprechen müssen. Neben sicher oft nur stückweisen Erklärungen und Einführungen durch die Erwachsenen, werden die Kinder auch laufend mit Aspekten und Zusammenhängen konfrontiert, die sie nicht zur Kenntnis nehmen, ganz einfach, weil sie nicht über ein geeignetes begriffliches Arsenal dazu verfügen. In welchem Ausmaß das der Fall sein könnte, wird durch die folgende Analyse deutlich. Wenn wir die Inhalte des Entwicklungsverlaufs, wie er sich in unseren Daten abzeichnet, und des erreichten Endzustandes mit dem Teil des gesellschaftlichen Angebots vergleichen, den wir zumindest in allgemeiner Form relativ deutlich und präzise ausmachen können, nämlich mit dem schulischen Angebot, so müssen wir feststellen, daß er in den Etappen und im jeweiligen Gehalt des Arbeitsbegriffs kaum einen Niederschlag findet. Fast alle Aspekte und Implikationen des Arbeitsbegriffs, die wir oben angedeutet haben, und die zum größten Teil erst bei älteren Jugendlichen und auch da noch in unvollkommener und impliziter Weise auftauchen, werden, wenn man den Lehrbüchern glauben darf, schon in der Grundschule eingeführt und stufenweise bis zur vierten Klasse vertieft. Wir haben diesen Aufbau anhand von ausgewählten Lehrbüchern für die verschiedenen Klassenstufen rekonstruiert. In den idiosynkratischen Begriffsnetzen der Kinder und Jugendlichen, die wir erhoben haben, und ich muß einschränkend hinzufügen, so wie wir sie erhoben haben, spiegelt sich dieser Aufbau nicht.

Warum ist das so? Ist das Angebot nicht didaktisch genug aufbereitet? Vermittelt die Schule rein verbale Wissensstrukturen, die entweder schnell wieder zerfallen, weil sie nicht in die sich entwickelnden Denksysteme integriert werden und daher allenfalls als isolierte Wissensstücke mehr oder weniger lang Bestand haben? Das würde erklären, daß sie auch nur in speziellen Situationen auf geeignete Schlüsselreize oder Fragen hin aktualisiert werden.

Muß man den Grund dafür in der Mißachtung oder ungenügenden Beachtung strukturgenetischer Gesetzmäßigkeiten suchen? Ist die Schule zu wenig oder gar nicht bemüht, das Angebot den Strukturmöglichkeiten der Schüler anzupassen und einen entsprechenden Äquilibrationsprozeß auszulösen? Vergewissert man sich, ob der Schüler über geeignete Begriffssysteme verfügt, die ein hinreichendes Eigengewicht und geeignete motivationale und emotionale Besetzungen aufweisen, mit denen er die Grundintentionen des Angebots zu erfassen und daran seine Strukturen zu akkommodieren vermag?

Meine Antwort folgt den Annahmen des strukturgenetischen Ansatzes: Die Begriffsentwicklung rekonstruiert zwar äußere Bedingungen und Einflüsse, aber diese Rekonstruktion ist Konstruktion durch das Subjekt. Es vollzieht sie mit seinen Mitteln. Die kulturspezifischen Formen und Inhalte und die universalistischen Prozesse und Aspekte der Begriffsentwicklung sind die zwei Seiten ein und derselben Medaille. In der Konstruktion kommen, wie ich im allgemeinen Teil anzudeuten versuchte, Gesetze zum tragen, die in analoger Form jeden einzelnen Entwicklungsfortschritt bestimmen.

Meinen Aufsatz möchte ich daher mit der folgenden Formel beschließen: Begriffsentwicklung ist eine universalistischen Gesetzen gehorchende Konstruktion, die einen mehr oder weniger allgemeinen und sequenzartigen Verlauf zur Folge hat. Die Inhalte und Beziehungen dieser Konstruktion werden dem soziokulturellen Angebot entnommen. Mit ihnen und in ihnen werden äußere Verhältnisse sowie vor allem soziokulturelle Bedingungen und Setzungen immer umfassender und adäquater rekonstruiert. Je weiter daher die theoretische Analyse dieser Entwicklung von den allgemeinen Gesetzen und übergreifenden Charakteristika zu den konkreten Inhalten heruntersteigt, umso kultur-, bereichs- ja individuumsspezifischer wird ihre Gültigkeit.

Literatur

Demal, Theodor (1983): Untersuchung zu Inhalt und Struktur des Arbeitsbegriffs mit einem strukturierten Fragebogen und faktorenanalytischer Verrechnung der Daten. Diplomarbeit. Institut für Psychologie, Technische Hochschule Darmstadt.

Rotsztejn, Esther/Spahn, Renate (1986): Probleme der Erhebung und Förderung des Begriffsverständnisses "Arbeit". Eine theoretisch-empirische Untersuchung an 14-15jährigen Jugendlichen. Diplomarbeit. Institut für Psychologie, Technische Hochschule Darmstadt.

Seiler, Thomas Bernhard (1973): Kognitive Strukturiertheit - Theorien, Analyse, Befunde. Stuttgart, Kohlhammer Vlg.

Seiler, Th.B. (1985): Sind Begriffe Aggregate von Komponenten oder idiosynkratische Minitheorien? Kritische Überlegungen zum Komponentenmodell von Dedre Gentner und Vorschläge zu einer alternativen Konzeption; in: Th.B. Seiler/ W. Wannenmacher (Hrsg.), Begriffs- und Wortbedeutungsentwicklung. Theoretische, empirische und methodische Untersuchungen. Berlin, Springer Vlg. S. 105-131.

Seiler, Th.B./W. Wannenmacher (1983): How can be assess meaning and investigate meaning development: Theoretical and methodological considerations from an epistemological point of view; in: Th.B. Seiler/W. Wannemacher (eds.), Concept development and the development of word meaning. Berlin, Springer Vlg. S. 320-340.

Seiler, Th.B./W. Wannenmacher (1987): Begriffs- und Bedeutungsentwicklung; in: R. Oerter/L. Montada (Hrsg.), Entwicklungspsychologie - Ein Lehrbuch. München, Urban & Schwarzenberg Vlg.

Wannenmacher, W./Th.B. Seiler (1985): Die Bedeutung verbaler Methoden für die Untersuchung von Wortbedeutungsentwicklungen; in: Th.B. Seiler/W. Wannenmacher (Hrsg.): Begriffs- und Wortbedeutungsentwicklung. Berlin, Springer Vlg.

CHRISTOPH v. RHÖNECK und KARL GROB

LERNERGEBNISSE IN DER ELEKTRIZITÄTSLEHRE UND IHR ZUSAMMENHANG MIT PSYCHOLOGISCHEN VARIABLEN

1. Einleitung

Die Vorstellungen und Deutungsmuster, welche Schüler von ihrer natürlichen und technischen Umwelt und der in ihr ablaufenden Prozesse haben, werden heute weitgehend einheitlich interpretiert. Dieser Konsens umfaßt sowohl die Entstehung und Ausdifferenzierung dieser Vorstellungen und Muster bei Heranwachsenden als auch ihre Bedeutung für die Lernprozesse bei naturwissenschaftlich-technischen Unterrichtsthemen . So sind im Bereich der elementaren Elektrizitätslehre viele spezifische Lernschwierigkeiten qualitativer Art bekannt, die auf Alltagsvorstellungen der Schüler vom Stromkreis zurückgehen (Duit et al., 1985). Es ist bemerkenswert, wie stark die Erklärungsmuster der einzelnen Schüler übereinstimmen, zumindest der Schüler, die einem vergleichbaren sozialen und kulturellen Umfeld angehören (Shipstone et al., 1988).

Auch wenn die grundsätzliche Bedeutung dieser Vorstellungen für das Lernen erkannt ist, so blieb bislang doch die Frage offen, ob die einzelnen Vorstellungen voneinander unabhängig sind oder ob sie eine integrierte Beschreibung bilden, die mit der physikalischen Betrachtungsweise konkurriert. Diese Frage kann mit einer einfachen Vortest-Nachtest-Untersuchung nicht beantwortet werden, da der Unterricht zu Interferenzen zwischen den neuen Begriffen und Regeln und den vom Schüler entwickelten Vorstellungen führen muß. Deshalb ist es notwendig, den Aufbau des Begriffs- und Regelsystems, d. h. die Entwicklung der Repräsentation des Schülers, während des Unterrichts zu verfolgen. Dies ist zwar über Tests und Interviews möglich, jedoch wegen des hohen Arbeitsaufwandes nur in kleinen Gruppen durchführbar.

Eine Untersuchung dieser Art in einer Gruppe von zehn ausgewählten Schülern brachte das überraschende Ergebnis, daß sich zwei alternative Repräsentationen im Unterricht ausbildeten (Rhöneck, 1986a). Schon nach einigen Wochen entwickelte sich die Gruppe in zwei Untergruppen auseinander. Die eine Untergruppe baute von Anfang an die richtige Repräsentation aus den physikalischen Begriffen und Gesetzen auf. Die zweite Untergruppe bildete ein völlig anderes System von Begriffen und Regeln aus, bei dem die einzelnen Fehlvorstellungen zu einer gemeinsamen Repräsentation vereinigt wurden. Dazu gehören der Stromverbrauch in Lämpchen und Widerständen, die 'lokale' und die 'sequentielle' Argumentation, die Kompensation und die Nichtdifferenzierung von Spannung und Strom (Rhöneck, 1986 b).

Im Verlauf des Unterrichts war es möglich, die integrierende Repräsentation in der zweiten Schülergruppe zu zerstören. In den letzten Tests traten hier die typischen Fehlvorstellungen nur noch vereinzelt auf. Es gelang den Schülern dieser Untergruppe jedoch nicht mehr, die physikalische Repräsentation aufzubauen. Entsprechend schlecht waren die Ergebnisse in der abschließenden Klassenarbeit und im Behaltenstest in dieser Gruppe. Dieser Befund macht sich auch in den Korrelationen zwischen den Übungstests, der abschließenden Klassenarbeit und dem Behaltenstest bemerkbar (Tab. 1). Danach steht das Ergebnis der Übungstests, die 'spontanes' Lernen dokumentieren, in engem Zusammenhang mit dem Lernerfolg unter Leistungserwartungen. Dieses Ergebnis wird jedoch durch die Tatsache eingeschränkt, daß die Gesamtgruppe aus zehn ausgewählten Schülern bestand.

	I.Q.	Übungs-tests	Klassen-arbeit	Behaltens-test
I.Q.	1,00	0,32	0,17	0,51
Übungstests	0,32	1,00	0,90*	0,83*
Klassenarbeit	0,17	0,90*	1,00	0,70
Behaltenstest	0,51	0,83*	0,70	1,00

Tab. 1: Korrelationsmatrix (ausgewählte Schüler, N= 10, Klasse 9)
Signifikanz: * 0,01

Die Gründe für das beobachtete Auseinanderlaufen in der von der Intelligenz her homogenen Gruppe lassen sich zunächst nur vermuten. Ein Teil der Schüler scheint gegenüber der physikalischen Sichtweise aufgeschlossen zu sein, der andere nicht. Doch was steht hinter dieser Aufgeschlossenheit - Interesse, Erfolgsorientierung oder die Fähigkeit zu formalem Denken? Hier setzt eine zweite Untersuchung in einer Regelklasse an. Dabei handelt es sich um den Versuch, mit Korrelationsrechnungen und mit faktorenanalytischen Methoden den Zusammenhang zwischen Persönlichkeitsmerkmalen, Interessenkennwerten und Physikleistungen aufzuhellen.

2. Die Erhebung von Lernerfolgsdaten, Persönlichkeitsmerkmalen und Interessenkennwerten in einer Regelklasse

In dieser zweiten Untersuchung wurde die Fragestellung um eine psychologische Komponente erweitert: Was führte bei einem Schüler zu einer physikalischen Sichtweise, bei einem anderen zum Aufbau einer alternativen Repräsentation? Welche Zusammenhänge lassen sich zwischen Lernergebnissen und bestimmten psychologischen Variablen nachweisen? Neben der Intelligenz wurden zwei Interessenkennwerte, die Fähigkeit zu formalem Denken und die Leistungsmotivation gemessen. Zusätzlich wurden fortlaufend in Übungstests, in zwei Klassenarbeiten und einem Behaltenstest die Leistungen in Physik bestimmt. Außerdem wurde ein Notendurchschnitt aus dem letzten Zeugnis gebildet.

Der Schulversuch fand in einer 8. Realschulklasse mit Französisch als zweiter Fremdsprache statt. Insgesamt nahmen 21 Schüler (18 Mädchen, 3 Jungen) über den Zeitraum eines halben Jahres mit vier Wochenstunden am Unterricht teil. Auch hier traten die beiden alternativen Repräsentationen auf, doch waren sie weniger ausgeprägt und stabil als in der Gruppe der ausgewählten Schüler. Dafür mag es mehrere Gründe geben: Die Schüler schienen eher am Sprachenlernen als an der Physik interessiert zu sein, sie waren ein Jahr jünger und hatten durchschnittlich einen niedrigeren I.Q. als die Teilnehmer des ersten Kurses. Der I.Q. wurde mit dem I-S-T 70 (I-S-T 70, 1970) bestimmt; er lag mit Werten von 83 bis 119 sichtlich unter den Werten des ersten Kurses (107 bis 140).

Als zusätzlicher Kennwert sollte vor allem das Interesse der Schüler bestimmt werden, da ein erheblicher Einfluß des Interesses auf die Entwicklung der Repräsentationen vermutet werden kann. Zur Interessenmessung wurde ein Test aus dem IPN benutzt (Häussler, 1987), der die drei Dimensionen Inhalt, Kontext und Tätigkeit integriert und bei dem der Schüler sein Interesse auf einer Multiple-Choice-Skala zwischen sehr hoch und sehr niedrig ankreuzt. Mit dem Test wird das allgemeine Interesse der Schüler an Physik ermittelt. Der Test in seiner Gesamtheit und auch die 11 Items des Inhaltsbereichs Elektrizitätslehre beschreiben nicht den konkret durchgeführten Unterricht. Deshalb wurden nur die vier Items der Elektrizitätslehre ausgewertet und zu einem Interessenkennwert für jeden Schüler zusammengefaßt, die das Unterrichtsgeschehen charakterisierten. Zur Absicherung dieses vor dem Unterricht erhobenen Kennwerts wurde nach der 2. Klassenarbeit ein weiterer Interessenkennwert ermittelt. Die Schüler sollten das Interesse ihrer Klassenkameraden am abgelaufenen Physikunterricht einschätzen. Die konkrete Aufforderung lautete: Nenne die vier Klassenkameraden, die sich deiner Meinung nach für die Elektrizitätslehre am meisten begeistern. Die Gesamtzahl der Nennungen bei der Befragung ging als Kennwert der Fremdeinschätzung des Interesses in die statistische Analyse ein. Schließlich wurden der Entwicklungsstand des formalen Denkens nach Piaget und das Leistungsmotiv der Schüler bestimmt. Dazu wurden die von Lawson (Lawson, 1978) und Schmalt (Schmalt, 1976 a) beschriebenen Tests benutzt.

Die Ergebnisse der fünf Übungstests, die das Erlernen von physikalischen Begriffen und Gesetzmäßigkeiten erfassen, wurden zu einem Kennwert zusammengezogen. Die Testergebnisse wurden bei Bedarf in Interviews hinterfragt. Dazu kamen die Ergebnisse einer ersten und einer zweiten Klassenarbeit, wobei die Aufgaben der ersten Klassenarbeit den einzelnen Fehlvorstellungen zugeordnet waren. Die zweite Klassenarbeit enthielt vor allem Fragen zu gemischten Schaltungen. Außerdem wurden die Behaltensleistungen der Schüler ermittelt; dieser Test bezog sich auf die Inhalte der ersten Klassenarbeit. Schließlich wurde noch der Notendurchschnitt für die Schulfächer Mathematik, Deutsch und Biologie aus dem letzten Schuljahr berechnet.

3. Die Analyse des Zusammenhangs von Lernergebnissen und psychologischen Variablen über die Korrelationsmatrix

Einen ersten Einblick in die Zusammenhänge von Variablen liefern die Korrelationen zwischen ihnen. Die Korrelationsmatrix für die zehn Variablen ist in Tab. 2 zusammengestellt. Die Reihenfolge der Variablen entspricht der Reihenfolge, in der sie während des Unterrichtsversuchs erhoben wurden.

Aus der Korrelationsmatrix lassen sich die folgenden Zusammenhänge ablesen: Wie bei der ersten Untersuchung (Tab. 1) korrelieren die Ergebnisse der Übungstests mit den Ergebnissen der Klassenarbeiten, jedoch nicht so stark wie dort. Die Fremdeinschätzung des Interesses korreliert

	Noten	Interesse	I.Q.	Übungstests	Klassenarbeit 1
Noten	1.00	.37	.44	.01	.15
Interesse	.37	1.00	.03	.53*	.51*
I.Q.	.44	.03	1.00	.18	.13
Übungstests	.01	.53*	.18	1.00	.52*
Klassenarb. 1	.15	.51*	.13	.52*	1.00
Lawson-Test	.27	.33	.27	-.10	.37
Klassenarb. 2	.08	.47	.01	.39	.57*
Leistungsmot.	.44	-.12	-.02	-.20	-.23
Fremdeinsch.	-.05	.70**	.06	.84**	.64*
Behaltenstest	.10	.48	.13	.32	.19

	Lawson-Test	Klassenarbeit 2	Leist.-mot.+	Fremdeinschätzung	Behalt.-test
Noten	.27	.08	.44	-.05	.10
Interesse	.33	.47	-.12	.70**	.48
I.Q.	.27	.01	-.02	.06	.13
Übungstests	-.10	.39	-.20	.84**	.32
Klassenarb. 1	.37	.57*	-.23	.64*	.19
Lawson-Test	1.00	.30	-.06	.24	.51
Klassenarb. 2	.30	1.00	-.31	.58*	.57*
Leistungsmot.	-.06	-.31	1.00	-.36	-.39
Fremdeinsch.	.24	.58*	-.36	1.00	.55*
Behaltenstest	.51	.57*	-.39	.55*	1.00

Tab. 2: Korrelationsmatrix (Klasse 8, N=21)
Signifikanzen: * 0,01 ** 0,001
+ Die Korrelationen wurden mit dem Kennwert für die resultierende Tendenz NH1 gerechnet (Schmalt, 1976 a)

hochsignifikant mit dem Interesse und den Ergebnissen der Übungstests. Überhaupt sind die Interessenkennwerte und die Ergebnisse der Lernerfolgsmessungen stark untereinander und miteinander verkoppelt. Alle zehn signifikanten Korrelationen finden sich in diesem Bereich. Bei den übrigen Variablen fällt auf, daß die Leistungsmotivation im Verlauf der Zeit mit dem Komplex der Interessen- und Lernerfolgsvariablen zunehmend negativ korreliert. Das aber heißt, daß sich die leistungsorientierten Schüler mehr und mehr vom Unterricht abwenden; dies gilt für das Interesse wie für den Lernerfolg. Die positive Korrelation der Leistungsmotivation mit den Schulnoten entspricht den Erwartungen (Schmalt, 1976 b). Auch der I.Q. korreliert erwartungsgemäß mit den Schulnoten. (Der Literaturwert für die Korrelation zwischen I.Q. und Schulzeugnis ist für den I-S-T 70 r = 0,455). Schließlich korreliert der Lawson-Test relativ hoch mit den Behaltensleistungen der Schüler.

Eine vernachlässigbare Korrelation zwischen zwei Variablen bedeutet nicht, daß zwischen ihnen keine interessanten Zusammenhänge bestehen können. In Abb. 1 sind die Zusammenhänge zwischen dem I.Q. und den Ergebnissen der letzten Klassenarbeit graphisch dargestellt, für die sich in der Regelklasse und in der Gruppe der ausgewählten Schüler keine interpretierbaren Korrelationen ergeben (r = 0,01 bzw. r = 0,17). Abb. 1 zeigt mit den gegenläufigen Geraden die erwähnte Aufspaltung in der Gruppe der ausgewählten Schüler in zwei Untergruppen und veranschaulicht, daß es keinen linearen Zusammenhang zwischen dem I.Q. und den Ergebnissen der Klassenarbeit gibt. Die Testdaten aus der Regelklasse schließen sich an diese Resultate zwanglos an. Besonders auffällig sind hier die Ergebnisse der Schüler Gam und Del; Gam war einerseits der Schüler mit dem höchsten I.Q. und mit dem besten Ergebnis im Lawson-Test zum formalen Denken. Andererseits brachte es Gam nur zum niedrigsten Ergebnis in der 2. Klassenarbeit. In diesem Test benutzte er drei wichtige Schülervorstellungen: Stromverbrauch, sequentielles Denken und Kompensation. Hingegen ist Del trotz niedrigerem I.Q. auf dem Weg, eine korrekte Repräsentation aufzubauen und wird von seinen Klassenkameraden als der Physikexperte anerkannt, was sich am höchsten Wert in der Skala der Fremdeinschätzung ablesen läßt. Ähnlich widersprüchliche Ergebnisse finden sich bei Alf und Bet in der ersten Schülergruppe.

4. Die Interpretation des Zusammenhangs von Lernergebnissen und psychologischen Variablen mit Hilfe der Faktorenanalyse

Um das Zusammenwirken der zehn untersuchten Variablen aus einem anderen Blickwinkel interpretieren zu können, wurde zusätzlich eine Faktorenanalyse durchgeführt. Die Grundannahme einer solchen Analyse ist, daß die beobachteten Korrelationen zwischen den Variablen auf wenige verdeckte Dimensionen zurückzuführen sind. Diese Dimensionen (Faktoren) wiederum werden durch Gruppen der Variablen definiert. Im vorliegenden Fall scheint ein Modell mit vier Faktoren die Daten adäquat zu beschreiben. Das bedeutet, daß die Lernerfolge, Kennwerte

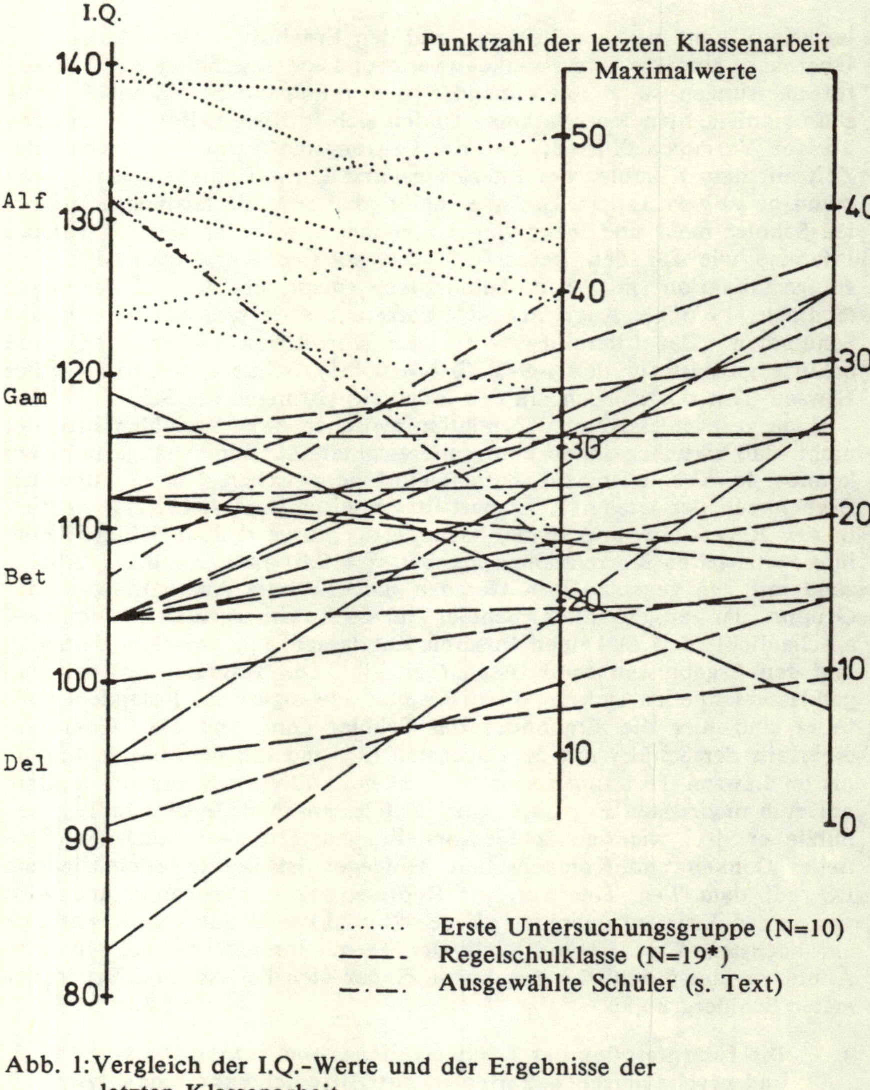

Abb. 1: Vergleich der I.Q.-Werte und der Ergebnisse der letzten Klassenarbeit
*: An der 2. Klassenarbeit haben nur 19 Schüler teilgenommen.

und Merkmale im Bereich der Elektrizitätslehre in der untersuchten Regelklasse durch vier voneinander unabhängige Faktoren beschrieben werden können. In diesem Ergebnis stimmen die sieben Verfahren zur Extraktion der Faktoren, die das bei der Analyse verwendete (SPSS/PC+)-Programm zur Verfügung stellte, weitgehend überein. Detailliertere Informationen liefert Tab. 3. Sie stellt das (varimax-rotierte)

Ergebnis eines der Verfahren vor, der Hauptachsenmethode. Ausgangspunkt der Faktorenextraktion bei diesem Verfahren ist die Schätzung der Kommunalitäten durch die quadrierten multiplen Korrelationskoeffizienten, die die Diagonalelemente der Korrelationsmatrix (Tab. 2) ersetzen.

	Faktor 1	Faktor 2	Faktor 3	Faktor 4
Übungstests	.96	-.16	-.11	.18
Fremdeinschätzung	.90	.29	-.21	-.01
Interesse	.67	.43	.23	-.08
Klassenarbeit 1	.59	.32	.01	.06
Lawson-Test	.04	.72	.10	.17
Behaltenstest	.34	.65	-.19	.07
Klassenarbeit 2	.50	.50	-.12	-.06
Noten	.09	.26	.84	.32
Leistungsmotivation	-.20	-.25	.64	-.05
I.Q.	.05	.13	.13	.87

Tab. 3: Varimax-rotierte Faktorenmatrix der nach der Hauptachsenmethode extrahierten Faktoren

Die vier Faktoren erklären etwa 2/3 der Gesamtvarianz. Der erste Faktor ist eng mit den Ergebnissen der Übungstests, des Interesses, der Fremdeinschätzung des Interesses und der Klassenarbeiten verknüpft. Dieser Faktor kann mit Interessiertheit und Offenheit des Schülers gedeutet werden. Interessiertheit und Offenheit umschließen einen spontanen Zugang zur neuen physikalischen Betrachtungsweise. Der zweite Faktor kann mehr den Langzeiteffekten bei der Strukturierung des neuen Wissens zugeordnet werden. Der Lawson-Test, der Behaltenstest und die zweite Klassenarbeit bestimmen diesen Faktor. Der dritte Faktor beschreibt mit Leistungsmotivation und Notendurchschnitt die Erfolgsorientierung des Schülers; der vierte Faktor läßt sich mit der allgemeinen Intelligenz in Verbindung bringen. Diese beiden Faktoren sind weniger stark mit den Daten der Lernerfolgsmessungen verknüpft.

Die Faktorenanalyse verschafft nicht nur einen Einblick in die Struktur, die hinter den beobachteten Variablen steht. Sie erlaubt auch, jedem einzelnen Schüler Werte der Faktoren zuzuordnen, in dem Sinne, wie jedem Schüler Meßwerte der Variablen zugeordnet sind. Diese Faktorwerte können im vorliegenden Fall z.B. mit Hilfe der multiplen Regressionsrechnung geschätzt werden. In Tab. 4 sind die so ermittelten Faktorwerte für die beiden bereits näher beschriebenen Schüler Gam und Del zusammengestellt:

	Faktor 1	Faktor 2	Faktor 3	Faktor 4
Gam	-1,05	1,34	0,88	1,30
Del	2,24	0,41	-0,89	-0,96

Tab.4: Faktorwerte für zwei ausgewählte Schüler

Die Faktorwerte bestätigen die Ergebnisse für Gam und Del nach Abb. 1, die in der Korrelationsmatrix "herausgemittelt" wurden. Für beide Schüler ergeben sich bei Faktor 1 (Zugang zur Physik) und Faktor 4 (Intelligenz) unterschiedliche Vorzeichen, also entgegengesetzte Ausprägungen in diesen beiden Faktoren. Doch Tab. 4 enthält noch weitere Informationen: Gam ist nicht nur intelligent, sondern auch leistungsmotiviert (Faktor 3) und fähig, Wissen zu strukturieren (Faktor 2). Da aber Gam keinen direkten Zugang zu den physikalischen Begriffen und Gesetzmäßigkeiten findet (Faktor 1), gelingt der Aufbau einer physikalischen Repräsentation nicht (Abb. 1). Del hingegen hat einen relativ niedrigen I.Q. (Faktor 4), ist nicht leistungsmotiviert (Faktor 3) und kann sein Wissen nur bis zu einem gewissen Grad strukturieren (Faktor 2). Aber Del ist auf dem Wege zur physikalischen Repräsentation aufgrund seines spezifischen Interesses und seiner Offenheit für die physikalische Sichtweise.

5. Zusammenfassung

Der hier verfolgte Ansatz, statistische und individuelle Analysen zu verknüpfen, führte zu einem besseren Verständnis der Schülerleistungen und der sie begleitenden psychologischen Faktoren. Die Verknüpfung von Physikleistungen und psychologischen Kennwerten ergibt bei der Gesamtgruppe wie bei einigen auffälligen Schülern befriedigende Ergebnisse.

Nach der vorliegenden Analyse sind die wichtigsten, mit dem Einstieg in die physikalische Sichtweise verknüpften Kennwerte das spezifische Interesse an der Elektrizitätslehre und die Offenheit des Schülers für physikalische Begriffe und Regeln. Sind diese Kennwerte schwach ausgeprägt, so ist ein spezifischer Lernerfolg auch dann kaum möglich, wenn der Schüler formal denken kann, sich allgemein an Erfolgen orientiert und intelligent ist.

Diese bisherigen Ergebnisse dienen als Arbeitshypothesen für eine größere Untersuchung mit fünf Regelklassen, bei der die Entwicklung der Repräsentation vor dem Hintergrund der Interessenkennwerte und Persönlichkeitsmerkmale nachgezeichnet werden soll.

Literatur

Duit, R./H. Jung/Chr. v. Rhöneck (Hrsgg. 1985): Aspects of Understanding Electricity. IPN-Arbeitsbericht 59. Kiel, Schmidt und Klaunig Vlg.

Dörner, D. (1976): Problemlösen als Informationsverarbeitung. Stuttgart, Kohlhammer Vlg.

Häussler, P. (1987): Measuring students' interest in physics - design and results of a cross-sectional study in the Federal Republic of Germany; in: Int. J. Sci. Education. S. 79-92.

Lawson, A.E. (1978): The development and validation of a classroom test of formal reasoning; in: Journ. of Res. in Sci. Teaching 15. S. 11-24.

I-S-T 70 (Intelligenz-Struktur-Test) (1970). Göttingen, Hogrefe Verlag.

Rhöneck, Chr. v. (1986 a): Problemlösen und Schülervorstellungen in der einfachen Elektrizitätslehre; in: physica didactica, Sonderheft. S. 87-96.

Rhöneck, Chr. v. (1986 b): Vorstellungen vom elektrischen Stromkreis und zu den Begriffen Strom, Spannung und Widerstand; in: Naturwissenschaften im Unterricht Physik/Chemie, Heft 13. S. 10-14.

Schmalt, H.D. (1976 a): Das LM-Gitter. Göttingen, Hogrefe Verlag.

Schmalt, H.D. (1976 b): Die Messung des Leistungsmotivs. Motivationsforschung Band 6. Göttingen, Hogrefe Verlag.

Shipstone, D.M./Chr. v. Rhöneck/W. Jung/Cr. Kärrqvist/J.J. Dupin/ S. Joshua/P. Licht (1988): A study of students' understanding of electricity in five European countries. Erscheint in: Int. Journal of Sc. Educ. (im Druck)

BERNWARD LANGE und HEINER WILLENBERG

VERSTEHENSTIEFEN UND IHRE PRÄDIKTOREN IM LITERATURUNTERRICHT

1. Einleitung/Hintergrund/Fragestellung

Schüler sollen Texte nicht nur verstehen, sondern ihr Verständnis auch mitteilen können. Diese beiden Fähigkeitsbereiche stehen im Mittelpunkt des Literatur- und Sprachunterrichts. Fachdidaktische Unterrichtsforschung für den Deutschunterricht hat das Ziel, Schülerleistungen beider Bereiche aufeinander zu beziehen, ihre wechselseitige Bedingtheit zu analysieren. Sprache ist Medium und Ziel des Unterrichts, für den Unterrichtsforscher also Prädiktor- und Kriteriumsmerkmal zugleich.

Wichtige literaturdidaktische Fragestellungen sind:

- Gibt es spezifische Textverarbeitungsweisen der Schüler?
- Wie setzen Schüler ihr Verständnis sprachlich um?

Schüleräußerungen über ihr Verstehen können als Indikatoren für kognitive Verstehens- und Bewertungsprozesse betrachtet werden. Es gibt keinen direkten Beobachtungszugang zu Kognitionen, und selbst die "kognitionsnäheren" Verbalisationsverfahren (Huber/Mandl 1982) liefern bestenfalls handlungsnahe Berichte über Kognitionen.

Textverstehen ist eine konstruktive Tätigkeit des Lesers, d.h. nicht nur das Erfassen einer linguistischen Struktur, sondern konstruktive Interaktion von Textinformation und Leserwissen. Sinnkonstruktion erfolgt als Veränderung von Wissensstrukturen: Einbettung, Vernetzung neuer Information in vorhandene Wissensvorräte. Wir benutzen hier Husserls Noesis-Noema-Konzept als Metapher für diesen interaktiven Prozeß des Verstehens.

Es gibt offensichtlich unterschiedliche Maße der Passung von Textangebot und Personhintergrund. Den Literaturdidaktiker interessiert daher besonders die Frage, welche Textstrukturen mit welchen Personstrukturen korrespondieren und welche Person- und Textmerkmale Kriterien unterschiedlicher Ich-Nähe ausmachen.

Standardisierten Verfahren der Verstehenskontrolle ermangelt es in der Regel der didaktischen Validität. Die Vernetzung in den Unterrichtskontext fehlt, der Verstehensprozeß erfolgt nicht interaktiv, kann nicht rekonstruiert werden. Von dem Gedanken ausgehend, daß im Unterricht immer Schülerbegabungen (und -interessen) mit Sachinhalten und deren Eigen-Sinn zusammenkommen, haben wir ein Verfahren der Verstehenskontrolle entwickelt, das dieser Zweiseitigkeit des Lernens gerecht werden soll und folgende Auflagen erfüllen muß:

Das Testverfahren muß

1) die noetisch noematischen Anteile des Literaturunterrichts berücksichtigen, d.h. die Schülerkognitionen, die Textbeschreibungen und die Verbindung beider.

2) Der Test soll Validität dadurch gewinnen, daß er unsere Abnehmer, die Lehrer, erreicht. Deshalb ist der Test so angelegt, daß er in den Unterricht eingefügt werden kann, da er aus bekannten Aufgabentypen besteht. Validität konkretisiert sich hier so, daß diese Testqualität den Lehrern zeigt, was sie eigentlich im Deutschunterricht an Förderungen der Schüler im kognitiven und im sachlichen Bezirk geleistet haben.
3) Der Test bedient sich in der Auswertung inhaltsanalytischer Verfahren.

Folgen wir dem kritischen Teil der ersten Anforderung, nämlich zunächst die noetischen Vehikel für den Literaturunterricht herauszupräparieren. Was wissen wir also über die puren Kompetenzen im Begabungsbereich, der für Sprache und literarisches Verstehen zuständig ist? Hier klaffen die Ergebnisse der Grundlagenwissenschaften und der Anwender auseinander. Die Neurologie, verstanden als Basisdisziplin für alle Denkvorgänge im Gehirn, ist sich ziemlich einig, welche Funktionszentren z.B. beim Lesen eines Textes aktiviert werden:

a) Die optischen und die akustischen Kanäle transportieren die Zeichen von der Peripherie in die okzipitalen Zentren (Hinterhauptslappen), erst dort werden sie in die Sprache des Gehirns umgesetzt und miteinander integriert. Dieser Transport und seine Übersetzung folgen den Kapazitäten des Kurzzeitgedächtnisses, das in der Lage ist, Details jeweils in einem Drei-Sekunden-Fenster zu gestalten, zusammenzufassen (Pöppel 1982, Federico 1985).
b) Die Bearbeitung in den Gehirnzentren erfolgt weitgehend simultan und zwar:
- im motorischen Zentrum, wo die Analyse der Phoneme, der Formmerkmale und der Zeitfolge in der Wort- und Satzgestalt vorgenommen wird;
- im sensorischen Zentrum, in dem die Sinnbedeutung der Wörter entschlüsselt uns ihre assoziative, begriffliche und bildliche Qualität notiert wird;
- im supplementären motorischen Zentrum, in dem die das innere Planen, Vorstellen und Problemlösen stattfindet.

c) Beim lauten Sprechen oder Vorlesen kommt noch die intonatorische Gestaltung hinzu, die von emotionalen Zentren der rechten Hemisphäre ausgeht.

Die neuere Kognitionspsychologie ergänzt diese Position durch die Beschreibung des Arbeitsgedächtnisses, das v.a. in der Weiterentwicklung Piagets von Pascual-Leone ausgiebig betrachtet wurde. Er führt dabei das Komplexitätsmaß ein, das auf folgender Überlegung beruht:

Die Entwicklung der intellektuellen Fähigkeiten basiert auf der Kapazität der Faktoren, die zur gleichen Zeit bedacht werden können. Pascual-Leone benennt den notwendigen kognitiven Raum, der nötig ist, um Aufgaben überhaupt zu verstehen, mit M.

Sprachverstehen plus Koordination von Ziel und Instrumentarium sind die Voraussetzungen, die im Alter von ca. 2 Jahren vorhanden sind.

Der Zuwachs an Kapazität zur Verarbeitung geht linear vor sich und kann deshalb mit Zahlenwerten bezeichnet werden, die die Anzahl der Faktoren im Arbeitsgedächtnis wiedergibt:

3 - 4	M + 1
5 - 6	M + 2
7 - 8	M + 3
9 - 10	M + 4
11 - 12	M + 5
13 - 14	M + 6
15 - 16	M + 7

Die Probleme, die für die literaturdidaktische Forschung entstehen, resultieren aus folgenden Punkten:

Pascual-Leone gewinnt seine Daten an konkretem geometrischem Material (Integration von Rechtecken, Kreisen, Färbungen usw.). Sein Test heißt dementsprechend: Compound Stimulus Visual Information Task (CSVIT).

Wie Case und Serlin (1979) zeigen, hängt die Exaktheit der Ergebnisse von der ähnlichen Charakteristik der Figuren und von der gleichen, sehr kurzen Expositionszeit ab (5 bzw. 10 Sek.). Alle diese Voraussetzungen treffen für die literarische Lektüre nicht zu. Hier ist mit zwei anderen Faktoren zu rechnen, die Pascual-Leone mit L (Lerneffekt) und mit F (Feldabhängigkeit) bezeichnet.

Der Lerneffekt könnte bei uns darin bestehen, daß Schüler im Umgang mit dem noematischen Gegenüber Routinen auf mehreren Ebenen gewonnen haben, und zwar sowohl im Lesen wie im Schreiben als auch im Verstehen auf den Stufen, die die Texttheorie als Ebenen des Handlungskern, der Motive und der ästhetischen Eigenart beschreibt (s. dazu unten S. 142f.). Feldunabhängigkeit hieße die Selbständigkeit der Schüler, den Umgang mit dem Text unabhängig von Moden, Textsuggestion und Lehrer zu gestalten. Eine Solche Unabhängigkeit würde fast alle möglichen Störeffekte der Darbietung, der Tageszeit und der saisonalen Einflüsse ausschließen.

Wenn wir nun dem nachspüren, was die angewandten Wissenschaften über die Erscheinungsweisen der sprachlichen Fähigkeiten bei Kindern und Jugendlichen erarbeitet haben, erscheinen die Ergebnisse dem neurologischen Modell ähnlich, aber keinesfalls deckungsgleich. Zieht man die beiden umfassendsten Tests zur Sprachfähigkeit heran, den von Messelken (1971) und den von Grimm/Schöler (1978), findet man bei beiden zentrale Faktoren (nach der Rotation der Teiltests), die man den neurologischen Zentren zuordnen kann:

- Messelken hat den Faktor Textverstehen (sensorisches Zentrum) und drei Faktoren, Syntax, Wortbild, Phoneme, die im motorischen Zentrum lokalisiert wären. Sein fünfter Faktor, Lesen und Schreiben, übergreift diese Bereiche, indem er wahrscheinlich geronnene sprachliche Arbeit in allen Zentren repräsentiert.
- Grimm/Schöler sehen für Vorschulkinder (unter 5) gleichfalls zwei verwandte Faktoren: Morpheme und Satzbildung (motorisches

Zentrum), sowie Verstehen von Instruktionen, Aussagen und Begriffen (sensorisches Zentrum). Im Schulalter jedoch finden sie einen fast alles erklärenden Faktor allgemeine Sprachfähigkeit und eine kleine Restgruppe, Morpheme, Funktionswörter und Begriffe, die in der neurologischen Einteilung zu zwei Zentren gehören.

Die Crux beider Untersuchungen liegt darin, daß sie grundsätzliche Begabung und Ausbildungsgang nicht voneinander trennen können. Die langjährige Sprachentwicklung und -förderung der Kinder integriert die Sprachfähigkeit so (und zwar auf fast allen Niveaus), daß ein allgemeiner Faktor herauskommt. Die ursprüngliche Trennung sieht man bei Grimm/Schölers jüngster Gruppe noch, und man sieht sie bei Messelken, wobei interessant ist, daß seine Faktoren Syntax, Wortbild und Phoneme (eigentlich sind es Reime!) der Neurologie nach zusammengehören, im Test aber jeweils Selbständigkeiten zeigen. Liegt hier eventuell die Einwirkung schulischen Unterrichts zugrunde, der ja i.a. nicht Satzbildung, Wortbilder und Reime gleichmäßig behandelt?

Gehen wir aus heuristischen Gründen davon aus, daß die neurologische Einteilung stimmig sei, dann müßten wir versuchen, sie mit unseren Mitteln herauszuarbeiten. Denn auf dieser Folie erst können wir die noematischen Einwirkungen des Literatur- und Sprachunterrichts zeigen und damit den Lehrern vor Augen führen, wo sie viel geleistet haben und wo sie Schüler noch stark provozieren könnten.

a) Die Drei-Sekunden-Kapazität und die Zahl der im Kurzzeitgedächtnis bearbeitbaren Faktoren kann durch Zahlentests erfaßt werden, bei dem die Schüler im Drei-Sekunden-Fenster drei, vier oder fünf Zahlen genannt bekommen, die sie in der Reihenfolge oder rückläufig gegen sie wiedergeben müssen (Subtest Zahlennachsprechen aus dem Hawik-R).

Einen Einblick in die Verarbeitungskapazität bietet auch das Vorlesen fremder Texte, wobei man die Übersichtsspanne für fehlerfrei erfaßte Satz-oder Textlängen sieht. Als Maße dafür verwenden wir einen Fehlerindex Lesen, der die durchschnittliche Satzanzahl pro Lesefehler angibt, und die Zeilenzeit, d.h. die beim lauten Lesen für eine Textzeile benötigte Zeit.

b) Der Aspekt der phonematischen Details und syntaktischen Zeitgliederung wird über Rechtschreib- und Grammatikfehler in eigenen Tests erfaßt, eventuell böten sich noch die Variation der Vorfeldfüllungen als inhaltliches syntaktisches Maß an.

c) Der semantische Aspekt müßte durch einen nicht in den Deutschunterricht integrierten Wortschatz-Test aus dem DTD (Nauck/Otte 1980) erfaßt werden, in dem es darum geht, soviele Wörter wie möglich in einer Minute aufzuschreiben, die mit einem bestimmten Buchstaben beginnen. Desgleichen wäre es sinnvoll, Wissenskategorien (Schemata) der Schüler zu einem literarischen Thema im vorhinein zu erheben. - Beides konnten wir in diesem Test noch nicht unterbringen.

d) Das Problemlösen und die Dichte der inneren Vorstellungen sind u.E. nicht rein oder gar nicht zu erfassen.
e) Die Intonation als emotionaler Ausdruck kann im Vorlesen eines unbekannten Textes hörbar werden, u.a. als kontrastive und emphatische Betonung.

Mit diesen Aufgaben hätten wir so etwas wie die noetische Seite beleuchtet. Nun müssen wir die noematischen Aspekte hinzubringen und den Test in den normalen Unterricht integrieren. Wir kamen zu folgender Lösung:
- Vorlesen eines unbekannten fiktiven Prosatextes,
- Sinndeutung dieses Textes mit Hilfe bestimmter Fragetypen,
- Weitererzählen,
- selbstgesteuerte Informationsentnahme aus einem dazugehörigen Konvolut von Kontexten,
- selbständiges Einbringen der erarbeiteten Informationen in ein Rundgespräch (in dem jeder zunächst Stellung nehmen kann, dann Stellung nehmen muß).

Die Lernziele des Deutschunterrichts sind dabei weitgehend vertreten, die Deutung bedient sich der angekündigten interpretativen Verfahren, die an klaren operativen Skalen verankert sind. Exemplarisch soll dafür der Einzeltest 'Sinnentnahme' vorgestellt werden.

1.1 Sinnentnahme und Texttheorie

Der Text sollte eine literarische Erzählung sein, die dem Alter in Inhalt und Sprache angemessen ist und die keine besonders schwierigen Wörter enthät. Es ist sicher ein Problem, die Textschwierigkeit bei vielen Klassen und Klassenstufen genauer zu bestimmen.

Für die untersuchten siebenten Realschulklassen wurde die Erzählung "Züge im Nebel" von Günter Eich ausgesucht. Zur Erinnerung kurz der Inhalt: Zwei Männer räumen in der Zeit nach dem Kriege fahrende Güterzüge aus, einer der beiden wird von seinem Bruder dabei erwischt, der seiner Enttäuschung darüber Ausdruck gibt, daß der ältere, der ihm immer Vorbild war, nun zum Banditen geworden ist.

Wie weit verstehen die Leser den vorgelegten Text ohne Besprechung, welche der Textkategorien können sie innerhalb der zehn Minuten, die dafür vorgesehen sind, repräsentieren? Da ganz offene Fragen in dieser Altersstufe nicht viel bringen, wurden folgende halboffenen Fragen zur Hilfe gestellt:
1) Versuche jetzt, die Personen in dieser Geschichte zu charakterisieren.
2) Worum geht es in dieser Erzählung, was ist das Interessante daran?
3) Warum heult Emil am Schluß?

Nach einer Reflexionszeit können und sollen die Schüler tiefer in den Text eindringen, indem sie produktiv mit ihm umgehen. Aus den fünf folgenden Aufgaben ergibt sich ein Spektrum möglicher kognitiver und emotionaler Reaktionen:

Die Geschichte Günter Eichs geht so zu Ende, wie du sie auf dem Blatt hast. Jeder Schriftsteller ist froh, wenn seine Leser die Geschichte weiterdenken.

Mach dir einige Stichworte, die du dann zu einer mündlichen Erzählung benutzen kannst.

Wähle aus, wo du am ehesten weiterdenken möchtest:

1) Was könnte an der Stelle (auf dem letzten Blatt) passiert sein, wo die Pünktchen im Text stehen?
2) Was wird Emil jetzt (am Schluß) machen (mit Stanislaus, mit seinem Bruder)?
3) Was wird wohl der Bruder Gustav machen (bei seinem Chef, mit seinem Bruder, überhaupt in seinem Leben?
4) Welche Überlegungen gehen jetzt in Emil vor? Welche Gefühle hat er, wird er etwas ändern?
5) Wem könnte Emil denn diese Geschichte erzählt haben? Er redet ja jemanden an (Blatt 2, wo das Sternchen ist). Warum möchte Emil diese Geschichte erzählen, was könnte dieser Zuhörer für ein Typ sein? Wie wird er/sie reagieren?

Diese Fragen binden die psychologisch erfaßte Verstehensfähigkeit an die Struktur dieses Textes - damit erfüllen sie Husserls Vorstellung von der Noesis-Noema Spiegelung. Im einzelnen handelt es sich hier um Kategorien, die aus Heiner Willenbergs Untersuchung zur Psychologie des Literaturunterrichts (1987) sowie aus dem Basiswerk Heuermann, Hühn/Röttger (1982) stammen.

Erster Teil: Sinnentnahme

Frage 2.1 Figuren Akteure
(In der Auswertung: Item 21, Handlungsträger)
Frage 2.2 Sinn, Konflikt, Problem, Plot
(In der Auswertung: Item 22, Handlungkern)
Frage 2.3 Gründe, Emotionen
(In der Auswertung: Item 23, Emotionale Deutung)

Zweiter Teil: Weitererzählen

Frage 3.1 Taten der Akteure
(In der Auswertung: Item 31, Überbrückung
Frage 3.2/3.3 Beziehungen zwischen den Akteuren
(In der Auswertung: Item 32, Lösung Emil, Item 33, Lösung Gustav)
Frage 3.4 Ziele, Motive der Handelnden
(In der Auswertung: Item 34, Überlegungen, Gefühle Emil)
Frage 3.5 Rahmen, Erzählperspektive
(In der Auswertung: Item 35, Erzählperspektive Emil)

Zu Beginn des Schuljahrs 1986/87 wurde dieses Testverfahren in drei Beobachtungsklassen eines 7. Realschuljahrgangs am Beispiel der Kurzgeschichte "Züge im Nebel" von Günter Eich erprobt. Die Schüler hatten dabei mehrere Leistungen, teils schriftlich, teils mündlich (videoprotokolliert) zu erbringen. Neben dem Text mit Leitfragen erhielten die Schüler ein zusätzliches Angebot mehrerer Kontexte, die eine zeitgeschichtliche, biographische, literarische, rechtliche und psychologische Kontextuierung ermöglichen sollten. In die Gesamtauswertung, aus der hier nur Teilergebnisse berichtet werden, gehen Vorleseleistungen, die schriftlichen Antworten auf Fragen zum Text, die Wahlen der Kontexte und deren schriftliche Bearbeitung, sowie mündliche Beiträge in der Abschlußdiskussion ein.

Die Ausgangsfragestellung für die vorliegende Studie lautet zunächst: Liefert das von uns gewählte inhaltsanalytische Auswertungsverfahren zuverlässige und gültige Verstehensindikatoren?

2. Zum inhaltsanalytischen Verfahren

Das primäre Datenmaterial unserer Untersuchung ist sprachlicher Art, schriftkonstituiert im Test, verbal im Videoprotokoll. In der deskriptiven Sozialforschung bedient man sich u.a. inhaltsanalytischer Prozeduren zur Auswertung verbaler Daten (Lisch/Kriz 1978, Fischer 1982, Mayring 1983, Jüttemann 1985). Dabei wird das Ausgangsmaterial anhand von Kategoriensystemen in sekundäre, d.h. in der Regel quantitative Daten transformiert. Das Ziel inhaltsanalytischen Vorgehens allgemein besteht darin,

- die Aussagenbreite und -komplexität auf Wesentliches zu reduzieren
- und dennoch ein Maß für die Qualität der Ausgangsdaten zu erhalten.

Zentrale Bedeutung bei der Inhaltsanalyse kommt der Kategorisierung der Textelemente zu. Fühlau nennt folgende formalen Mindestanforderungen, die an ein Kategoriensystem zu stellen sind:

a) Die Kategorien müssen den Zweck der Forschung wiederspiegeln.
b) Die Kategorien müssen erschöpfend sein.
c) Die Kategorien sollen sich gegenseitig ausschließen.
d) Die Kategorien müssen unabhängig voneinander sein.
e) Die Kategorien müssen aus einem durchgängigen Klassifikationsprinzip abgeleitet sein (vgl. Fühlau 1982, 39-40).

Eindeutigkeit, Trennschärfe, Objektivität, Reliabilität und Validität (Theoriebezug) sind also Güteforderungen, die das inhaltsanalytische Verschlüsselungsinstrument erfüllen soll. Die quantitativen Ausprägungen werden als Indikatoren für Qualität, Komplexität oder Intensität des zu untersuchenden Merkmals betrachtet.

Unser inhaltsanalytisches Vorgehen ist vierstufig, erstens Entwicklung des Kategoriensystems (qualitativ), zweitens Transformation der verbalen in numerische Daten (qualitativ-quantitativ), drittens numerische Analyse (quantitativ) und viertens Rückbezug auf Ausgangsproblem (qualitativ).

2.1 Entwicklung des Kategoriensystems

Die Entwicklung der Kategorien folgt einem Stufenmodell von Heiner Willenberg (1987). Dieses literaturdidaktische Textmodell geht davon aus, daß Textverständnis sich auf verschiedenen Ebenen konstituiert. Diese Ebenen sind hierarchisch gestuft, so daß die Verstehensleistung auf einer Stufe Voraussetzung für Verstehensleistungen auf der nächsthöheren sind:

1) Figuren/Attribute - Taten/Handlungen - Beziehungen zwischen Figuren,
2) Ziele/Gründe - Hemmungen/Bedrohungen - Lösungen,
3) Erzählperspektive, Wertungen, Erzähldichte.

Verstehen auf der ersten Stufe umfaßt die Wahrnehmung und Konturierung der Hauptfiguren, ihrer Beziehungen untereinander und des Handlungsgeschehens. Damit Verständnis überhaupt möglich wird, ist die elementare Verstehensleistung gefordert, ein Handlungsgerüst zu erkennen, d.h. Figuren, Situationen, Handlungen und Beziehungen in ein Sinnganzes zu vernetzen.

Die Verstehensleistung der zweiten Ebene bezieht sich auf die seelische und dramatische Dynamik, d.h. die internen Gründe und Motive. Identifikation und emotionale "Passung" zwischen Leser und Text beschreiben diese Verständnisebene, die von der subjektiv-gefühlsmäßigen Reaktion des Lesers auf Figuren und Geschehen im Text bis hin zu einer kommunizierbaren Beschreibung der psychologischen Situation im Text reicht: Verstehen als Wechselspiel zwischen Textangebot und Deutungsversuch bzw. Erfahrungshintergrund des Lesers.

Verstehensprozesse auf der dritten Ebene beziehen sich auf die Darstellungsweise des Autors in einem bewußt gestalteten Kunstprodukt, also literaturwissenschaftliche Kategorien, wie Stilistik etc.

Dieses Verstehensmodell diente als Heuristik für die Entwicklung des Kategoriensystems, nach welchem die Inhaltsanalyse erfolgte.

2.2 Kodierungsbeispiele

Es folgen nun einige Beispiele für die interpretative Transformation der Schülertexte in numerische Werte. Wir beschränken uns auf Beispiele der Sinnentnahme.

Die schriftlichen Schülerantworten werden jeweils in Satz- bzw. Propositionszeilen zerlegt. Am linken Rand befindet sich die Zahl, die dem rechts daneben stehenden Schülertext in der Inhaltsanalyse zugeordnet wurde.

Der Itemwert des einzelnen Schülers ergibt sich aus der Summe der Punkte, die für die einzelnen Aussageteile gegeben wurden (Summenscore). Wir interpretieren diesen Summenwert als Maß für die Weite der Sinnentnahme bzw. des Weitererzählens.

Darüber hinaus betrachten wir die jeweils höchsterreichte Kategorienstufe als Maß für die Verstehenstiefe. Im ersten Beispiel unten ergibt sich also für den Schüler bei Item 21 ein Summenwert von 12 bei einer Verstehenstiefe der Stufe 2.

Mit dieser zweidimensionalen Betrachtung versuchen wir, die "Räumlichkeit" des Verstehens zu erfassen.

2.2.1 Schema 1 - Standardschema

Der inhaltsanalytischen Auswertung der meisten Fragen liegt das Standardschema zugrunde.

Stufe	Beschreibung
1.	Textzitat wörtlich, Textelement übernommen, z.B. Nennung von Namen
2.	Einfache Sätze (SPO); einfache Umschreibungen; Figurenbeschreibungen; ist/hat/tut; Rollennamen
3.	Einfache Zusammenfassungen und Verknüpfungen; relativ textnahe erweiterte Sätze; ist/hat/tut plus: Ort, Zeit; mehrere Objekte Reativsätze; Final-, Konditionalsätze; "wie"-Vergleiche einfache Abstrakta
4.	Begründungen; Abstrakta; Gefühle; Gegensätze; Widersprüche; Erläuterungen komplexerer Bericht; Zusatzinformationen
5.	Gesamtbezug mit Begrifflichkeit: Beziehungen zwischen Personen werden benannt, Gefühle oder Begründungen werden aufeinander bezogen; Gesamtdeutung

---

Subtest 2, Sinnentnahme, Frage nach Handlungsträgern:
Versuche jetzt, die Personen in dieser Geschichte zu charakterisieren.

Item 21
2 Emil: Er is ein kleiner Bandit und Räuber.
2 Er treibt Schwarzmarkt.
2 Gustav: Er ist ein Polizist.
2 Er sucht seinen Bruder.
2 Er weist ihn zurecht.
2 Stanislaus: Er ist Emils verbündeter.

Item 21
2 Emil: Arbeitet mit Stanislaus zusammen,
3 er will mit Gustav in Frieden bleiben,
4 ist nacher traurig wegen des Vaters

4 und wegen Gustav weil er gegen ihn ist.
2 Stanislaus: Arbeitet mit Emil,
2 ist Schwarzhandler,
4 ist sauer weil Emil so spät kommt.

2.2.2 Schema 2 - Emotionsschema

Stufe	Beschreibung
1.	Nennung eines Textfaktors
2.	Nennung eines Gefühls; Nennung eines naiven Grundes
3.	Nennung eines echten Gefühlsanlasses
4.	Nennung von Zusammenhängen: Anlaß + Gefühl oder Absicht + Bewertung durch andere
5.	Zusammenhänge begrifflich und begründet

Subtest 2, Sinnentnahme, Frage nach emotionaler Deutung:
Warum heult Emil am Schluß?

Item 23
1 Weil er als Kind einmal den Sonntagskuchen aufgegessen hatte.

Item 23
4 Emil ist betroffen, daß sein Bruder in für ein Räuber und Bandit hält.
3 Vielleicht auch weil sein Vater gestorben war.
5 Emil dachte ja an die Zeit als sie noch Kinder waren und er Gustav die Mutter ersetzte zurück. Dort waren sie unzertrennlich und jetzt war er gegen ihn.
3 Weil im Gustav nichts glaubte.

3. Ergebnisse der quantitativen Analyse

3.1 Überprüfung der Kodiererübereinstimmung (Intercoderreliabilität)

Eine zentrale Aufgabe bei der Anwendung von Schätz- oder Beobachtungskategorien in der Unterrichtsforschung ist die Überprüfung der Kodiererübereinstimmung. Dabei geht es um die Übereinstimmung zwischen Kodierern hinsichtlich der Beurteilungsdimensionen (interindividuelle Querschnittperspektive) oder um Stabilität der Dimension über die Zeit bei einem Kodierer (intraindividuelle Längsschnittperspektive). Als einfachsten Kennwert für interindividuelle Übereinstimmung kann man den Anteil p der Übereinstimmungen an der Gesamtzahl der Kodierungen betrachten. Nachteilig ist an dieser Kennzahl die fehlende zufallskritische Absicherung, d.h. der Anteil der Übereinstimmung, der auf zufällige Einflüsse zurückzuführen ist, wird nicht abgeschätzt (bei 6 Kategorien beträgt die "Ratewahrscheinlichkeit" etwa 17%).

Cohen's K (Kappa) ist eine Maßzahl für Beobachterübereinstimmung, die um eine Abschätzung der zu erwartenden zufälligen Übereinstimmung korrigiert ist (Friede 1981, Bortz 1984).

Die Prüfung der Kodiererübereinstimmung in dem von uns gewählten inhaltsanalytischen Verfahren wurde folgendermaßen durchgeführt:

Eine Zufallsstichprobe von 11 Schülern mit insgesamt 25 Items aus dem Subtest 2 wurde von 5 trainierten Kodierern 5 bzw. 6 nominalen Kategorien der höchsterreichten Verstehensstufe nach Schema 1 zugeordnet (als 6. Kategorie kommt "0" für "falsche Antwort" im Sinn von "nicht textkonform" hinzu). Die Kodierung der 25 Items wurde nach etwa zwei Wochen wiederholt.

Beide Kodierungsdurchgänge wurden miteinander korreliert. Man kann die zeitverschobenen Autokorrelationen als Test-Retest-Reliabilität im Sinne einer intraindividuellen Urteilsstabilität betrachten. Die Koeffizienten sind entsprechend hoch ($.79 < r_{tt} < .91$).

Die paarweise prozentuale Kodiererübereinstimmung streute im 1. Durchgang zwischen .52 und .76 und im 2. Durchgang zwischen .44 und .84. Dagegen fallen die Abschätzungen der paarweisen Übereinstimmungen nach Cohen's K geringer aus. Hohe Übereinstimmungen werden durch $K > .70$ angezeigt. Bis auf eine Ausnahme waren die Kappa-Werte beider Durchgänge kleiner als .70.

Nach Berechnung der paarweisen Übereinstimmungen kann der Median der Kappa-Werte-Verteilung als Maß der durchschnittlichen Übereinstimmung betrachtet werden (Bortz 1984). Mit $MD_1 = .50$ und $MD_2 = .54$ sind die Übereinstimmungen der Kodierungen ist also nur mäßig hoch. Grundsätzlich gibt es zwei Strategien, Übereinstimmung zu erhöhen: Das Kategoriensystem verbessern, trennschärfer fassen und/oder die Kodierer besser mit dem Kategoriensystem vertraut machen. Wir haben daher den Weg gewählt, nach den Einzelratings alle Nichtübereinstimmungen in der Rater-Gruppe zu diskutieren und nach Möglichkeit zu einer Urteilskonvergenz zu kommen. Dieses approximative Abstimmungsverfahren (Urteilskonvergenz nach Diskussion) ermöglicht es, das Prinzip des Fehlerausgleichs durch die Gruppe nutzbar zu machen.

3.2 Zur Faktorenstruktur

Ein erster Schritt zur Validierung der Datengenerierung ist die Überprüfung der inneren Struktur. Damit ist die Analyse der Korrelationsmatrix gemeint, die mit Hilfe der Faktorenanalyse erfolgte.

	ZNV	ZNR	ZNG	ITEM 21	ITEM 22	ITEM 23
ZNV	1.0000					
ZNR	8.2119	1.0000				
ZNG	.7963	.7599	1.0000			
ITEM 21	.0500	.0542	.0684	1.0000		
ITEM 22	-.2164	-.0833	-.1836	-.1752	1.0000	
ITEM 23	-.0344	-.1301	-.1085	.1012	.4115	1.0000
ITEM 21S	.0273	-.1944	-.1026	.6956	-.1403	.1931
ITEM 22S	-.0102	.0380	.0181	-.1972	.4178	.2258
ITEM 23S	-.0711	-.2352	-.2020	-.0611	.4244	.7248

	ITEM 21S	ITEM 22S	ITEM 23S
ITEM 21S	1.0000		
ITEM 22S	.0056	1.0000	
ITEM 23S	.1010	.2809	1.0000

Tab. 1: Korrelationsmatrix und Faktorenlösungen

Zur Legende: Item 21 bis Item 23 sind Summenscores aus den Fragen 2.1 bis 2.3, Item 21S bis Item 23S bezeichnen die dabei jeweils höchsterreichte Verstehensstufe. ZNV (Zahlennachsprechen vorwärts), ZNR (Zahlennachsprechen rückwärts) und ZNG (Zahlennachsprechen gesamt) bezeichnen die Scores aus dem Hawik-Subtest Zahlennachsprechen.

Die Hauptkomponentenanalyse mit anschließender Varimax-Rotation ergab folgende Drei-Faktoren-Lösung:

	FAKTOR 1	FAKTOR 2	FAKTOR 3
ITEM 21	.19520	.09609	.85213
ITEM 21S	.40821	.12980	.71168
ITEM 22	.44409	.52404	-.55589
ITEM 22S	.29485	.51678	-.47084
ITEM 23	.64566	.53377	.29218
ITEM 23S	.59651	.53330	-.00615
ZNV	-.66254	.48838	.05887
ZNR	-.61123	.52338	.17693
ZNG	-.77532	.61410	.14058

Bei Betrachtung der rotierten Faktorenmatrix zeigt sich, daß Faktor 1 die Hawik-Zahlenmerkmale bindet, Faktor 2 die Deutungs-Items 'Handlungskern' und 'Emotionale Deutung' und Faktor 3 mit einer Ausnahme die Merkmale 'Handlungsträger'auf sich ziehen.

Variable	Kommunalität *	Faktor	Eigenwert	Var %	Kum Var %
ITEM 21	.77346 *	1	2.67527	29.7	29.7
ITEM 21S	.68998 *	2	2.02666	22.5	52.2
ITEM 22	.78085 *	3	1.90326	21.1	73.4
ITEM 22S	.57569 *				
ITEM 23	.78717 *				
ITEM 23S	.64027 *				
ZNV	.68094 *				
ZNR	.67883 *				
ZNG	.99800 *				

Tab. 2: Unrotierte Faktormatrix und Faktorenlösung

	FAKTOR 1	FAKTOR 2	FAKTOR 3
ITEM 21	.05500	-.20161	.85427
ITEM 21S	-.10260	-.00038	.82429
ITEM 22	-.07326	.86070	-.18622
ITEM 22S	.04575	.73732	-.17309
ITEM 23	-.08020	.60245	.64637
ITEM 23S	-.09189	.70717	.36297
ZNV	.81858	-.03415	-.09850
ZNR	.82250	-.03343	.03485
ZNG	.99728	-.04109	-.04176

Tab. 3: Rotierte Faktorenmatrix

Damit wird eine recht deutliche faktorielle Trennung von "Inhaltsungebundener Gedächtnisleistung" (Zahlentests), "Handlungsoberfläche, einfaches Figurenverständnis" (Item 21) und "Tiefere Deutung" (Item 22 und 23) gezeigt. Dies wird auch als ein Validierungshinweis für die inhaltsanalytische Datengenerierung betrachtet.

3.3 Geschlechts- und Klassenspezifische Unterschiede

Zur Beantwortung der Frage, ob die qualitativen Verstehensleistungen von der Klassen- oder Geschlechtszugehörigkeit abhängen, wurden die drei Teilleistungen im Subtest2 varianzanalytisch ausgewertet. Nachdem sich in der multivariaten Varianzanalyse mit Klasse und Geschlecht als unabhängigen und den Verstehensleistungen "Handlungsträger", "Handlungskern" und "Emotionale Deutung" als abhängigen Variablen ein signifikanter Geschlechtseffekt zeigt, erlauben die folgenden Einzelanalysen einen detaillierten Einblick (Tab. 2 bis 4).

Quelle der Variation	Quadrat-Summe	FG	Mittl. Quadrat	F	Signif.
Haupteffekte	7.931	3	2.644	3.585	.020 *
SEX	5.309	1	5.309	7.200	.010 *
KLASSE	2.072	2	1.036	1.405	.254
2-Weg Interaktionen	1.123	2	.561	.761	.472
SEX KLASSE	1.123	2	.561	.761	.472
Erklärt	9.054	5	1.811	2.456	.045 *
Residual	39.082	53	.737		
Total	48.136	58	.830		

Tab. 4: Tafel der Varianzanalyse 'Figurenverständnis' (Item 21S)

Die Zweiweg-Varianzanalyse ergibt einen signifikanten Haupteffekt des Geschlechts auf das Figurenverständnis. Die Klassenzugehörigkeit spielt keine Rolle für das Zustandekommen der Variabilität im Kriteriumsmerkmal. Ebensowenig zeigt sich eine Wechselwirkung von Geschlechts- und Klassenzugehörigkeit. Mädchen erreichen also hier im allgemeinen eine qualitativ höhere Stufe, d.h. sie nehmen die Handlungsträger differenzierter wahr bzw. sind eher in der Lage, ihre Figurenwahrnehmung begrifflich wiederzugeben (Begründungen, Abstrakta, Gefühle) und zu einer begrifflich gefaßten Gesamtdeutung zu kommen. Dieser Effekt kann entwicklungspsychologisch mit einem "emotionalen Vorsprung" der Mädchen vor ihren männlichen Altersgenossen erklärt werden.

Quelle der Variation	Quadrat-Summe	FG	Mittl. Quadrat	F	Signif.
Haupteffekte	4.392	3	1.464	2.323	.087
SEX	.495	1	.495	.786	.380
KLASSE	4.322	2	2.161	3.429	.041 *
2-Weg Interaktionen	.813	2	.407	.645	.529
SEX KLASSE	.813	2	.407	.645	.529
Erklärt	5.205	5	1.041	1.652	.165
Residual	29.625	47	.630		
Total	34.830	52	.670		

Tab. 5: Tafel der Varianzanalyse 'Handlungskern' (Item 22S)

In der Teilleistung "Verständnis des Handlungskerns" unterscheiden sich Mädchen und Jungen nicht bedeutsam, d.h. sie kommen zu gleichen Verstehensleistungen bei der Frage, worum es bei der Erzählung eigentlich geht. Dieses Ergebnis stellt keinen Widerspruch dar zum Geschlechtsunterschied im Verständnis der Handlungsträger, sondern ist so erklären, daß Jungen zwar durchaus wissen, worin der Kern des

Handlungsgeschehens besteht, aber die Handlungsträger weniger differenziert beschreiben.

Quelle der Variation	Quadrat-Summe	FG	Mittl. Quadrat	F	Signif.
Haupteffekte	15.050	3	5.017	4.461	.007 *
SEX	12.594	1	12.594	11.199	.002 *
KLASSE	3.684	2	1.842	1.638	.205
2-WegInteraktionen	5.563	2	2.781	2.473	.095
SEX KLASSE	5.563	2	2.781	2.473	.095
Erklärt	20.613	5	4.123	3.666	.007 *
Residual	56.226	50	1.125		
Total	76.839	55	1.397		

Tab. 6: Tafel der Varianzanalyse 'Emotionale Deutung' (Item 23S)

Ein Geschlechtseffekt zeigt sich wiederum bei der Analyse der Sinnentnahme-Leistung "Emotionale Deutung". Auch hier kommen Mädchen im allgemeinen zu einer qualitativ höherrangigen Leistung, d.h. sie nennen als Motive für Emils Weinen weniger vordergründig-naive, sondern sehen seine emotionale Lage eher vor dem Hintergrund des Gesamtgeschehens. Dieses Ergebnis könnte wiederum mit einer höheren Sensibilität oder Reagibilität der Mädchen dieser Altersstufe für emotionale Befindlichkeit zu erklären sein.

3.4 Verstehenstypen und ihre Vorhersage

Eine weitere Überlegung zielt darauf ab, die Schüler nach den erreichten Verstehensstufen zu gruppieren und zu untersuchen, welche der generellen kognitiven Fähigkeiten besonders geeignete Vorhersagemerkmale auf die Gruppenzugehörigkeit darstellen. Die Schüler wurden drei Gruppen zugeteilt, die sich in der Höhe der erreichten Verstehensstufe im Teiltest 'Sinnentnahme' unterschieden. Die Obergruppe hatte mindestens die Stufe 4 in der emotionalen Deutung (Item 23) erreicht, die mittlere Gruppe war dadurch gekennzeichnet, daß sie im Handlungskern (Item 22) mindestens die Stufe 3 erreicht hatte, in der emotionalen Deutung jedoch nicht über die Stufe drei hinaus gekommen war. Die Untergruppe bildete die Restkategorie der Schüler, die im Verständnis des Handlungskerns höchstens die Stufe 2, im Verständnis der Handlungsträger jedoch jede Stufe erreicht haben konnten.

Als Vorhersagemerkmale wurden die Fehlerindices Vorlesen und Schreiben, Zahlennachsprechen vorwärts und Zahlennachsprechen rückwärts aus dem Hawik-R und die Zeilenzeit beim Vorlesen in die Analyse aufgenommen. Die Diskriminanzanalyse ist ein Verfahren zur Untersuchung von Gruppenunterschieden. Mit ihrer Hilfe läßt sich eine Linearkombination mehrerer relevanter Merkmale bilden, die die Gruppen am besten trennt. In unserer Analyse stellt keine einzige der genannten Prädiktorvariablen für sich genommen ein bedeutsames Trennkriterium dar, doch erlaubt die gewichtete Kombination aller Prädiktoren eine deutliche Unterscheidung der Gruppen. Die Zuverlässigkeit der Klassifikation der Fälle aufgrund der gefundenen Trennfunktion, d.h. die Rückzuordnung der Gruppenzugehörigkeit nach der Diskriminanzlösung beträgt etwa zwei Drittel (67.74%).

Diskriminanzfunktionen

Fkn	Eigenwert	% Varianz	Kum %	Kanon. Korr		After Fcn	Wilks' Lambda	Chi^2	FG	Sign.
					:	0	.4174	22.717	10	.0118
1*	1.0749	87.42	87.42	.7197	:	1	.8660	3.740	4	.4424
2*	.1547	12.58	100.00	.3660	:					

Tab. 7: Diskriminanzlösung und standardisierte Diskriminanzkoeffizienten

Standardisierte Diskriminanzkoeffizienten

	FUNKT 1	FUNKT 2
FV	-.21304	.78080
FS	[.63579]	.37115
ZNV	.44523	.19622
ZNR	.86029	.13209
ZZ	.85371	-.26285

Zur Legende: FV ist der Fehlerindex Vorlesen, das ist die durchschnittliche Anzahl gelesener Sätze pro Lesefehler, also ein Gütemaß. FS ist der Fehlerindex Schreiben, das ist die durchschnittliche Zahl richtig geschriebener Wörter pro Rechtschreibfehler.

Die zweite gefundene Diskriminanzfunktion trägt nicht zur bedeutsamen Trennung der Gruppen bei. An den Koeffizienten lassen sich die Einflußgewichte der Prädiktoren auf die Gruppenunterscheidung ablesen. Demnach haben vor allem der Fehlerindex 'Schreiben', das Zahlennachsprechen Rückwärts und die Zeit pro gelesener Textzeile bedeutsame Vorhersagekraft auf die Gruppenzugehörigkeit.

4. Diskussion

Wir gruppieren die bisherigen Ergebnisse in zwei Kategorien:

a) in die Stufenbildung beim Verstehen eines literarischen Textes und
b) in die Prädiktoren allgemeiner Art, die die erreichbare Verstehenstiefe von Individuen vorauszusagen und vielleicht auch zu erklären vermögen.

Verstehensstufen

Offenkundig haben die Fragen unseres Testteils 2 (Charakterisiere die Figuren./Worum geht es?/Warum weint Emil am Schluß?) einen gut gestaffelten Schwierigkeitszuwachs enthalten, denn die Güte, mit der Schüler diese Fragen beantworten, führt zu einer trennscharfen Unterscheidung von Verstehenstiefe. Diese Fragen waren ja nicht aus der Hand geschüttelt worden, sondern sie nahmen auf zwei Texttheorien Bezug (Heuermann, Hühn/Röttger 1982 und Willenberg 1987) und insofern aktivierten sie folgende Kategorien:

1. Figuren/Attribute/Beziehungen
2. Sujet (Heuermann, Hühn/Röttger) oder den Komplex Motiv/Ziele/Hemmungen/Lösung (Willenberg)
3. Eine ästhetische Kategorie der symbolischen Verdichtung, der Motivvernetzung.

Die faktorielle Analyse unserer Daten bestätigt auch die Trennschärfe des benutzten Textschemas.

Es hat sich gezeigt, daß die Mädchen dieser Altersstufe in den Teilleistungen "Handlungsträger" und "Emotionale Deutung" höhere Verstehensausprägungen zeigen, wogegen sich Mädchen und Jungen in der Teilleistung "Verstehen des Handlungskerns" nicht unterscheiden. Dieses Ergebnis weist die Reagibilität des inhaltsanalytischen Instruments nach, bleibt aber zu undifferenziert, was die Abschätzung kognitiver Vorhersagemerkmale betrifft. Wir haben daher eine hierarchische Gruppierung der Schüler vorgenommen, die durch folgende Verstehenstypik zu beschreiben ist:

1. Schüler der ersten Stufe nehmen bevorzugt die Personen des Textes wahr, sie erkennen deren Attribute, aber kaum die hinter der Oberfläche liegenden Beziehungen. Zum Ensemble der Figuren fügen sie noch einen Überblick über den Handlungskern hinzu (Frage 3.1), indem sie eine bewußt offengelassene Textlücke angemessen ausfüllen, bzw. die an die Personen gebundenen Fragen (3.2 und 3.3) nach den weiteren Handlungen sinnvoll beantworten und damit auch indirekt etwas über die Beziehungen der Figuren zueinander aussagen. Direkte Beziehungsbeurteilungen gibt es auf dieser Stufe nicht. Sie müssen dafür die wichtigsten Handlungsmomente im Kopf haben und sie auch zur glaubhaften Überbrückung anwenden können.
2. Auf der nächsten Stufe können die Leser den Sinn der Erzählung erkennen und in einigen Verzweigungen auch formulieren: sie haben Pointen der Handlung erfaßt (Zwei Brüder treffen sich als Gauner und als Polizist, der Gauner war früher das Vorbild für den Jüngeren, der nun Polizist ist usw.). Und sie haben auch gleich gute Einsichten in die Überlegungen der fiktiven Personen bewiesen (Fragen 3.2 und 3.3), d.h. sie konnten Motive der Personen und ihre Bewältigungen der überraschenden Probleme erkennen. So haben sie auch Lösungsmöglichkeiten verschiedener Art parat gehabt.

3. Eine weitere Steigerung der Schwierigkeit bot die Frage 2.3 (Warum weint Emil am Schluß?), zu deren tiefergehender Beantwortung eine Anzahl psychologischer Interpretamente und handlungsmäßiger Verknüpfungen geleistet werden mußten. Denn die Stelle am Schluß zeichnet sich durch folgende Eigenschaften aus:
   - sie ermangelt jeglichen Erzählerkommentars als möglicher Hilfe;
   - der interne Figurenkommentar, diese Szene sei schlimmer gewesen als die in der Kindheit, in der er (Emil) den Kuchen geklaut hatte, deutet nur eine Leerstelle an: schlimmer als...
   - die Szene aktiviert sämtliche Selbstbildbemerkungen für die Figur Emil, die im Text verstreut sind, sie nötigt die Schüler also, die Geschwister-Probleme wie die Recht/Unrecht-Probleme zusammen zudenken;
   - zu ihrer Deutung bedarf sie auch emotionaler Wahrnehmungen und Theorien, um verschiedene Arten von Scham und Trauer zu trennen (z.B. die Nebenlinie über den Tod des Vaters);
   - und zuletzt stellt sie ein erzählerisches Symbol für ein Scheitern in historisch schwieriger Zeit dar.

Schüler, die diese Stelle unserer Meinung nach gut gedeutet hatten, waren dann auch diejenigen, die sämtliche anderen Schwierigkeiten gemeistert hatten, indem sie Empathie zeigten, Motive verstanden, Reflexionen nachvollzogen und Handlungen klar konturierten.

Damit zeigt sich unserer Meinung nach, daß hier Verstehen in Stufen abgebildet wird, denn die jeweils höhere Stufe umfaßt im allgemeinen auch die niedrigere. Und die Schüler der drei Verstehensstufen vagabundieren nicht hin und her, in dem Sinne, daß sie mal hier gut und mal dort mäßig waren. Sie haben sich im wesentlichen auf einer Stufe etabliert.

Es wäre nun interessant zu wissen, wie sich diese Etablierung auf einzelnen Stufen in Jahresfrist verändert, ob Schüler weiterkommen, stehenbleiben oder gar zurückfallen. Eine Antwort kann ein zweiter Test geben, der zur Zeit, in der dieser Bericht niedergeschrieben wird, unternommen wurde. Genauso interessant ist aber die Antwort darauf, wie sich das Verstehen der Schüler innerhalb eines Jahres, in den einzelnen Unterrichtseinheiten gestaltete.

In dieser Feineinstellung sind möglicherweise folgende Probleme erkennbar, vielleicht lösbar:

- Wie weit hängt die Leistung vom Thema ab (der Sachstruktur)?
- Welche Rolle spielen Vorwissen und Interesse (der Schüler), etwa im Sinne der Experten/Novizen-Forschung?
- Wie gehen emotionale Beteiligungen in die Leistung ein, wovon hängen sie ab?
- Entwickelt sich ein Schüler mehr oder weniger gleichmäßig über das Schuljahr hinweg, oder gibt es Sprünge? Wenn ja, welche Schüler machen Sprünge?

Prädiktoren

Für den Lehrer wie für den Unterrichtsforscher ist sicher auch das zweite Hauptergebnis interessant, daß es Prädiktoren (Voraussagegrößen) gibt, die auf eine größere Verstehenstiefe hindeuten, und zwar als Bündel. Das heißt, es ist nicht möglich, daß der Lehrer nur den guten Rechtschreibern, nur den guten Lesern oder den schnellen Reagierern gute Verstehensleistungen zuschreiben kann. Nur zusammengenommen und in Kombination mit den Leistungen in den Zahlenfeldern - für die wir noch kein Äquivalent im Sprachlichen gefunden haben - können solche Merkmale überhaupt als Einflußgrößen betrachtet werden. Man muß aber auch auf den explorativen Status unserer Diskriminanzanalyse hinweisen: die Gruppenzugehörigkeit ist kein stabiles Merkmal, sondern die Schüler wurden aufgrund der erreichten Verstehensstufe nach einem einmaligen Testvorgang klassifiziert. Die fünf Prädiktoren zielen sicher zum einen auf die Begabungsausstattung ab und zum anderen auf ihre Überformung im Laufe der sechs bisherigen Lernjahre. Beides soll etwas erläutert werden.

Gute Rechtschreib- und Grammatikleistungen in eigenen Texten plus Fähigkeiten, Zahlen vorwärts, d.h. in der gegebenen Folge gut nachsprechen zu können.

Die Rechtschreibleistung wird heute durchaus im Sinne der oben dargestellten neurologischen Kategorien beurteilt. Joachim RIEHME meint, es ist die Integration beider Kanäle, des optischen wie des akustischen zu einer inneren Repräsentation auf der Ebene der Morpheme. Der erste Teil seiner Befunde stärkt die Vermutung, daß die Begabung hier verbindend arbeiten muß, d.h. der Lernende ist dann gut, wenn er sowohl seine situativ erlebte Sprache wie auch die gelesene immer wieder integriert, immer wieder in Beziehung setzt, d.h. den Sinn ständig verknüpft. Aber, und das ist wichtig, er muß in der Lage sein, diese Verknüpfung auf der morphematischen Ebene zu speichern, indem er Wortstämme, Flexionssilben, Wortbildungen als Denk-material, als Spiel-zeug betrachtet, also eine Sinnerfahrung noematisch, d.h. auf Sprache bezogen festmacht.

Der andere Faktor spiegelt eher die neurologische Ausstattung wider, was man erkennt, wenn man die Prädiktormerkmale aufzählt:

- Vorgesprochene Zahlen rückwärts wiedergeben,
- Zeit, in der eine Zeile eines fremden Texts vorgelesen wird,
- Übersichtsspanne über Textteile (einschließlich des fehlerfreien Vorlesens).

Zahlenräume kann man sich als relativ konkretionsfreie Vorstellungsräume denken, in denen die Zeichen der Sache (die Zahlen) als Siglen für einen Umgang mit Quantität jeder Art stehen: hier müssen die vielen Erfahrungen mit Äpfeln, Feuerwehrautos, Geldscheinen und Kilometern verarbeitet sein, aber auf ein nicht besonders inhaltlich verhaftetes Medium.

Der Faktor scheint also (wie im Bericht über Messelken angedeutet) Sinnarbeit an das kleine Einmaleins des schulischen Handwerkszeug geheftet zu haben, und zwar eine Arbeit, die über mehrere Jahre erfolgen mußte, mit anderen Worten: verfestigte Arbeit im untersten Bereich der Sachen.

Gehörte Zahlen in einer anderen Reihenfolge wiederzugeben, verlangt des weiteren ein inneres Präsenthalten des aktuellen Materials, und zwar so, daß es bearbeitet werden kann. Hier ist das Arbeitsgedächtnis (KZG) gefragt. Ähnlich sieht es bei der Lesezeit aus: sie führt die Geschwindigkeit vor, mit der Sprache entschlüsselt und wieder produziert wird. Gemäß der Analogie zwischen Sprachproduktion und Sprachverstehen kann man darauf auf die derzeitige (und über länger gesehen auch mit Abstrichen ständige) neurologische Geschwindigkeit schließen (Motor-Produktions-Theorie).

Als Einwände mögen gelten: a) die Schnelligkeit darf nur so lange beachtet werden, wie der Text sinnvoll gelesen wird, b) wie die Schüler noch mit dem Entschlüsseln ringen und nicht von vornherein fremde Texte zu gestalten wissen (und deshalb wieder verlangsamen), c) wie keine erkennbaren Hinderungen durch die Sprechwerkzeuge zu erkennen sind d) bzw. wie es zu keiner großen Diskrepanz zwischen stiller Lesezeit und lauter am selben Text kommt.

Und die Übersichtsspanne - wie sie im Eingangsteil dargestellt wurde zeigt an, wie Kurzzeitgedächtnis und Tempo integriert sind, wie weit also die perzeptive Grundeinheit des Verstehens ausgedehnt werden kann. An diesem Teil ist am ehesten auch ein Einfluß des sprachlichen Interesses, der Beschäftigung mit Texten festzumachen, ein wenig auch bei der Lesezeit, gar nicht beim Zahlennachsprechen rückwärts.

5. Zusammenfassung

Das Projekt, aus dem diese Studie stammt, zielt darauf ab, die für den Deutschunterricht typischen Leistungsanforderungen in ein informelles Testverfahren einzubringen. Diese Teilleistungen werden in dem hier beschriebenen Verfahren in folgenden Subtests erfaßt: Vorlesen des Texts, Sinnentnahme, Weitererzählen, Informationsentnahme aus Kontexten und Diskussionsverhalten.

Bei der Auswertung aller verbalen Beiträge der Schüler zum Text "Züge im Nebel" (G. Eich) wird zunächst in einem qualitativ-interpretativen Schritt ein inhaltsanalytisches Maß für die Verstehenstiefe gewonnen. Anhand mehrstufiger Kategoriensysteme werden Schülerantworten durch 5 trainierte Rater kodiert und in numerische Daten überführt. Zur Abschätzung der Beurteilerübereinstimmung wird neben der prozentualen Übereinstimmung Cohen's K als Intercoderreliabilitätsmaß an einer Zufallsstichprobe von Items bestimmt. Die Werte lassen nur auf ein mittleres Ausmaß der Inter-Raterübereinstimmung schliessen. Die so gewonnenen numerischen Maße für Verstehen von Texten werden in den verschiedenen Teilleistungen zweidimensional dargestellt: einmal als Maß für die Breite, Quantität im Verstehen ("Summenwerte"), zum anderen als Maß für die Tiefe, Qualität des Verstehens ("Stufenwerte"). Die Analyse der inneren

Struktur der Daten kommt zu einer Lösung von drei Faktoren, die mit "Inhaltsungebundener Gedächtnisleistung", "Handlungsoberfläche, einfaches Figurenverständnis" und "Tiefere Deutung" beschrieben werden können.

Betrachtet man die Merkmale der Sinnentnahme geschlechtsspezifisch, zeigt sich ein signifikanter Unterschied der Art, daß die Mädchen in den Teilleistungen "Handlungsträger" und "Emotionale Deutung" höhere Verstehensausprägungen zeigen, wogegen sich Mädchen und Jungen in der Teilleistung "Verstehen des Handlungskerns" nicht unterscheiden.

In einem weiteren Schritt werden Vorhersagemerkmale auf Verstehensleistungen betrachtet. Die Schüler sind aufgrund ihrer Ergebnisse in der Sinnentnahme hierarchisch gruppiert, und per Diskriminanzanalyse wird eine Kombination von Prädiktoren auf ihre Trennkraft bezüglich der Gruppenzugehörigkeit untersucht. Dabei zeigt sich, daß eine deutliche Trennung der Verstehensgruppen nur aufgrund eines Merkmalsbündels - hauptsächlich Rechtschreibgüte, Fähigkeit, vorgegebene Zahlen rückwärts nachsprechen zu können, und die für das laute Vorlesen einer Textzeile durchschnittlich benötigte Zeit - möglich ist.

6. Literatur

Bortz, Jürgen (1984): Lehrbuch der empirischen Forschung für Sozialwissenschaftler. Berlin, Springer Vlg.

Case, R./R. Serlin (1979): A New Model for Predicting Performance on Pascual-Leone's Test of M-Space. Cognitive Psychology 11. S. 308-326.

Eich, Günter (1973): Züge im Nebel (gekürzt); in: Gesammelte Werke, Bd. IV. Frankfurt/M., Suhrkamp Vlg. S. 257-265.

Federico, Pat-Anthony (1985): Cognitive Complexity and Cerebral Sensory Interaction; in: Personality and Individual Differences 6. S. 253-261.

Fischer, Peter M.(1982): Inhaltsanalytische Auswertung von Verbaldaten; in: Günter L. Huber/Heinz Mandl (Hrsgg.): Verbale Daten. Weinheim, Beltz Vlg. S. 179-196.

Friede, Christian (1981): Verfahren zur Bestimmung der Intercoderreliabilität für nominalskalierte Daten; in: Zeitschrift für Empirische Pädagogik 5. S. 1-25.

Fühlau, Ingunde (1982): Die Sprachlosigkeit der Inhaltsanalyse. Tübingen, Narr Vlg.

Grimm, Hannelore/Hermann Schöler (1978): Heidelberger Sprachentwicklungstest. Braunschweig, Westermann Vlg.

HAWIK-R: Hamburg-Wechsler Intelligenztest für Kinder. Revision 1983. Uwe Tewes (Hrsg.). Bern, Hans Huber Vlg.

Heuermann, Hartmut/Peter Hühn/Brigitte Röttger (1982): Werkstruktur und Rezeptionsverhalten. Göttingen, Vandenhoeck & Ruprecht Vlg.

Huber, Günter L./Heinz Mandl (Hrsgg. 1982): Verbale Daten. Weinheim, Beltz Vlg.

Husserl, Edmund (1950): Ideen zu einer reinen Phänomenologie und phänomenologischen Philosophie. Husserliana III,1. Den Haag, Martinus Nijhoff Vlg.

Kirk, Ursula (Ed. 1983) Neuropsychology of Language, Reading and Spelling. New York, Academic Pr.

Klimesch, W./G. Pfurtscheller/ G. Lindinger (1986): Das corticale Aktivierungsmuster bei verbalen Gedächtnisaufgaben; in: Sprache und Kognition 3. S. 140-154.

Lisch, Ralf/Jürgen Kriz (1978): Grundlagen und Modelle der Inhaltsanalyse. Reinbeck, Rowohlt Vlg.

Mayring, Philipp (1983): Qualitative Inhaltsanalyse. Weinheim, Beltz Vlg.

Mayring, Philipp (1985): Qualitative Inhaltsanalyse; in: Gerd Jüttemann (Hrsg.): Qualitative Forschung in der Psychologie. Weinheim, Beltz Vlg. S. 187-211.

Messelken, Hans (1971): Empirische Sprachdidaktik. Heidelberg, Quelle & Meyer Vlg.

Nauck, J./R. OTTE (1980): Diagnostischer Test Deutsch. Braunschweig, Westermann Vlg.

Pascual-Leone, Juan (1970): A Mathematical Model for the Transition Rule in Piaget's Developmental Stages; in: Acta Psych. 32. S. 301-345.

Pöppel, Ernst (1982): Lust und Schmerz. Berlin, Siedler Vlg.

Riehme, Joachim (1987): Rechtschreibunterricht. Frankfurt/M., Moritz Diesterweg Vlg.

Tallal, Paul/Rachel Stark (1983): Perceptual Prerequisites for Language Development; in: Ursula Kirk (Ed.) Neuropsychology of Language, Reading and Spelling. New York, Academic Pr. S. 97-106.

Willenberg, Heiner u.a. (1987): Zur Psychologie des Literaturunterrichts. Frankfurt/M., Moritz Diesterweg Vlg.

INGELORE OOMEN-WELKE

SPRACHSTRUKTUREN LERNEN: DER GENITIV IM MUNDE TÜRKISCHER KINDER ODER: "EIN SCHAFES FELL"

1. Fragestellung und Methode

Lernen einer zweiten Sprache: Was lernen Schüler, wie lernen sie es? Welcher Schüler spricht auf welches Angebot an, in welcher Phase? Gibt es also bestimmte Lernertypen? Sind aus Beobachtungen Lernertypen und Lernverhalten prognostizierbar?

1.1 Bedeutung des Genitivs für türkische Kinder

In dieser Untersuchung geht es also nicht in erster Linie um den Genitiv, sondern darum, wie Kinder auf dem Wege zur Zweisprachigkeit sich ihm nähern. Von allen Kasus des Deutschen ist der Genitiv für sie am unwichtigsten, weil er im Kontaktdeutsch zwischen Deutschen und Migranten kaum vorkommt. Das bedeutet auch, daß Migranten den Genitiv auf natürlichem Wege normalerweise nicht lernen. Andererseits kann die Zweitsprachendidaktik nicht einfach auf ihn verzichten, indem sie sich auf mündlich gesprochene Sprache ohne Genitive reduziert. Unter der Zielsetzung, daß ausländische Kinder an der Schriftsprachlichkeit und der Sprache der gesellschaftlichen Öffentlichkeit teilhaben sollen, müssen sie den Genitiv zumindest verstehen und möglichst auch produktiv beherrschen. Es sei außerdem auf Lesbarkeitsuntersuchungen (allerdings an muttersprachlichen Leseanfängern) verwiesen, die den Schluß nahelegen, die Frequenz einer syntaktischen Struktur in der gesprochenen Sprache beeinflusse die Lesbarkeit von schriftlichen Texten mit dieser Struktur.[1] Danach würde die Kenntnis des Genitivs schriftliche Texte im allgemeinen besser lesbar machen.

Gerade aus den genannten Gründen scheint es mir interessant, den Genitiv als Beispiel für den Erwerb einer grammatischen Struktur zu untersuchen. Aufgrund seiner geringen Frequenz in der sprachlichen Umgebung der Lernenden - und nicht zufällig - wird er ja als letzter der Kasus erworben oder auch gar nicht gelernt. Im Gegensatz dazu sind die grammatischen Strukturen, die frühzeitig erworben werden, in der Zielsprache auch besonders häufig. Nun ist der Gesichtspunkt der Häufigkeit m. W. eher im Hinblick auf den Erwerb des Wortschatzes berücksichtigt worden als im Hinblick auf grammatische Strukturen. Des-

---

[1] vgl. die umfangreiche bei Hofer 1977, S. 328 und 339/340 angegebene Literatur zu dieser Frage. - Wenn es beim Lesen nicht nur um die Technik des Rekodierens geht, erscheint die Hypothese auch für Kinder im Zweitspracherwerb plausibel, daß hohe Frequenz einer Struktur in gesprochener Sprache sich günstig auf die Lesbarkeit in Texten auswirkt.

wegen gehe ich nebenbei der Frage nach, ob es im Kontakt der Sprachlernenden mit einer neuen grammatischen Struktur Anhaltspunkte dafür gibt, daß das Lernphasenmodell des Zweitsprachenerwerbs etwa um eine Frequenzhypothese zu erweitern wäre.

1.2 Zur Methode

Meine Untersuchung bezieht sich auf die türkische dritte Klasse einer Innenstadtschule im Großraum Stuttgart. Grundschulklassen mit nur türkischen Kindern sind in Baden-Württemberg nicht die Regel, sondern Teil eines Modellversuchs.[2] Diese türkische Klasse habe ich drei Schuljahre lang (1983/84 - 1985/86) intensiv beobachtet und auch selbst unterrichtet. Die hier ausgewerteten Beobachtungen erstrecken sich insgesamt von Juni 1984 bis Dezember 1985.

Meine Fragestellungen lassen sich spezifischer folgendermaßen bündeln:

- Welche Voraussetzungen bringen die Kinder für den Erwerb einer neuen grammatischen Struktur mit, welche Lernerfahrungen lassen sich rekonstruieren?
- Wie nehmen einzelne Kinder das Angebot einer neuen Struktur auf, wie gehen sie mit ihr während des Versuchs und im anschließenden Beobachtungszeitraum von ca. 8 Monaten um?
- Lassen sich daraus Spracherwerbshypothesen verifizieren oder bilden?

Als Methode bediene ich mich einer (qualitativen) Interpretation von Tonaufzeichnungen spontanen Sprechens der Kinder und von Nachsprechversuchen sowie der Interpretation ihres beobachtbaren Verhaltens in der Absicht, es innerhalb des Sprachlernprozesses zu bewerten. In die Interpretation dieser Daten muß ich Kenntnis der Schüler, die aus den Transkriptionen hier nicht ersichtlich ist, einbeziehen. Eine isolierte Darstellung der Nachsprechübungen wäre zuwenig aussagekräftig; das gesamte Material aus der Klasse läßt sich nicht vorführen. So versuche ich, den größeren Lernzusammenhang zu beschreiben und an diesem einen Punkt anschaulicher darzustellen. Diese Methode ist mein Versuch, den Gegenstand in den Griff zu bekommen. Von Vorteil dabei sind einmal die große Dichte meiner Daten, da ich die Kinder während des dritten Schuljahrs fast täglich und im vierten Schuljahr zweimal wöchentlich beobachtet habe, ferner die natürliche oder quasi-natürliche Gruppe einer gewachsenen Klasse mit einer vertrauten Lehrerin, die ja gleichzeitig den größten Teil des zielsprachlichen Umfeldes einer rein türkischen Klasse bilden, in welchem sich Sprachlernen vollzieht. Durch die Dichte der Sprachbeobachtungen ist es recht unwahrscheinlich, daß Zufallsergebnisse aufgenommen werden, zumal auch Themen und Situationen breit gestreut sind. Der lange Zeitraum und die Intensität des Kontaktes führten auch dazu, daß inzwischen erste Eindrücke korrigiert oder neu interpretiert werden konnten.

---

[2] Organisation und Arbeitsweise in solchen Klassen sind beschrieben in Oomen-Welke 1985 b und Oomen-Welke/Şen 1986.

1.3 Messen und Deuten in dieser Untersuchung

Wie aus den Bemerkungen zur Methode schon ersichtlich, wird in dieser Untersuchung mehr gedeutet als gemesssen, und das aus mehreren Gründen.

Ein gewichtiger Grund ist der, daß Tests für diese Schüler unangemessen sind, weil sie sich schriftlich kaum ausdrücken konnten, weil sie meistens bei Auswahlantwortverfahren trotz anderslautender Anweisung vorsichtshalber alles ankreuzten[3] und weil sie in gelenkten mündlichen Interviews entweder stumm oder ausweichend oder großsprecherisch reagierten. Mit exakten quantitativen Methoden sind also nur wenige Daten dieser Schüler zu erfassen. Es ist ja bekannt, daß das Verhalten bestimmter Gruppen sich weitgehend dem Test entzieht und punktuell anders gemessen und im Zusammenhang gedeutet werden muß. Man vergleiche auch Mayrings Hinweis auf "Bevölkerungsgruppen, die bei Fragebogen- oder Interviewuntersuchungen regelmäßig zu den Verweigerern gehören."

Des weiteren besteht wohl generell die Gefahr, daß Meßwerte als objektiv und gültig angesehen werden, obwohl sie nur Hypothesen über strukturelle Merkmale und Zusammenhänge sind, die punktuell gebildet werden. Es gilt in besonderem Maße für diese Schüler im Spannungsfeld zweier Kulturen, daß punktuelle Daten allein nicht interpretiert werden dürfen. Im Extremfall verdecken Meßwerte die Persönlichkeiten der Schüler. Im günstigsten Fall können Meßwerte zur Ergänzung und Kritik der (selektiven) Beobachtungen des Lehrers herangezogen werden, so daß sie Korrekturfunktion haben. In diesem Sinne habe ich die Messungen der sprachlichen Äußerungen verstanden. Insgesamt möchte ich hier Mayring folgen, der den qualitativ-interpretativ orientierten Ansatz als Bezugsrahmen sieht, in den quantitative Ergänzungen nach Bedarf und Möglichkeit einbezogen werden können.

Schließlich hat das Messen im Objektbereich des Zweitspracherwerbs noch seine eigenen Schwierigkeiten. Zwar läßt sich der Sprachstand eines Lernenden beschreiben oder messen.[4] Der Lernfortschritt aber ist schwer meßbar, weil dabei zum Beispiel Phänomene der Übergangsgrammatik positiv bepunktet werden müßten, wie sich noch zeigen wird. Bei den Versuchen, klare Meßergebnisse aus den sprachlichen Äußerungen zu erzielen, ist schon vor dem eigentlichen Messen die Aufbereitung der Parameter eine Interpretation der Daten, und der Tester (als messendes Subjekt) gerät in die Gefahr, die Meßwerkzeuge nach seinen Zielen zu frisieren, da er sie signifikant will. Vgl. hier Kap. 5.1. Dadurch wird den Versuchen der einzelnen Schüler die Aufmerksamkeit weitgehend

---

[3] Vgl. Oomen-Welke 1985 b, S. 43 zu Auswahlantworten, die Tiere betrafen. Ich habe bei unterschiedlichen Inhalten beobachtet, daß die Schüler üppig ankreuzten, wo nur eine oder zwei Nennungen zulässig waren.

[4] Beispiele für genaue Strukturbeschreibungen und statistische Korrelationen findet man bei Clahsen/Meisel/Pienemann 1983.

entzogen. Ferner werden wir sehen, daß grammatisch richtige Sprachmittel, die meßbar wären, trotzdem nicht immer kommunikativ verständlich sind. Das ist ein besonderes Problem, das ich nur beschreiben kann.

Unter diesen Gesichtspunkten erscheint es mir sinnvoll, einige Kriterien, die vorgeschlagenen Messungen zugrunde liegen, statt dessen als Fragen an die gesammelten Daten zu stellen, so daß man diese interpretieren kann und sich seiner Interpretationshandlung bewußt ist.

Zur Verfügung stehen mir daher vor allem Elemente der klassen- und schülerbezogene Einzelfallanalyse, der Dokumentenanalyse, der teilnehmenden Beobachtung und der Aktionsforschung. Das sei vorab geklärt, da leitende Gesichtspunkte dieses Artikels eher Interesse, Motivation und Leistung sind, wie Schmalt und Todt sie in diesem Band vorstellen, und nicht Verfahrensfragen.

Im folgenden stelle ich zunächst die Kinderpersönlichkeiten vor und deute dann Beispiele zum Gebrauch der Artikelformen, die ja als Indiz für den erreichten Sprachstand angesehen werden. Ausführlich besprochen wird im 3. Abschnitt der Umgang zweier Kinder mit einem Genitivattribut, das ihnen in einer natürlichen Situation zum Nachsprechen angeboten wurde. Darauf beschreibe ich Versuche mit der ganzen Klasse, Genitivattribute zu reproduzieren. Im letzten Abschnitt fasse ich die Schlüsse aus dem Lernverhalten der Kinder zusammen.

2. Lerngeschichte, Sprachstand, Leistungsmotivation der Kinder

Die türkische Klasse umfaßte im dritten Schuljahr anfangs vierzehn, gegen Ende noch zehn Schüler, das ist genau die Hälfte der Klassenstärke des ersten Schuljahrs. Von den vierzehn Kindern remigrierten zwei unmittelbar nach Schuljahrsbeginn in die Türkei, ein Mädchen (Emel) remigrierte nach dem ersten Halbjahr. Ein Junge (Serkan) konnte gegen Schuljahresende in die dritte Regelklasse überwechseln.[5] Die Kinder waren überwiegend in der Bundesrepublik geboren; fünf Kinder waren im Säuglingsalter aus der Türkei hierher gekommen. Sie lebten in der nationalen Gruppe der Innenstadt ohne Kontakte zu Deutschen. Nur ein Kind hat den deutschen Kindergarten länger als ein Jahr besucht, mehrere Kinder gar nicht. Ein Indiz für ihre Isolation von den deutschen Kindern und von besser integrierten Migrantenkindern war, daß diese türkischen Kinder nicht Schwäbisch sprachen, sondern reduzierte Standardsprache. Bei der Einschulung hatten laut Karteikarte zwei Kinder keine, sechs Kinder geringe, zwei Kinder gute Deutschkenntnisse. Für die anderen Kinder fehlte der Vermerk. Diese Kinder wurden wöchentlich 9 Stunden von einem türkischen Lehrer in türkischer Sprache, ca. 18 Stunden von deutschen Lehrern in deutscher Sprache unterrichtet, dabei standen Wortschatzvermittlung und Rechtschreiben im Vordergrund. Meines Wissens wurde ein systematischer(er) Grammatikunterricht nicht versucht, wohl in der Annahme, Sprachrichtigkeit werde sich

[5] Vgl. dazu Chrysakopoulos/Oomen-Welke 1986, bes. Kap. 2.

durch Umweltkontakte und Textvorbilder von selbst einstellen. In der Freizeit hatten nur die Jungen Kontakt zu anderen ausländischen Jungen. Daher war der Sprachstand am Ende des zweiten Schuljahrs grob folgender:

- Mehrere Kinder sprachen überhaupt nicht (Gülizar) und verstanden Wörter nur, wenn die Gegenstände, die sie bezeichnen können, gezeigt wurden (Gülcan, Nahide, Murat 2). Manche schafften nur Ein-Wort-Äußerungen oder begannen eine Äußerung, um sogleich resigniert zu verstummen ("Das ist so ein - Dings - so", "bei Ding so machen"; Caner, Önder, Murat 2, Gülcan).
- Mehrere Kinder konnten fehlerhaft zusammenhängend sprechen. Sie verwendeten einen begrenzten Wortschatz, bei dem vor allem Oberbegriffe und spezifische Unterbegriffe fehlten, überwiegend Infinitive gebraucht wurden, der Artikel oft fehlte oder die falsche Kasus- und Genusform aufwies, die Präposition bei vorherrschte, keine Subjunktionen und keine Hypotaxen feststellbar waren (Ali, Erdogan).
- Vier Kinder konnen sich vergleichsweise besser ausdrücken, obwohl auch auf sie noch einige der oben genannten Merkmale zutrafen. Die zwei, die im Laufe des Schuljahrs ausschieden (Serkan, Emel), waren zudem in ihren schriftlichen Leistungen erheblich besser, während die anderen zwei Kinder ihre guten mündlichen Kenntnisse vor allem dem längeren Kindergartenbesuch zu verdanken haben (Necip und besonders Murat 1).

Alle Kinder hatten große Schwierigkeiten mit angemessenen Interaktionsstrategien, deren Muster sie nirgends von gleichaltrigen Deutschen (peers) lernen konnten. So wurden sie z.B. als frech eingestuft, wenn sie einem Erwachsenen einen Wunsch vortrugen, einfach weil ihnen das entsprechende Höflichkeitsrepertoire fehlte. Kommunikative Handlungen wie um etwas bitten, nach etwas fragen, jemand auffordern, sich weigern usw. waren dringend erst zu erlernen.

Der Versuch, während des dritten Schuljahrs jedes Kind als Einzelfall zu betrachten und individuell auf seine Persönlichkeit und sein Lernverhalten einzugehen, erfährt Bestätigung durch die von Stölting 1987 und die in diesem Band von Mayring und Schmalt vorgestellten Ergebnisse. Die individuelle Bezugsnorm-Orientierung führte - global betrachtet - zu einer erhöhten Leistungsmotivation der Schüler, weil sie sich je einzeln und als Gruppe akzeptiert fühlten und weil ihnen für sie je realistische Leitziele gesetzt wurden, die aufs Ganze gesehen zu Lernfortschritten führten.[6] Die individuelle Bezugsnorm-Orientierung war möglich in einer Klasse mit so geringer Schülerzahl. Aber auch hier muß ehrlicherweise zugegeben werden, daß unmöglich allen Schülern die gleiche Aufmerksamkeit zuteil werden konnte. Es profitierten vor allem

[6] Vgl. die individuelle Bezugsnorm-Orientierung, die Reduzierung von Furcht vor Mißerfolg und das Ziel positiverer Selbstbewertung bei Schmalt in diesem Band.

leistungsschwache und labile Schüler (Ali, Önder) und solche Schüler, die auf ihrem jeweiligen Niveau Leistungs- und Motivationsfortschritte erkennen ließen (Necip, Murat 1, Caner). Letzteres kann als Rückkoppelungseffekt an die Erfolgsmotivation der Lehrerpersönlichkeit erklärt werden, da solche Rückmeldungen auch die Lehrerin stärker motivierten. Andererseits entstanden durch die (meist liebevolle) Zuwendung zu den einzelnen Schülern bei diesen ein Beachtung forderndes Verhalten und ein großer Bedarf an individueller Bestätigung, was die Arbeit in der Gruppe manchmal schwierig machte.[7]

Die globale Leistungs- und Erfolgsmotivation soll auf dem Hintergrund von Sozialdaten der Schüler aus ihren beobachteten Verhaltensweisen und Äußerungen interpretiert werden. Ein interpretierendes Verfahren muß deshalb angewandt werden, weil widersprüchliche Befunde vorliegen, denn Leistungs- und Erfolgsmotivationen sind nach meinen Beobachtungen keine Züge, die sich zweifelsfrei aus verbalen Bekundungen interpretieren lassen, sondern stärker aus dem Verhalten in Situationen. Neben einer generelleren (positiven oder negativen) Leistungs- und Erfolgsmotivation der Gesamtpersönlichkeit sind einzelne ihrer Züge offensichtlich auch abhängig von den Arbeitsbereichen und affektiven Zuständen,[8] das heißt auch vom aktuellen oder permanenten Interesse an der Sache und/oder an der Lehrperson.

Von den Mädchen liegen keine spontanen Äußerungen vor, die ihre Erfolgsmotivation verraten. Mündlich äußerten sie sich selten vor der Klasse. Ihre gleichmäßige Arbeitshaltung im reproduktiv-schriftlichen Bereich läßt jedoch auf eine gewisse Erfolgs- und Leistungsmotivation schließen. *Gülcan* und *Nahide* erledigten schriftliche Aufgaben anweisungsgemäß und ordentlich, ja sie verlangten danach, schreiben zu dürfen, auch Hefteinträge für andere Schüler. Diese große Motivation zum (Ab-)Schreiben, wohl begründet durch häufigen, ja sicheren Erfolg, stand in auffälligem Gegensatz zu mangelndem Interesse an den Inhalten des Schreibens, ja des Unterrichts. Eine Untersuchung der Erfolgsmotivation muß sich demnach auf verschiedene Teilbereiche des Lernens erstrecken. Beide Mädchen waren wie deutsche Kinder gekleidet und äußerten mehrfach, nicht wieder in die Türkei zurückkehren, aber Türkinnen bleiben zu wollen. Aus diesem Grunde wollten sie auch Deutsch lernen und reproduzierten willig Wortschatz und Grammatik. *Gülizar* dagegen ging türkisch gekleidet (Kopftuch, dicke lange Strümpfe und Winterkleider auch im Sommer) und rechnete halbjährlich damit, in die Türkei zurückgeschickt zu werden; entsprechend gering war ihre Sprachlernmotivation. Wegen ihres niedrigeren Ausgangsniveaus und

---

[7] Zu Lehrer - Schüler - Interaktion vgl. Apeltauer 1985 und Apeltauer 1987, S. 20/21. Zu psychologischen Aspekten des Sprachenlernens vgl. den Sammelband von Börsch 1987, , darin List und die 3. Diskussion.

[8] Vgl. auch die Faktoren Erfolgserwartung, Anreiz des speziellen Erfolges und Annahme einer persönlichen Verantwortung für den Erfolg, in: Zimbardo 1978, S. 438 ff.

vielleicht, weil sie von der Klasse als zu konservativ abgelehnt wurde, also aufgrund negativer Selbstwahrnehmung traute sie sich viele Aufgaben, vor allem mündliche, nicht zu. Auffällig oft gab sie im Bereich des bildhaften Gestaltens an, sie könne die Aufgabe nicht lösen, und versuchte, am Lehrerpult Hilfe zu bekommen: "Mach du!" Einzig Rechtschreibprobleme schienen ihr erfolgversprechend, zu diesen meldete sie sich vehement und erhielt Bestätigung. Durch kleinschrittige Aufgaben gelang es, ihr mehr Erfolge zu vermitteln und die Mißerfolgsmotivierung abzubauen, im Bereich des Sprechens allerdings kaum.

Von den Jungen läßt sich sagen, daß sie fast alle spontan waren (außer Önder) und sich in ersten großsprecherischen Äußerungen zu jeder beliebigen Aufgabe und auch im freien Gespräch als erfolgsmotiviert darstellten, vgl. etwa Ali: "Ich kanns besten!"[9]. Diese Selbstdarstellung diente offensichtlich als Maske, weil sie real zahlreichen Anforderungen nicht genügten: *Ali* und *Önder* hatten wegen ihrer großen Konzentrationsschwächen und ihrer Langsamkeit in ihrer Biografie sicherlich die meisten realen Mißerfolge verbucht und resignierten schnell, und die Unerfüllbarkeit fast jeder Aufgabe ließ sie oft erst gar nicht beginnen - der klassische Fall des meidenden Verhaltens nach Schmalt. Es bedurfte der Geduld,[10] sie an begrenzte und leistbare Aufgaben heranzuführen, besonders bei Önder, dessen größte Konzentrationsleistung bis Schuljahrsende richtiges langsames Abschreiben wurde.

Caner und *Erdogan* hatten gewisse sachkundliche Interessen, aber ein recht mäßiges Leistungsbild. Während sogar Caners Versetzung nach dem 2. Schuljahr fraglich war, weil er Deutsches und Türkisches nicht lesen konnte und weil er langsam arbeitete, ging dies bei Erdogan reibungslos vonstatten. Im dritten Schuljahr machte Caner, vielleicht bedingt durch Anerkennung seiner individuellen Bemühungen und Leistungen, wohl die größten Fortschritte in den Sprachfächern Deutsch und Türkisch, wo die Lehrer ihn mit seinem Arbeitstempo akzeptierten und ermutigten, während ihm nach eigenen Aussagen und Berichten seines Vaters der Zeitdruck in Mathematik noch physische Beschwerden verursachte, z. B. Erbrechen vor Angst. Durch seine vermehrten Deutschkenntnisse lernte er aber mit der Zeit, die mathematischen Textaufgaben besser zu verstehen als Voraussetzung für deren Lösung und gewann auch in diesem Bereich an Selbstvertrauen. Er bildete die intensivste Leistungsmotivation der Klasse aus, die er sogar einmal, nach einem Erfolg im Deutschunterricht, explizierte durch Faustschläge auf die Tischplatte und die Worte: "Ich will lernen, lernen, lernen!" Verweilabsichten drückte er nicht aus, strebte aber eine höhere Schulbildung an.

Demgegenüber blieb Erdogan, abgesehen vom normalen Wissenszuwachs durch Unterricht, auf seiner unteren Leistungs- und Motivationsstufe stehen. Es gelang auch durch Zuwendung und Bestätigung nicht,

---

[9] Der Zusammenhang ist beschrieben in Oomen-Welke 1987, S. 113.
[10] und der Einzelbetreuung durch einen Sonderschullehrer von ca. 20 Stunden für jeden von beiden im 3. Schuljahr.

sein grundsätzlich vorhandenes Sachinteresse länger auf denselben Gegenstand zu fixieren, denn er unterlief nach kurzer Zeit die Anforderungen durch Kaspern. Auf ein Leben in Deutschland richtete er sich ausdrücklich ein.

Murat 1 und *Necip* waren zwei Jungen mit stark integrativer Motivation, die beim ersten Kontakt den Eindruck erwecken, schnell zu lernen und gut deutsch zu sprechen. Nach ihrer Selbsteinschätzung sprachen sie etwa so gut deutsch wie Deutsche. Dies macht die reduzierten Anforderungen der Kontaktsprache in der (Fußball-) peer group sichtbar. Beide waren interessiert und im Prinzip lernwillig, aber zappelig und leicht ablenkbar, besonders Murat 1; sie kommentierten die kleinen Mißerfolge oder auch Anforderungen des Unterrichts anfangs oft mit "Egal!", wie übrigens auch Erdogan. Murat 1 brachte noch vom Kindergarten her die besten Deutschkenntnisse mit. Es fiel ihm offenbar leicht, Strukturen zuverstehen und in Paraphrasen zu überführen, während Necip sich stärker auf neue Anforderungen konzentrieren konnte. Vom Sprachstand zum Untersuchungszeitraum her waren beide in der Lage, neue Strukturen aufzunehmen. Bei Murat 1 welchselte die Tagesform häufig.

Murat 2 zeigte auf den ersten Blick im Deutschen von allen Jungen die geringste Integrations- und Leistungsmotivation. Er lernte offensichtlich leicht, fehlte aber häufig und zeigte sich im sozialen Umgang mit den anderen Jungen im Klassenverband aggressiv. Im Unterricht reagierte er wenig auf die Zuwendung der Lehrerin, während er bei Lerngängen und Wandertagen deren Nähe ganz auffällig suchte. In den beiden türkischsprachigen Fächern wurden seine Leistungen mit "sehr gut" beurteilt. Es stellte sich heraus, daß er die stärkste Einbindung in seine religiöse Gruppe hatte, Korantexte vortragen konnte und Gebetsriten beherrschte. Wenn er dies im Unterricht zeigen durfte, lebte er auf. Die deutsche Schule schätzte er als weitgehend überflüssig ein und hatte nicht das Ziel einer höheren Schulbildung.

Ganz deutlich spiegeln sich - wie ja weitgehend bekannt - die Haltungen der Eltern zum Aufenthalt in der Bundesrepublik Deutschland und zum Lernen in den Haltungen der Kinder. Als schlimmstes erschien ihnen, in die Sonderschule gehen zu müssen. Caners Vater, Necips Mutter und beide Eltern von Murat 1 wünschten ausdrücklich eine deutsche höhere Schulbildung ihrer Kinder, hielten deswegen Kontakt zur Lehrerin und unterstützten ihre Kinder, soweit sie das konnten. Nahide äußerte, sie würde gern zur Realschule gehen, ihr Vater jedoch erlaube das nicht. Die Mutter von Murat 2 (deren einziger Besuch in der Schule während der Unterrichtszeit das Ziel hatte, einen kleinen Bruder zur Aufsicht bei Murat zu hinterlassen) fand für Murat häusliche Aufgaben weitaus wichtiger als Bildung, zumindest als deutsche Bildung.

Soviel allgemein zu Sprachstand, Leistungsmotivation und Lerngeschichte.

3. Zum Gebrauch der Artikelkasus im "natürlichen" Deutscherwerb der türkischen Kinder

In diesem Abschnitt wird der Kasusgebrauch der Kinder, hauptsächlich erkennbar an den Artikelformen, vor den Versuchen dokumentiert, damit deren Sprachstand eingeschätzt werden kann.

3.1 Beispiele aus Texten der türkischen Kinder sind folgende:

1. aus einer Niederschrift im Anschluß an die Behandlung des Themas "Post".

Emel: "Mann legt *die* Brief in *den* Briefumschlag, dann legt man *das* Brief in *den* Briefkasten."

Serkan: "Zu erst schreibt man *die* Briefe dan schmeist man *die* Briefe zu __ großen Briefkasten. Dann holt *der* Briefmann *den* Briefe und tut es in *einem* Sack und Briengt *die Die* Briefe zu __ Postamt und lehrt *den* Briefe in *einem* Tisch ..."

2. Erzählung zweier Schüler zu Türkei-Dias; freie Rede im Kasperlspiel:

Ali: "Das ist *ein* Ast. Und dann *die* machen *den* Erde rein und *die* Kühe ziehen es. *Die* lassen *die* mit Erde, und Kühe ziehen. Reißt Boden auf, aber Traktor wär besser."

Necip: "Tandir heißt, daß man wie *eine* Bäcker, aber innen muß man/ Mann. Darf ich malen? Wenn es hier Bäcker ist, hier kauft man/ Mann?, hier sein Geschäft man/Mann, da kann man/Mann was nehmen. Hier ist noch *eine* andere Haus, da kann man/Mann - da machen *die* Männer - mit seine Kopf so mach - soso Männer machen *die*, *die* machen *die*, backen hier."

Mehtap: "Jetzt gebe ich *der* Prinzessin. Aber wo ist *der* Prinzessin?"[11]

Die Formen, die als Artikel oder als Personalpronomen fungieren können, sind in den Texten unterstrichen.

Wie man sieht, ist besonders in mündlicher Rede oft schwer zu entscheiden, ob überhaupt ein Artikel gebraucht wird oder ob der Artikel die nicht korrekte Form hat (Ali: "die machen den (=Ast) (in die) Erde rein" oder "die machen (den Ast) (in) den Erde rein") oder ob Stellungsregeln nicht angewendet werden (Necip: "da machen die Männer - soso Männer machen die, die machen die") oder ob die Form des Nomens oder des Artikels gelten soll (Emel: "die Brief(e)" Pl. oder "die (=der) Brief" Sg.).

3.2 Zum Artikelparadigma

Es erscheint mir ziemlich sicher, daß das Artikelparadigma von unerfahrenen Deutschlernern nicht nur nicht durchschaut wird in bezug auf Kasus und Genus, sondern erst recht nicht in bezug auf Homonymien der grammatischen Formen (*der, des, dem, den, die, das*). Der Gebrauch der Formen durch die Kinder richtet sich eher nach deren Frequenz im Sprachgebrauch der Deutschen und nach einer naiven Zufallsdistribution: Alle sprachstatistischen Untersuchungen, bei denen

[11] Ende des 2. Schuljahrs. Die Schülerin remigrierte während der folgenden Ferien.

Strukturwörter gezählt werden, ergeben, daß *die* das häufigste Wort der deutschen Sprache überhaupt ist.[12] Infolgedessen konstruiert der ausländische Sprecher die Hypothese, daß *die* mit der höchsten Wahrscheinlichkeit an einer Artikelstelle richtig ist, gefolgt von *den*. Da er schon erkannt hat, daß *die* nicht in allen Fällen einsetzbar ist, hierfür aber noch keine Regel kennt, verteilt er die ihm im Gedächtnis gebliebenen anderen Formen nach dem Zufallsprinzip, nämlich *der*, *das*, *den*, seltener *dem* und *des* gar nicht. Auf "natürlichem" Wege, also durch den Sprachkontakt mit deutschen Kaufleuten, nicht-türkischen Kindern und auch deutschen Lehrern, hatten die Kinder bisher das Artikelsystem nicht erworben, vielmehr war es hier zu Fossilierung von Fehlern gekommen. Coburn-Staege u.a. 1983 zählen auch die Kasusergänzungen (die ja am Artikel ihren Ausdruck finden) zu recht zu den Strukturen, die ungesteuert nur sehr schwer erworben werden können.[13]

Warum kommt der Beherrschung der Artikelformen überhaupt Bedeutung zu? Die Texte der Kinder zeigen es bereits: Die Artikelformen sind ein wesentlicher - aber nicht der einzige - Indikator für die Funktion eines Nominalglieds im Satz. Hinzu kommen evtl. Flexionsmorphem des Nomens, Stellung der Satzglieder, Satzbedeutungselemente sowie Alltagswissen als Steuerung der Bedeutungserwartung.

Die Lautformen *der* und *die* haben je vier grammatische Deutungen: *der* ist Nom. m. Sg., Gen. und Dat. f. Sg., Gen. Pl.; *die* ist Nom. und Akk. f. Sg. und Nom. und Akk. Pl. Zwei der Deutungen von *der* sind also Genitive und somit relativ selten in gesprochener Sprache, während alle Formen von *die* Nominative oder Akkusative und damit hochfrequent sind. Dies erklärt, warum *die* die häufigste Artikelform sein muß.[14]

Der Gebrauch von *ein-* ist noch schwieriger: *ein-* flektiert im Prinzip wie der Artikel, hat aber im Nom. m. Sg., Nom./Akk. n. Sg. ein Null-

---

[12] Vgl. die Übersicht bei Kühn 1979, S. 32

[13] Coburn-Staege u.a. 1983, S. 26. Besonders zu den Schwierigkeiten für Türken vgl. Sen 1984. Falsch ist m.E. die Vermutung, es lägen Kasus- und Genusfehler vor. Das sieht nur für den Kenner der Grammatik so aus. Weder Kasus noch Genus sind intendiert, weil in diesem Stadium noch gar nicht erkannt. Zumindest Türken gebrauchen die verschiedenen Artikelformen ihrer Intention nach genus- und kasusneutral. Als Beleg für meine Vermutung möge dienen, daß das Genus auch bei geschlechtsbestimmten Personen, bei denen es sich nach dem Sexus richtet, falsch gebraucht wird: "die Mann" etwa, nicht nur von Türken, sondern auch von Griechen gebraucht, die in ihrer Sprache doch Genera haben. Vgl. auch das Kasperl - Beispiel:"Jetzt gebe ich *der* Prinzessin. Aber wo ist *der* Prinzessin?" und auch "die Meer" usw.

[14] In den schon genannten Wortfrequenzzählungen hat *des* als Artikelgenitiv sogar nur ein Viertel der Frequenz von *die*, obwohl diese Zählungen sich auf geschriebene Bildungssprache beziehen.

morphem als Endung und tritt im Pl. gar nicht auf. Wenn die Endung null ist, flektiert ein evtl. nachfolgendes Adjektiv stark, sonst schwach.

All dies wird von Ausländern des genannten Sprachstands gar nicht wahrgenommen. Sie verwenden, wenn überhaupt, *ein* oder *eine* und sonst nichts, und das kasus- und genusneutral. Es ist wahrscheinlich, daß das Genus- und Kasussystem, das ja am Artikel und an anderen (nicht allen) Determinantien am deutlichsten sichtbar ist, für Sprecher einer artikellosen Sprache schwieriger zu erlernen ist als für Sprecher von Artikelsprachen. Allerdings tauchen Artikelfehler auch bei Griechen und Italienern auf, und zwar nicht nur Verstöße gegen Genus und Kasus, sondern auch Fehlen des Artikels überhaupt.[15] So wundert es nicht, daß der Artikelgebrauch als ein wichtiges Kriterium der Sprachstandsbestimmung von Ausländern angesehen wird.

3.3 Zum Erwerb des Artikelsystems

In der türkischen Klasse 3 wurden die Artikelformen im ersten Drittel des Schuljahrs mithilfe von Farbkärtchen behandelt, der Genitiv des Artikels allerdings nicht. Das Ziel war, über Bewußtmachung der Zusammengehörigkeit verschiedener Kasusformen einerseits und andererseits durch Unterscheidung der Genera und des Plurals jeweils Zusammengehörigkeit und Verschiedenheit genauer wahrnehmen zu lassen. Es sollte also die Einsicht in die Struktur gegeben werden ohne grammatische Terminologie, die ja eine neue sprachliche Leistung erfordert hätte. Durch diesen systematischeren, aber nicht formalabstrakten Zugang sollte dem konkret-operationalen Stadium der Kinder Rechnung getragen werden. Der Terminus "Artikel" wurde allerdings eingeführt, als einziger. Die metasprachliche Leistung lag im Erkennen der Zusammengehörigkeit. Diese kognitive Wahrnehmung als Impuls sollte in Verbindung mit übender Anwendung auf Dauer zu richtigerem Sprechen führen.

Nun ist es nicht möglich, wie bei einer naturwissenschaftlichen Versuchsanordnung das natürliche Sprachverhalten der Kinder vor und nach dem Unterricht zu vergleichen und aufgrund des Unterrichts unmittelbare Lernfortschritte festzustellen. Über die in Kap. 1.3. genannten allgemeinen Gründe hinaus läßt sich dazu noch ergänzen: In der schwächsten Sprechergruppe waren die Äußerungen der Kinder am Anfang des dritten Schuljahres zu kurz, um eine genaue Diagnose bezüglich des Kasussystems zuzulassen; bei den besser sprechenden Kindern hatte sich der Artikelgebrauch so verfestigt, daß er durch ein bißchen Unterricht nicht so schnell korrigierbar war. Es fehlte den Kindern deutlich der Kontakt zu einer deutschen Gruppe, mit der Gelerntes richtig geübt

---

[15] Ich will hier Sprecher von Artikelsprachen nicht weiter untersuchen, vgl. dazu eher Clahsen/Meisel/Pienemann 1983. Es müßte nämlich eingehend verglichen werden, ob die Distributionsregeln der Ausgangssprache sich mit denen des Deutschen in Beziehung setzen lassen, z.B. bei Artikellosigkeit oder Artikelzwang.

werden könnte. Immerhin konnte der weitere Unterricht, auch der thematische, an dieses Lernen anknüpfen und Korrekturen begründen.

Nach etwa drei Monaten gebrauchte Caner zum ersten Mal *dem* selbst. *einem* hatte ich bis März nur in Serkans Texten verzeichnet gefunden. Es schien sich aber, vielleicht durch bewußtere Sprachreflexion, größere sprachliche Aufmerksamkeit abzuzeichnen. Für die Klasse insgesamt war z.B. am Lesen festzustellen, daß Sinneinheiten wahrgenommen und Punkte und andere Satzzeichen nicht mehr überlesen wurden, was vorher der Fall war.[16] Ein Beispiel für mündliches Berichten um die Osterzeit ist Caners Darstellung einer Auseinandersetzung mit größeren Schülern:

> "Ich mit Murat waren hier. Und dann hab ich eine Besen geholt, da war ein paar Jungs eine Klasse. Und dann bin ich reingekommen, der war auch da, und dann haben die die Tür zugemacht. Wir haben geschuckt 'n Tür. Der war wieder eine Junge, Murat, ich habe zu dir gesagt. Und dann sind wir wieder zu, äh sind wir fertiggegangen, wir sind fertig. Und dann hat einer von den seine Jacke gestohlen. Und dann sind wir bei Frau R. gegangen, da haben wir gesagt: 'Diese Klasse machen nicht.' Und dann haben wir eins bei Klo gesucht, bei Klo war es." (die Jacke nämlich)

Caner hat sein Lexikon ausgebaut und bildet selbst in diesem langen Text finite Verbformen. Ich will hier keine Einzelanalyse vornehmen, zumal die eigentliche Leistung wirklich die Textlänge ist. Den Artikel bzw. ein artikelhaltiges Determinans setzt er, wo erforderlich; allerdings bleibt das Genus unsicher: "eine Besen, eine Junge" gegenüber "die Tür, seine Jacke, diese Klasse". "(de)n Tür" könnte ein Versuch sein, einen abhängigen Fall zu bilden. Resistent gegen Sprachfortschritt scheint die verfestigte Präposition *bei* zu sein: "bei Klo gesucht, bei Klo war es." ohne Artikel vor dem Nomen.

Folgende Zugehörigkeitsrelationen konnten die Kinder bilden:
- Eigennamen mit Genitivsuffix *-s* ("Murats Brille"),
- präpositionaler Anschluß mit *von* wird von den besseren Sprechern beherrscht ("(die) Brille von mein Mutter"),
- über den possessivischen Anschluß verfügen alle Kinder ("Serkan seine Spielgeld").

Aus dem Text, in dem Önder über seine Lebensperspektiven spricht, wird klar, daß eine formale Beherrschung des possessivischen Anschlusses nicht reicht, um sich auch nur verständlich auszudrücken:

> "Mein Vater hat ein neue Haus gemacht, das gehört ihn, die sitzen die Mann. Mein Vater sein Vater geben alles Geld mein Vater sein Vater. Wir bleiben - wir gehen - ich bin achtzehn Jahre, ich bleib hier, mein Vater gehen in Türkei.

---

[16] vgl. Anm. 1 über die Lesbarkeit von Texten in Zusammenhang mit Kenntnis von Sprachstrukturen.

Obwohl der Ausdruck "mein Vater sein Vater" als einzelner als "Opa" verstanden wird, versteht man den zweiten Satz nicht. Vermutlich ist der Satz so aufzulösen: '/Mein Vater/sein(em) Vater/gibt alles Geld; mein Vater/(gibt alles Geld)/sein(em) Vater.' Im ersten Teil des Satzes kommt Verstehen nicht zustande, weil Önder (interferenz- und lernphasenbedingt?) weder Deklination noch deutsche Wortstellung beherrscht. Die letzte(n) Nominalgruppe(n) "mein Vater (/) sein Vater" ist/sind vielleicht wiederholende Extraposition zur Hervorhebung der Referenzobjekte, hier des Vaters, der das Geld gegeben und des Großvaters, der es bekommen hat (zwei Rhemata?). Dann kann man den Text so verstehen:

> 'Mein Vater hat ein neues Haus gebaut, das gehört alles ihm (= feste Wendung zur Bezeichnung des Besitzes, keine eigene syntaktische Leistung!), darin wohnt jemand anders (?). Mein Vater hat alles Geld dafür seinem Vater gegeben, der in der Türkei ist. Wenn ich achtzehn Jahre alt bin, bleibe ich hier, mein Vater geht in die Türkei zurück.'

Das Beispiel veranschaulicht sicher auch die Schwierigkeit, solche Äußerungen mit Parametern zur Sprachbeherrschung zu messen.

Damit ist der Stand der Kinder zu dem Zeitpunkt beschrieben, als sich die folgende Situation quasi von selbst ergab. Sie wurde zum Ausgangspunkt für die nachfolgende punktuelle Betrachtung, die den raffenden Bericht oben sozusagen unter der Lupe ergänzen soll.

4. "das Fell eines Schafes"

Ein Schattenspiel mit dem Titel "Das Fellmädchen". Es handelt sich um ein türkisches Märchen,[17] ganz ähnlich dem Grimmschen Märchen von Allerleirauh. Die Prinzessin, die ihren Vater, den Sultan, nicht heiraten will, geht zu einem Schäfer und bittet ihn um ein Schaffell, um in dieser Verkleidung in die Welt zu gehen.

(1) Erste Probe. Murat 1 als Prinzessin, Necip als Schäfer.[18]

Murat 1: Was muß ich sagen?
Lehrerin: Du sagst, du willst das Fell eines Schafes haben.
Murat 1: Ich will von einem Fell von eines Schafes!
Necip: Ich gib dir eines Schafes.

Kommentar: Es war an dieser Stelle Absicht der Lehrerin, die Antwort nicht vorformuliert zu geben, sondern den Schüler noch daran arbeiten

---

[17] Türkische Märchen 1967, S. 157 - 160.

[18] Hier wie im folgenden werden Äußerungen der Objektsprache in rechtschriftlicher Form wiedergegeben, nicht in phonetischer Umschrift, auch nicht in einer der eingeführten Notationsweisen, wie sie z.B. Ehlich/Switalla 1976 zusammengestellt haben.
Da in unserem Fall das Interesse nicht auf phonetische Realisierung oder interpretierbare Verzögerungen gerichtet ist, gebe ich der besseren Lesbarkeit den Vorzug.

zu lassen. Er sollte *du* in *ich* umsetzen und die Verbkongruenz finden. Murat 1 konnte das verstehen und nach Anweisung handeln.

Es handelte sich um den ersten Genitiv, hier in seiner häufigeren Funktion zum Anschluß eines Attributs an das Bezugsnomen, der gebraucht wurde mit der impliziten Aufforderung, ihn zu wiederholen.

Beide Schüler konnten nach dieser ersten bewußten Okkurenz die Genitivform speichern, allerdings nicht das exakte Nominalglied mit dem Genitivattribut als Ganzes. Necip reproduzierte nach zweimaligem Hören die richtige Form des Attributs. Ganz sicher bewirkte das Bemühen um Korrektheit an dem von ihm als wichtig erkannten Punkt die mangelnde Konzentration an dem Punkt , den er eigentlich beherrschte, nämlich die Akkusativ-Ergänzung 'das Fell'. Fehlertyp: Simplifiktation der hypotaktischen Konstruktion 'das Fell *eines Schafes*' (* = eingebettetes Attribut) durch Reduktion auf eine Ebene; eine zweigliedrige Ergänzung, die hierarchisch strukturiert ist , wurde reduziert auf ein Glied. Das ausgedrückte Glied war nicht das hierarchisch höher stehende, sonst wäre der Satz noch grammatisch gewesen ('Ich gebe dir das Fell.'). Offenbar stand hier nicht die syntaktische Hierarchie im Vordergrund, sondern der Anziehungspunkt der kindlichen Aufmerksamkeit, den ich 'Fokus' nenne.

Murat 1 verstand den Genitiv als eine Form, die 'Zugehörigkeit' ausdrückt. Er versuchte offensichtlich, die eben gehörte und gespeicherte Form 'eines Schafes' mit ihm bekannten Formen von Zugehörigkeitsausdrücken in Einklang zu bringen. Ein bekannter Ausdruck war 'von einem Schaf'. Seine erwartbare Varietät könnte lauten: 'das Fell von einem Schaf'/'von einem Schaf das Fell', was beides akzeptabel und eher dem mündlichen Sprachgebrauch zuzurechnen wäre. Zu erwarten wäre nach den bisherigen Beobachtungen auch '(dem) Schaf sein Fell', was wohl am Rande der Grammatikalität liegt, vgl. oben. Die Präpositionalkonstruktion eines Attributs mit *von* durfte bei beiden Schülern als erworben angesehen werden, wie Sprachaufnahmen zeigen.

Eben weil Murat 1 bereits die Struktur des Präpositonalattributs beherrschte und das Genitivattribut als konkurrierend erkannte, kam die korrekte Wiederholung bei ihm nicht zustande. Beide Formen überlagerten sich und hemmten sich gegenseitig. Was oberflächlich betrachtet wie Präposition und falscher Kasus des abhängigen nachfolgenden Nominalglieds aussah ('von eines Schafes'), muß interpretiert werden als die Verschmelzung zweier Konstruktionen derselben Funktion ('von einem Schaf' und 'eines Schafes' als Attribute) zu einer Konstruktion, die hyperkorrekt ist insofern, als sie zwei erkannte Strukturregeln über deren Geltungsbereich hinaus ausgedehnt und so das Attribut überstrukturiert: mit Präposition von plus Genitiv.

Daran mitgewirkt haben

a schon vorhandenes internes Grammatikwissen der Zielsprache (wie man ein nominales Attribut konstruiert, nämlich mit Präposition und obliquem Kasus) und b das akustische Gedächtnis mit der eben gehörten Lautform, die leicht zu speichern ist, weil es das grammatische Morph *-es* auch als Realisierung anderer Morpheme als des Genitivmorphems gibt.

c Interferenz aus dem Türkischen. Eine solche Interferenz könnte sehr allgemeiner Art sein, insofern als im Türkischen Zusammengehörigkeit durch doppelte Verklammerung ausgedrückt werden kann,[19] z.B. durch Genitivsuffix am Grundwort und Possesivsuffix am Bestimmungswort. In (1a) hatten wir es aber (vermutlich) nicht mit der Verklammerung beider Nomina, sondern mit dem doppelten Ausdruck einer gerichteten Abhängigkeit zu tun: das Attribut "von eines Schafes" wurde zweifach angebunden, was eben direkte Interferenz unwahrscheinlich machte, wenn man eng kausal argumentieren will. (Meine Interpretation wäre jedoch eher plurikausal als monokausal.)

Soviel zu 'von eines Schafes', dem Attribut.

Das Bezugswort des Attributs wurde ebenfalls als Präpositionalglied realisiert: 'von einem Fell'. Dies scheint deutlich beeinflußt von dem Kampf, den Murat 1 um das Attribut geführt hat. Wir sehen, daß dieser Kampf nicht erst hinter dem Bezugswort bei der neuen Struktur ansetzte, sondern schon vor dem Bezugswort 'das Fell'. Der syntaktische Anschluß des Attributs warf also seine Schatten weit voraus, die Satzplanung setzte mehrere Schritte vor der Realisierung ein, das ist an der Fehlleistung gut erkennbar. In diesem Fall handelte es sich also um den Fehlertyp der antizipativen (Fern-)Assimilation, hier vielleicht auch mit syntaktischer Hyperassimilation zu bezeichnen. Dadurch entstand eine - unkorrekte - Angleichung von Strukturen links des Fokus an diesen, wenn man die Äußerung linear betrachtet. Dieser Typ der (sprachlichen) Assimilation war wohl ein aktueller Versprecher, ebenso wie die Elision des Bezugsworts bei Necip. Das bedeutet, daß die Konzentration auf einen Fokus simplifizierenden oder assimilatorischen Einfluß auf die vorausgehenden Strukturen, also links des Fokus, ausüben kann.

Beide Kinder sind vergleichsweise erfolgsmotiviert, Necip stärker als Murat 1. Da ihre Reproduktionsleistung an dieser Stelle nicht korrigiert wurde, gingen sie von der Annahme aus, sie hätten sich akzeptabel ausgedrückt.

Die erste Wiederholung fand einen Tag später statt, sodann erfolgten in derselben Woche täglich ein bis zwei Wiederholungen bis zur Aufführung. Es war nicht zu erwarten, daß die Kinder bei der ersten Wiederholung nach vierundzwanzig Stunden das korrekte Genitivattribut produzieren würden. Eher konnte man damit rechnen, daß die bekannten Zugehörigkeitsausdrücke aufträten, also "das Fell von einem Schaf, Schaf sein Fell". Komplexität der Struktur und Neuheit waren nach meiner Einschätzung einfach zu groß.

(2) Erste Wiederholung (Der Akzent gibt die betonte Silbe an):
(a)Murat 1: Ich will ein Schafes Féll haben von dir.

---

[19] Vgl. Ersen-Rasch 1980, bes. S. 48 f, 62 f, 100 ff, 228 ff.

(b)Necip: Okay, ich geb dir ein Schafes Féll.

(3) Zweite Wiederholung:
(a)Murat 1: Du mußt mir ein Schafes Féll geben.
(b) Necip : Hier hast du ein Schafes Féll.

Auch die Form 'ein Schafes Fell' wurde nicht korrigiert, sondern nur beobachtet;[20] alle weiteren Wiederholungen lauteten wie (2) und (3). Variationen bzw. neue Hypothesesn der Schüler gab es nicht mehr.

Kommentar: Murat 1 hat die angebotene Form weiter verarbeitet und über vierundzwanzig Stunden das gespeichert, womit er an Bekanntes anknüpfen konnte, aber nicht, was ganz neu war. Deswegen kommt es nun zu Simplifizierung. Dabei blieb die Lautform des Nomens im Genitiv richtig. Nicht lange zu speichern war für ihn wohl die Gesamtkonstruktion des Attributs mit Artikel im Genitiv rechts vom Bezugswort. Vielleicht spielt dabei der Gesichtspunkt der Endlastigkeit des Satzes ebenfalls eine Rolle.

In seinem Verarbeitungsprozeß war Murat 1 vermutlich bestrebt, eine Formenklasse zu finden, in die die gespeicherte Form paßt, also an bereits geschehene Lernprozesse anzuschließen und sich an verarbeiteten Sprachdaten zu orientieren. Zur Auswahl standen sowohl

1. die Nominalkomposition mit *-s*-Fuge nach dem Muster 'Königsschloß' ('könig schloz' schriftlich von Murat 1) als auch

2. das nach *ein* stark deklinierte Adjektiv als Attribut vor einem neutralen Nomen nach dem Muster 'ein scharfes Messer'. (Allerdings ist die Deklinationsregel nicht durchschaut, weil bei ihm auch Konstruktionen wie 'das scharfes Messer' vorkommen.)

(Das eher poetische 'eines Schafes Fell' ziehe ich als Murats Muster nicht in Betracht.)

Aus den Äußerungen (2a, 3a) ist nicht eindeutig zu klären, welche Hypothese er jetzt bildet. Ich nehmen an, daß beide Konstruktionen nicht unterschieden werden, sondern sich diffus überlagern, denn

a) habe ich von den Kindern oft bei deutschen Determinativkomposita den Akzent auch auf dem Determinatum/Zielwort gehört ('Königsschlóß'), auch wenn es sich eindeutig um ein Kompositum handelte. Das mag mit an den nicht zum Nebenton abgeschwächten Akzentverhältnissen im Türkischen liegen. So wurden auch andere Wörter gelesen, z. B. 'Einfamilienhaus' als 'ein Famílienhaus' gelesen (und verstanden als 'ein Mietshaus'). Entsprechend wurde 'Zweifamilien-

[20] Der Akzent auf 'Féll' soll angeben, daß der Nebenton nicht abgeschwächt war wie in dt. 'Schа́fsfèll', so daß dem deutschen Sprecher 'Fell' betont erschien. - Da Rückmeldung und Korrektur auch für das Sprachlernen einen enormen Steuerungseffekt haben, vgl. Klein 1984, S. 152 ff, wurde während des ganzen Versuchs weitestgehend auf Stellungnahmen verzichtet, um den Prozeß der Hypothesenbildung möglichst wenig zu beeinflussen.

haus' gelesen als 'zwei Famílienhaus', und es wurde vermutet, dort könnten zehn Familien leben ('zwei Mietshäuser'). Daraus ist wohl zu schließen, daß deutsche Wortkompositionen nicht richtig verstanden werden.

b) erfüllt ja das Determinans/Bestimmungswort in den Determinativkomposita im Prinzip die Funktion eines Attributs. Zudem kann es für Attribute in Frage kommenden Wortarten, den Nomina oder den Adjektiven, entnommen sein. Nomina als Determinanten sind in jüngeren Komposita oft auf der Grundlage von Pluralen ('Büchergilde') oder Genitiven ('Königsschloß') gebildet, so daß eine Fuge unter anderem aus einem Genitivmorph entwickelt ist. Hierzu paßt 'Schafsfell', was ja grammatisch gewesen wäre.

c) schreiben und verstehen die Schüler Komposita oft als zwei Wörter, wie im Türkischen ('könig schloz'), so daß nicht zwischen Kompositum einerseits und Bezugsnomen mit vorangestelltem Genitivattribut zu unterscheiden ist ('das Königsschloß/ des Königs Schloß') Meyer-Ingwersen u.a.[21] beobachten, daß bei türkischen Schülern immer das Attribut dem Bezugsnomen vorausgeht, also links vom Bezugswort steht wie hier, und sehen den Grund dafür in Interferenz. Interferenzerscheinungen dürften wohl im gesamten Bereich der Komposition und der Attribute eine Rolle spielen, insofern es im Türkischen folgende Konstruktionen gibt: Nebeneinanderstellung (Juxtaposition) zweier Nomina ohne Suffixe, Zusammensetzung mit Possesivsuffix, Zugehörigkeitsrelation mit Genitivsuffix oder mit Genitiv- und Possessivsuffix.[22]

d) ist ein kompliziertes System von Allomorphen und Homonymien immer eine Lernschwierigkeit. Die allomorphen deutschen Lautformen *-es/-s* müssen als homonym aufgefaßt werden, und die zugehörigen Homonyme müssen richtig auf die Deklinationsmorpheme des Adjektivattributs, auf das Genitivmorphem und das Fugungsmorphem als ihre Allomorphe verteilt werden. Wie sollte ein Kind darauf kommen?[23]

---

[21] Meyer-Ingwersen u.a. 1977, S. 150, was sich mit meinen Beobachtungen deckt.

[22] Ersen-Rasch 1980, vgl. hier Anm. 13 Vgl. auch Sen 1984, an dessen Beispielen die unterschiedliche Struktur des Deutschen und Türkischen leicht faßbar deutlich wird.

[23] Allein die Vielzahl von Homoymien bei der Adjktivdeklination sollen einmal aufgezeicht werden (Beispiele aus einer Kasper - Riesen - Geschichte von Janosch):

-e Nom. m.f. n. Sg. nach flektierendem Begleiter, 'der wilde Riese' Akk. f. n. nach flektierendem Begleiter, 'seine gute Oma', 'das schöne Wetter'. Anrede f. Sg. 'liebe Oma', 'du liebe Oma'. Anrede Pl., 'liebe Kinder'. Nom. Akk. Pl. ohne Begleiter, 'liebe Kinder'. (9 Morphe)

-er: Nom. m. Sg. nach Begleiter mit Null-Endung oder ohne Begleiter. 'mein guter Junge', 'guter Junge'. Anrede m. Sg. 'du kleiner Gabel-

Drei konkurrierende syntaktische Konstruktionen, von denen jede ein Suffix *-es/-s* als Flexionsendung bzw. ein Infix *-es/s* als Fuge haben kann, führen nun dazu, daß dieses *-es/s* häufig in Äußerungen von Deutschen auftaucht.[24] Beim Hören sind sie für Muttersprachler nach dem Akzent zu unterscheiden.

Neben den Einfluß der Interferenz aus dem Türkischen erinnerte sich der Schüler Murat 1 also an ein links vor dem Nomen mögliches Suffix *-es/-s*. Er konnte annehmen, daß dieses Suffix vor Nomen mit einer Erwartbarkeit richtig ist, die bei etwa 30 % liegen mag. Zwischen den homonymen Suffixen *-es/-s* hat er mit Sicherheit nicht unterschieden. Diesen Fall, die grammatischen Strukturen nicht zu unterscheiden, sondern nur gespeicherte Lautformen an erwartbare Stellen zu setzen, können wir einerseits dem Fehlertyp der Simplifizierung zurechnen, andererseits gelten Schüler, die Hypothesen wagen und evtl. Fehler tolerieren, zu den erfolgreicheren Typen im Sprachlernen. Es zeigt sich hier, wie schwierig die analysierende Rezeption gesprochener Sprache ist.[25] Necips Antworten (2b und 3b) belegen, daß Murats Verfahren plausibel ist, denn Necip hat gar keine Schwierigkeiten, diese Konstruktion zu übernehmen, weniger Schwierigkeiten als mit dem zuvor angebotenen (1). Vermutlich trifft sich Necips Verarbeitungsprozeß mit dem von Murat.

Für eine Untersuchung scheint mir hier folgender Glücksfall vorzuliegen:

- Eine grammatische Struktur wurde mit ziemlicher Sicherheit bei ihrer ersten Okkurenz entdeckt. Diese Sicherheit schöpfe ich aus

---

bissen', 'dummer Kerl'.Gen. Dat. f. Sg. ohne Begleiter, 'guter Hoffnung', 'mit bleibender Sorge'. Gen. Pl. ohne Begleiter, 'im Bewußtsein guter Taten'. (4 Morphe)
-en: Gen. Dat. Akk. m. Sg. nach flektierendem Begleiter 'seiner langen Nase'. Gen. Dat. n. Sg. nach flektierendem Begleiter, 'des weißen Hemdes', 'dem weißen Hemd'. Nom. Gen. Dat. Akk. Pl. nach Begleiter, 'die lieben Kinder', 'der lieben Kinder', 'den lieben Kindern'. (9 Morphe)
-es: Nom. Akk. n. Sg. nach Nullendung des Begleiters, 'mein schönes Waldgras' oder ohne Begleiter, 'grünes Gras'. Anrede n. Sg., 'gutes Kind, du gutes Kind'. (3 Morphe)

[24] Eigene Zählungen etwas improvisierter Art ergaben in Kindergeschichten zwar nur geringe Erwartbarkeit für links stehende Genitivattribute mit *-s*-Suffix oder *-s*-Fugen in Kompositionen. Für Adjektivsuffixe ergaben sie aber die relativ hohe Erwartbarkeit von 27 %. Die Verteilung der Adjektivsuffixe sah so aus:

-e	*-er*	*-en*	*-es*
ca. 20%	ca. 13%	ca. 40%	ca. 27.%

[25] Über das Analyseproblem des Sprachlernenden handelt Klein 1984, S. 74 ff.

meinem fast täglichen Kontakt mit den Kindern über bis dahin sieben Monate.

- Die Situation des Probens für eine Schattenspielaufführung erlaubte etwa zehnmalige Wiederholung, ohne daß die Aufmerksamkeit speziell auf diese Dialogstelle hätte gelenkt werden müssen. Normalerweise kann man die Stadien der Hypothesenbildung nicht am selben Wortmaterial beobachten.
- Durch die Kontaktdichte werden Mißverständisse ausgeschlossen, etwa 'ein scharfes Fell'. Solche Mißverständnisse sind eine Gefahr im nicht-kontinuierlichen Umgang mit den Sprechern.

Meine Beobachtungen legen folgende Überlegung nahe: Selbst bei diesen zwei sprachlich besser entwickelten Schülern reicht offenbar die Konfrontation mit einer neuen grammatischen Struktur nicht dazu aus, daß diese ohne weiteres erworben werden könnte. Nicht einmal die Imitation gelingt ganz. Selbst wenn eine neue Struktur die Aufmerksamkeit des Lernenden erreicht, wird sie doch sofort von bereits bekannten Strukturen überlagert, so daß als neue Varietät (Übergangsgrammatik) eine Mischform entsteht, oder sie wird in wesentlichen Teilen verdrängt; beides ist Assimilation im psychologischen Sinne statt Akkomodation. Das normale Unterrichtsgespräch habe ich ja als relativ ungesteuert in Hinblick auf Erwerb der Grammatik angesehen, wobei der Lehrer als Leitbild und Muttersprachler eine Steuerungskomponente bedeutet.

Es ist nun die Frage, ob das für alle Kinder gilt und wieviel Steuerung gebraucht wird.

5. Schritte zur Steuerung des Genitiverwerbs

Obwohl in der Folge des 'Fellmädchen'- Schattenspiels die Lehrerin in natürlicher Rede häufiger Genitiv-Attribute gebrauchte, blieb dies für den Spracherwerb der Schüler wirkungslos: Es war keine als Genitiv erkennbare Form festzustellen, wenn man von den Eigennamen absieht. Es gab auch keine Nachfragen zu diesen Formen oder zu den Genitiven in Lesebuchtexten. Allerdings beobachtete ich auch keine genitivbedingten Mißverständnisse. Die Nicht-Achtung der Genitivformen spricht für eine globale Verstehenskompetenz, wie sie als ein Ziel im Fremdsprachenunterricht angestrebt wird, aber auch für geringe Differenzierungsleistungen bei der Rezeption von Rede, indem nämlich (fast) nur die Begriffswörter wahrgenommen werden. Adjektiv-Attribute mit -*es*-Suffix gab es öfter ("Mein Vater hat ganz großes Haus gebaut, elf Stock" (Ali) neben "ganz große Haus").

In drei Schritten wurde versucht, reproduktiv und produktiv die Aufmerksamkeit auf den Genitiv zu lenken, und zwar Ende Juni, Anfang Juli und Mitte Dezember. Um die Reproduktionen der Kinder in diesem Test auch quantitativ vergleichen zu können, nicht nur qualitativ wie oben, habe ich mich um ein Punktesystem für jede wichtige Teilsprachleistung bemüht. Dabei bin ich vom beschriebenen Sprachstand unterer Ebene ausgegangen, bei dem schon annähernde Wiederholung eine Leistung ist. Nicht gelungen ist es mir, vom jeweiligen Ausgangsniveau her die Schüler individuell zu bepunkten.

Übersicht:

je Begriffswort (in der Nominalgruppe mit Genitivattribut)		1 Punkt
inhaltliche Paraphrase, z. B. Präpositionalkonstruktion		1 Punkt
Artikelgebrauch je		1 Punkt
korrekt verwendete Kontamination von Artikel und Präp.		1 Punkt
korrekte Genitivform	zusätzlich	2 Punkte
exakte Wiederholung der Nominalgruppe	zusätzlich	2 Punkte

Damit wird für die richtige Fokussierung sowie für die exakte Wiederholung der Nominalgruppe jeweils ein Bonus erteilt. Es wird sich zeigen, daß trotzdem Probleme durch das Punktesystem entstehen.

5.1 Reproduktion von Genitivformen nach Sprechimpuls

Zu Anfang des 3. Schuljahrs reichten längst nicht bei allen Kindern das akustische Gedächtnis und die Konzentration soweit, auch nur ein Nomen mit Artikel richtig wiederholen zu können. Dazu war Übung notwendig. Mir scheint allerdings das Erkennen von Strukturen und das Speichern von Lautfolgen (Gedächtnislernen), das auch im folgenden gefordert wird, eine wesentliche Fähigkeit auf dem Wege des Sprachlernens im Zielsprachenland zu sein.[26] Schließlich läuft der ungesteuerte Spracherwerb hauptsächlich über das Hören.

Der erste Schritt bestand in Nachsprechübungen, denen die Schüler, die sonst keineswegs immer leicht zu unterrichten waren, gern folgten. Einerseits entsprechen solche Übungen türkischen Lerngewohnheiten und wecken damit Erfolgserwartung. Andererseits motiviert eine (vermeintlich leicht zu erreichende) korrekte Äußerung, weil man dadurch der Ehre des Beifalls der Zuhörer teilhaftig werden kann (für türkische Kinder nicht unerheblich). Drittens bieten sich dabei zahlreiche Möglichkeiten, von der Lehrerin beachtet zu werden.

Die Sätze schlossen sich inhaltlich eng an Bekanntes (Märchen, Zoobesuch) an, so daß sie nicht isoliert und fremd waren, sondern gut verstanden wurden, damit nicht noch andere als die Schwierigkeiten der Genitivstruktur aufträten. Es handelt sich um Einzelsätze, damit der Komplexionsgrad gering gehalten wurde. (Was hier in der Transkription lang erscheint, nahm jeweils nur wenige Minuten in Anspruch.)

Während des Versuchs saßen die Schüler an ihren Tischen in Hufeisenform. Die Lehrerin sprach den mit Ziffer gekennzeichneten Satz jeweils zweimal langsam vor, die Schüler wiederholten ihn in der aufgerufenen Reihenfolge. Für jede richtige Antwort konnten maximal 8 Punkte verteilt werden.

(4) Der Löwe und der Frosch gingen in das Schloß der Fee. (zweimal)
  (a) Der Frosch -- und der Löwe gehn in den Schloß zu Fee. (Necip)
  Wiederholung (4)
  (b) Der Löwe und der Frosch gingen in Schloß zu Fee. (Caner)

---
[26] vgl. Apeltauer 1987, Kap. 3.2. und die dort verarbeitete Literatur.

(c) Der Löwe und der Frosch gingen in das Schloß Fee. (Erdogan)
(d) Der Löwe und der Frosch gingen zur den Schloß zur Fee. (Necip)
(e) Der Löwe und der Frosch gingen in das Schloß zu Fee. (Murat 2)
(f) Der Löwe und der Frosch gingen ins Schloß -- gingen ins Schloß zu Fee. (Murat 1)

(5) Die zwei Riesen gingen in das Schloß des Königs.
(a) --- (Gülizar)
(b) Die zwei Riesen gingen in Schloß -- den König. (Gülcan)
(c) Der zwei Riese ging ins Schloß König. (Önder)
(d) Zwei Riesen gehen zum Schloß der König. (Ali)
(e) Zwei Riesen gingen in das Schloß des Königs. (Caner)
(f) Der zwei Riesen ging im Schloß zu König. (Erdogan)
(g) Die zwei Riesen gingen -- Die zwei Riesen gingen zu Schloß des Königs. (Necip)
(h) Die zwei Riesen gingen -- (Gülizar)
(i) Die zwei -- Die zwei Riesen gingen ins Schloß zum König. (Murat 1)
(k) Die zwei Riesen gingen in das Schloß zum König. (Gülcan)

(6) Schneewittchen trank aus dem Becher des Zwergs.
(a) Schneewittchen trank aus dem Becher -- so -- von sieben Zwerge. (Erdogan)
(b) Schneewittchen trinkt aus dem Becher des Zwergs. (Necip, stark konzentriert).
(c) Schneewittch4n trank aus dem Becker/Bäcker (?)--- (Gülizar)
(d) Schneewittchen -- trinkt den Becher -- mit den -- sieben Zwerge. (Murat 2)
(e) Schneewittchen trinkt von sieben Zwergen. (Önder. L: Und wo ist der Becher? Önder: Bei Schneewittchen!)
Wiederholung (6)
(f) trinkt von Becher von sieben Zwergen. (Önder)
(g) Schneewittchen trinkt aus dem Becher des Zwergs. (Ali)
(h) Schneewittchen trinkt aus dem Becher des Zwergs. (Caner)
(i) Schneewittchen trinkt aus dem Becher -- bei Zwerg. (Gülcan)
Nach dem Punktesystem sieht die Leistung so aus:

	Gülcan	Gülizar	Nahide	Ali	Caner	
(4)					4	Meßpunkte
(5)	4;8	-		5	8	
(6)	5	3		8	8	

	Erdogan	Murat 1	Murat 2	Necip	Önder
(4)	4	5	5	5; 7	5
(5)	5	8		5	
(6)	5		3	8	2; 4

Dieses Meßergebnis zeigt Caner vorn, gefolgt von Necip, Ali und Murat 1. Nahide, die sich nicht gemeldet hat, liegt deshalb ganz hinten. Nicht erkennbar ist, ob ein Kind den betreffenden Satz nach einer richtigen oder falschen Wiederholung reproduziert hat und welche Paraphrasen es evtl. verwendet hat, vgl. z. B. den anfänglichen Gleichstand von Murat 1 und Önder.

An den Wiederholungen von (4) war auffällig, daß kein Kind bereit oder in der Lage war, die feminine Genitivform des Artikels zu gebrauchen, obwohl (oder gerade weil?) *der* als eine der Artikelformen ja bekannt war. Ich interpretiere hier wieder wie bei (1), daß die Kinder den Inhalt des Satzes mit der Zugehörigkeitsbeziehung des Genitivattributs verstehen; sie machen daraus aber eine Präpositionalkonstruktion.[27] Streng genommen ändert sich dadurch der Inhalt; (4) und (4d) sind nicht exakt Paraphrasen voneinander, weil *zu* kein Attribut als HAB-Relation, sondern einen zweiten Direktiv einleitet ('in das Schloß und zu der Fee' bzw. 'wo die Fee war'). Zwei Direktive sind nebengeordnet.

Offensichtlich ist der in der Varietät der Schüler so anders kategorisiert, daß es hier nicht auf Anhieb wahrgenommen werden kann, obwohl (4) zu Anfang zweimal gesagt und nach (4a) nochmals wiederholt wurde. Spürbar ist aber das Bemühen der Kinder, einen angemessenen Ausdruck zu finden, also ihr Verstehen. Dieser variiert

von (4c) 'in das Schloß Fee'

eine Art Juxtaposition, die bei Erdogan öfter vorkommt, aber auch bei anderen. Vgl. (5c) Önder (der später in (6e) das Bezugsnomen wegläßt wie Necip in (1b)). Hier liegt überall Simplifizierung vor, weil nur die Begriffswörter des Fokus stehen. Man könnte an Interferenz aus dem Türkischen denken.

über 4a 'in den Schloß zu Fee'

Präposition plus Nomen ohne Artikel. Artikellosigkeit gerade nach Präpositionen ist ein Merkmal der Sprache der meisten dieser Kinder (die allerdings schon von den Postpositionen des Türkischen zu den Präpositionen des Deutschen umlernen lernen mußten). Es liegt so ein nicht ganz grammatischer Paraphraseversuch vor (vgl. Gülcan (6i)).

bis (4d) 'zur den Schloß zur Fee'

Präposition plus Artikel plus Nomen, wobei nach einer grammatischen Regel des Deutschen Präposition plus Artikel zu einer phonologischen-morphologischen Einheit kontaminiert sind (Portemanteau). Das Genitiv-Attribut ist akzeptabel umgeformt (vgl. auch (5i,k)).

Wie vorher in (1a) treffen wir in (4d) eine antizipative Assimilation als Fehler an: 'zur den Schloß zur Fee'. Ganz offensichtlich tritt sie verstärkt auf, wenn ein Aufmerksamkeitsfokus -linear weiter rechts - schon vorher alle Konzentration beansprucht. Necip war deutlich bemüht,

[27] Vgl. dazu übrigens die knappen Bemerkungen bei Wode 1981, 1983, S. 250 f.

einen richtigen Satz zu bilden, was sich in Haltung und Artikulation zeigte. Salopp kann man im Umfeld von Fehlern durch Übereifer sprechen, die aber im Sprachlernprozeß zu tolerieren sind.

In Beispiel (5) wird nun die maskuline Genitivform der Attributgruppe gefordert. Zwei Schüler schaffen es, diese Form zu reproduzieren, Necip und Caner. Necip ersetzt links des Bezugsnomens in *das* durch *zu* ohne folgenden Artikel vor Nomen, weil er Genus und Kasus rechts des Nomens fokussiert.

Die übrigen Wiederholungen reichen von Juxaposition der zwei Nomina (5b Önder: 'ins Schloß König') über einen direkten Anschluß durch Kasus (5b Gülcan: 'in Schloß -- den König') bis zum präpositionalen Anschluß mit *zu*, teils artikellos (5f Erdogan: 'ins Schloß zu König'), teils mit kontaminiertem Artikel (5i Murat 1 und 5k Gülcan: 'ins/in das Schloß zum König').

Für Lernprozesse interessant sind Mehrfachwiederholungen durch denselben Schüler, Schon bei (4) hatten wir von Necip (4a) und (4d), wobei (4d) wenn schon nicht in der Wiederholung des Genitivattributs, so doch im Attributteil grammatisch war. In (5) fällt bei Gülcan auf, daß sie (obwohl sie sich ja gemeldet hatte!) nicht in der Lage ist, die für sie unkategorisierbare Genitivform zu wiederholen (5b). Sobald sie eine für sie verstehbare Form angeboten bekommt, wiederholt sie sie richtig (5k).

Wie stark Vorprägungen wirksam sind, wird an Beispiel (6) auch inhaltlich sichtbar. In (6) war nur von einem Zwerg die Rede; drei Kinder aber referieren auf die ihnen bekannten sieben Zwerge (6a, d, e, f). Die Kinder sind also stärker auf das Stereotyp fixiert als auf den neuen Inhalt. In (6b) gelingt es Necip endlich, eine fehlerfreie Wiederholung zu produzieren, für die er gelobt wird, ebenso Ali in (6g).[28] Bei beiden darf die Struktur als kurzfristig gespeichert gelten. Caner schließt richtig an Alis richtige Wiederholung an (6h); in (5e) hatte er sogar richtig an Alis falsche Wiederholung angeschlossen. Bei Gülcan sieht man wieder, daß sie eine unverstandene Struktur nicht aufnehmen kann.

Zusätzlich sollte man die Rechtslastigkeit der Genitiv-Attribute (das ist ihr Vorkommen linear rechts im Satz, also gegen Satzende) als Schwierigkeit für das Kurzzeitgedächtnis ansehen.

Trotz großer Konzentration ist es nur wenigen gelungen, einen Satz mit einer neuen Sprachform fehlerfrei zu reproduzieren oder den Satz in eine andere richtige Struktur zu überführen. Es sei noch dahingestellt, ob es sich um strukturelles Verstehen oder phonetische Reproduktion oder eine Mischung daraus handelt.

Zwischenergebnis: Nicht eindeutig kategorisierbare sprachliche Strukturen scheinen von Kindern im natürlichen Zweitsprachenerwerb nicht wahrgenommen zu werden; sie fallen durch das sprachrezeptorische

[28] Dieses Lob weist die Lehrerin aus nicht als neutralen Tester, sondern als Bezugsperson der Kinder. Kommentar Necip: "Schreiben Sie: sehr gut, Necip!"

Sieb.[29] Es bleiben offensichtlich nur die Strukturen hängen, die zu etwas in Beziehung zu setzen sind (siehe Gülcan in (5k), nicht (5b); Murat und Necip in (1) und (2). Diese Beziehung unterliegt der Interpretation der Lernenden; sie muß nicht sprachwissenschaftlich richtig sein (vgl. 'Schafes' in (2, 3)). Interessant sind gerade diese fehlerhaften Kategorisierungen, weil sie Einsicht in den Verarbeitungsprozeß gewähren oder Schlüsse darauf zulassen.

Ob neue Strukturen überhaupt aufgenommen werden können und welche, hängt offensichtlich ab vom Sprachstand der Lernenden und der Lernerpersönlichkeit. Im beschriebenen Fall muß schon ein solides internes Wissen über die Kasus vorhanden sein, und die Kinder müssen den Willen zur Aufmerksamkeit und zum Wahrnehmen von Details mitbringen. So konnte man aus Caners Entwicklung prognostizieren, daß er die neue Struktur aufnehmen würde, obwohl er in Wortschatz und allgemeiner Syntax und Sprechfertigkeit weit hinter Necip und Murat 1 zurückblieb. Caner konzentrierte sich aber auf das, was er im Deutschunterricht lernen konnte, und hatte trotz seiner Schwerfälligkeit eine hohe Leistungsmotivation. Er konnte hier auch deswegen mithalten, weil er im ersten Schulhalbjahr schon eine Annäherung an das deutsche Artikelsystem erreicht hatte.

Demgegenüber hat Murat 1 trotz seiner leichteren Auffassungsgabe mehr Schwierigkeiten, denn er fühlt sich nicht zu so starker Konzentration gezwungen und ist auch nicht so leistungsmotiviert und durchhaltewillig. Eben weil er besser deutsch spricht als die meisten anderen Kinder, verteidigt er eher seinen Status, wehrt Korrekturen ab ("Egal!") und nimmt Details weniger wahr, siehe hier (4f, 5i); bei (6) hat er sich gar nicht gemeldet. Vom Sprachstand her und nach (1 bis 3) hätte man erwarten sollen, daß Murat 1 das Genitivattribut sofort richtig aufgefaßt hätte.

5.2 Selbständige Produktion des Genitivattributs

Der folgende Versuch, der eine Woche später stattfand, sollte nun zeigen, inwieweit manche Kinder fähig waren, in Anlehnung an vorgegebenes Wortmaterial die richtige Genitivform zu bilden. Dazu war es nötig, den Kontext aus Gründen der Fokussierung zu begrenzen und die Endlastigkeit aufzuheben. Zwar blieb die Anbindung an besprochene Inhalte (Märchen, Zoobesuch) bestehen; es dominierte jedoch die Struktur.

Zweier-Wortgruppen wurden als Impuls, einen Sachzusammenhang sprachlich auszudrücken, sukzessive an die Tafel geschrieben. Eine weitere Arbeitsanweisung wurde nicht gegeben, um nicht etwa unerwünschte Sprachmuster ('Der Käfig gehört dem Löwen' usw.) zu provozieren.

Gerade an diesem Tag fehlte Caner.

Zunächst war festzustellen, daß schon die erste Wortgruppe 'Käfig - Affe' die Kinder stark motivierte, noch stärker als die Nachsprechübun-

[29] Dies bestätigt Corder 1967 mit der Unterscheidung von 'input' und 'intake', in der wiss. Literatur oft zitiert, z.B. bei Wilms 1984, S. 13.

gen. Das hat neben Inhaltlichem auch den Grund, daß die geringe Wortzahl die Erfolgsmotivation verstärkte und daß das Arbeiten an schriftlich fixierten Wörtern affektive Sicherheit verlieh.

(7) Der Käfig ________ Affe (Tafelbild)

Folgende Schülervorschläge waren auf dem Tonband zu verstehen, ohne daß die Sprecher identifizierbar wären:

"Affenkäfig - Der Käfig bei der Affe - Der Affe war in der Käfig - Der Käfig war in dem Affen drin - Der Käfig gehört den Affen - Der Affe möcht in den Käfig - Affe muß man ins Käfig reintun"

Hier wird die Palette der Möglichkeiten durchgespielt. Alle Äußerungen dokumentieren den Versuch, aus den vorgegebenen Wörtern eine sinnvolle und grammatische Äußerung zu bauen. 'Affenkäfig' ist eine stilistisch bessere Variante zum erwünschten 'Käfig des Affen'. Das Präpositionalattribut, das mit von plus Dat. m. akzeptabel wäre, enthält bei, das hier wieder übergeneralisierend gebraucht wird.

Es konnte jedoch spontan kein Genitivattribut gebildet werden, daher mußte wie in 5.1. vorgesprochen werden:

(8) der Käfig des Affen

(a) der Käfig -- (Murat 2)
(b) der Käfig des Affen (?)
(c) der Käfig -- dis (Gülcan)
(d) der Käfig des Affes (Necip)
(e) der Käfig -- gehört -- dem Affen (Ali)
(f) der Käfig -- (Murat 1)

Wiederholung von (8) durch die Lehrerin

(g) der Käfig des Affen (Murat 1)
(h) der Käfig des Affen (Ali)
(i) der Käfig des Affen (Önder)

Am Ende gelang die Wiederholung dieses Ausdrucks mehreren Kindern. Durch die Lücke im Tafelbild wurde die Aufmerksamkeit auf das einzusetzende Funktionswort fokussiert, was die Wiederholung erleichterte. Trotzdem brauchten die Kinder mehrere Wiederholungen. Necips Sprachsensibilität wird in (8d) sichtbar, als er 'Affe' mit Genitivsuffix -s versieht. Das dokumentiert die Produktivität seiner Übergangsgrammatik und ist insofern eine eigenständige Leistung, als er nicht die schwache Deklination wiederholt, sondern die starke selbst bildet, vielleicht in Anlehnung an 'das Fell des Schafes'.

Zur visuellen Unterstützung wurde des an der Tafel zwischen 'Käfig' und 'Affe' eingesetzt und 'Affe' mit dem schwachen Deklinationssuffix '-n' versehen. Im Tafelbild wurde dann 'Löwe' zur Substitution unter 'Affe' geschrieben. Folgende Versuche kamen zustande:

(9) der Käfig Löwe (Tafelbild)

(a) Der Käfig gehört den Löwe. (Önder)
(b) Der Löwe -- (Murat 2. L: Nein, der Käfig! Murat 2:) Der Käfig - - der Käfig gehört -- der Käfig ist Lö -- der Käfig ist ins Löwe.
(c) der Käfig des Löwen (Necip)
(d) der Käfig des Löwen (Murat 1)

(e) der Käfig des Löwen (Ali)
(f) der Käfig der Löwen (Erdogan)
(g) der Käfig des Löwen (Gülizar)
(h) der Käfig des Löwen (Gülcan)

Der Versuch zeigt, daß nicht nur die besser sprechenden Jungen, sondern auch die Mädchen mit visueller Hilfe überschaubare grammatische Strukturen analog bilden können. Diese visuelle Hilfe scheint hier der entscheidende Auslöser gewesen zu sein. Trotzdem schaffen Önder und Murat 2 keine richtigen Ausdrücke. Daß Erdogan eine grammatische Form gebildet hat (9f), nämlich den Genitiv Pl., könnte auch ein Versehen sein.

10) der Käfig ___ Elefant (Tafelbild)
(a) der Käfig des Elefant (Necip)
(b) der Käfig des Murat 1 (Necip. Murat 1: Danke danke danke!)
(c) der Käfig de/den Elefant (Erdogan. L: Nochmal deutlich?) der Käfig den Elefant
(d) der Käfig den Elefant (Önder)
(e) der Käfig des Elefant (Necip)
(f) der Käfig des Elefant (Murat 1)
(g) der Käfig des Elefant (Ali)
(h) Der Elefant sechs Liter Pisse. Hab geseht die. (Önder)

(10h) ist nur als kurzes Beispiel für eine spontane Äußerung von Önder berichtet, die einerseits zeigte, daß in den Beispielen für die Schüler Inhalte präsent waren, die andererseits Önders Sprachstand dokumentiert.[30] Trotz Tafeltext und mündlicher Vorgabe konnte Önder in (10d) immer noch nicht die richtige Form des Genitivattributs wiederholen, sondern nur die unmittelbar vorausgehende, also Erdogans falsche. Es ist fraglich, ob von diesem Sprachstand aus die Kasus Genitiv und Dativ überhaupt erworben werden können. Man sieht im folgenden, daß sich Önder noch nach vier Jahren deutscher Schule (da er Klasse 2 wiederholt hat) auf einer niedrigen sprachreflektorischen Stufe befand. Offenbar war er noch am Anfang des konkret-operationalen Stadiums, vgl. Stork in diesem Band.

Demgegenüber konnte Necip die Form schon nach falschen Wiederholungen richtig bilden, spielte mit ihr und bestätigte sich damit seine neue Leistung (10a, b). Bei Murat 1 und Ali schien sich die Form zu stabilisieren. 'Elefant' wurde vorläufig ohne Deklinationssuffix belassen und nicht korrigiert.

Das folgende Beispiel zeigt, daß bei den Schülern durch den Erfolg eine neue Leistungsmotivation zustande kam: Die gewandteren Schüler

---

[30] Önders Sprachstand: Verblose Äußerungen oder, falls 'pisse' als Verbform gemeint war, keine Konjugationsendung. (Solche Formen kann man aber auch als wortartneutral ansehen, sozusagen als vorgrammatisches Stadium, das den infinten Stil anzeigt).) Noch keine deutschen Wortstellungsregeln. Übergeneralisierung der regelmäßigen Bildung des Partizip Perfekt.

hätten jetzt gern im Sinne der pattern drills immer neues Wortmaterial attribuiert. Dabei kam es schnell zu Übergeneralisation des eben gelernten Maskulinums, woraus sich ein neues Problem ergab.

(11) Die Krone soll dem König gehören. (Lehrerin)
- (a) Die Krone des -- in -- des König (Murat 1)
  L: 'Königs' muß man da sagen.
- (b) die Krone des Prinzessin (Murat 1)
  L: Die Krone des Prinzen. Laßt uns 'Prinzessin' später nehmen!
- (c) Die Krone gehört -- die Krone des Prinzessin (Murat 2)
  L: die Krone des Prinzen
- (d) die Krone des Königs (Necip)
- (e) die Krone des Königs (Gülizar)
- (f) die Krone des Königs (Önder)
- (g) die Krone des Prinzessin (mehrere)
  L: Wir haben hier überall *des*, 'des Löwen, des Elefanten, des Königs' und so. Das sind lauter Wörter mit dem Artikel *der*. *des* gehört also zu der. 'Prinzessin' hat aber nicht den Artikel *der*, es heißt 'die Prinzessin'. Wenn jetzt 'Krone' davorsteht --
- (h) die Krone die Prinzessin!! (mehrere)
  L: Hört zu! Es heißt 'die Krone der Prinzessin'.
- (i) die Krone des Prinzessin (Erdogan)
- (k) Ah, ah! Die Krone der Prinzessin! (Necip und Murat 1, dann mehrere)
  Ist der eine Junge? Ist der aber eine Junge? (Önder)
  L: Wir haben schon mal bei den Artikelkärtchen gelernt, daß es ein *der* gibt, das zu *die* gehört. Ein *der*, das dieselbe orangene Farbe hat wie *die*. Das haben wir doch mal gemacht.
  Jaja! (Viele)
- (l) die Krone des Prinzessin -- nein, der! (Murat 1)
  L: 'die Krone der Prinzessin', weil dieses *der* zu *die* gehört. Und das *des* gehört zu *der* und bekommt blaue Farbe.
  Jajaja! (viele)
  L: Könnt ihr das auch mit 'Schloß' und 'Fee'? (keine Tafelanschrift)

(12)
- (a) In das Schloß ist ein Fee. (Necip)
- (b) das Schloß der --
- (c) das Schloß ein Fee.
- (d) das Schloß ist Fee.
- (e) das Schloß gehört -- der Fee.
- (f) das Schloß die Fee
- (g) das Schloß des Fee
- (h) das Schloß der Fee (Gülizar)
- (i) das Schloß den Fee (Önder)
- (k) das Schloß die Fee (Erdogan)

(l) das Schloß der Fee (Necip)
(m) das Schloß der Fee (Murat 1)
(n) das Schloß der Fee (Gülcan)
(o) das Schloß der Fee (Ali)

(12 b - g) wurden in die Klasse gerufen, ohne daß die Sprecher identifiziert werden konnten. Gülizar kann - trotz falscher Vorgaben - jetzt die richtige Analogie bilden, Önder und Erdogan können immer noch nicht richtig Vorgesprochenes wiederholen.

Interessant ist hier vor allem die Zwischenfrage von Önder: "Ist der aber eine Junge?", denn

- Önder hat endlich einmal über ein grammatisches Phänomen nachgedacht. Er nimmt *der* als Indiz für /männlich/. Man könnte darin seine symbolische Repräsentation sehen. Er assimiliert die Sprachphänomene und ist nicht in der Lage zu akkomodieren.
- Önder verwendet dennoch 'Junge' mit *eine* und substituiert *der* pronominal für 'Prinzessin', das heißt bei der Sprachproduktion wendet er seine Hypothese nicht an, daß maskulines Genus eine Form hat, die mit männlichem Sexus korrespondiert.
- Önder hat keinen Einblick in die Homonymie von *der* gewonnen, die zum Teil behandelt war und soeben wieder erklärt worden ist. Offensichtlich kann Önder aus Erklärungen und Erinnerungen nicht so viel entnehmen wie etwa Necip oder auch Gülcan oder Gülizar. Von formalen Operationen ist er noch weit entfernt.

Hier scheint mir ein entscheidender Punkt aufzutauchen: Ohne das formale Verständnis für Homonymie von Formen in verschiedener grammatischer Funktion ist es nicht möglich, das System der Kasus zu erwerben - es sei denn durch unendlich mehr Sprachkontakt, als für diese Kinder in ihrer Lebenswelt möglich ist. Ein zweiter entscheidender Punkt wird wieder an (12) sichtbar: Die Kinder sind aufgrund von Sprachstand, Konzentrationsfähigkeit und Lerntempo in verschiedenem Maße in der Lage, grammatische Strukturen aufzunehmen. Manches scheint dafür zu sprechen, daß es für Grammatikprogression[31] besonders geeignete Phasen gibt. Murat 1 befindet sich offenbar in einer solchen Phase ebenso wie Necip, ohne daß Murat 1 aber Necips Konzentrationsfähigkeit erreichte, vgl. (11a, l) vs. (10a). Necip hat während des ganzen Versuchs kaum einen Fehler an der Stelle seiner Aufmerksamkeit gemacht. Die Leistung von Ali in diesem Versuch, in dem er sich interessiert zeigte, ist im Vergleich zu seinen sonstigen Leistungen von besonderer Bedeutung. Während Erdogan keine richtige Wiederholung produziert hat, gehört Ali zu den vier Schülern, die die neue Artikelform am schnellsten verarbeitet haben.

Zur Probe die Meßzahlen für die grammatische Kodierung. Da die Begriffswörter an der Tafel standen, werden sie hier nicht in Punkten gemessen; ebensowenig gibt es 2 Zusatzpunkte für die richtige Nominal-

---

[31] vgl. etwa "rare events" bei Nelson 1981.

gruppe insgesamt. Die höchste Punktzahl ist demnach 4 (2 Artikelpunkte, 1 Punkt für Präposition möglich, 2 Genitivpunkte).

	Gülcan	Gülizar	Nahide	Ali	Caner
(8)				1; 4	(fehlt)
(9)	4	4		4	
(10)				4	
(11)		4			
(12)	4	4		4	

	Erdogan	Murat 1	Murat 2	Necip	Önder
(8)		4		2	4
(9)	1	4	-	4	1
(10)	1	4		4; 2; 4	
(11)	1	4; 4		4; 4; 4	4
(12)	1	4		3	

Rein quantitativ hatten Murat 1, Necip, Ali, Önder und Gülizar die höchsten Meßzahlen erreicht. Das verwundert. Dabei ist nicht berücksichtigt, ob die erste Analogie gebildet worden ist oder ob gerade vorher eine nicht korrekte Form zu hören war, globaler: über welche Hindernisse hinweg eine korrekte Form zustande kam usw.

Eine qualitative Frage ist, ob es nicht schon einen gewissen Lernfortschritt darstellt, daß nur noch einmal Juxtaposition gebraucht wurde, nämlich (12c) 'das Schloß ein Fee', wo immerhin ein Artikelwort eingefügt war. Man vergleiche das mit den Ausgangsbeispielen (4 und 5). Alle versuchten eine explizite Verknüpfung durch Artikelkasus. Die Kinder hatten damit eine neue Varietät erreicht, die der Zielsprachenvarietät näher ist.

5.3 Wiederholung im zeitlichen Abstand

Ein weiterer Versuch fand im Dezember statt, also fünf Monate später. Im Anschluß an eine Geschichte über einen Drachen, der als Brief an ein Kind im Krankenhaus verschickt wird, wurden den Schülern einzeln an ihren Gruppentischen Sätze zur Wiederholung vorgesprochen. Die Lehrerin ging mit dem Recorder von Tisch zu Tisch, wo die Kinder den Briefdrachen nachbastelten, und forderte sie einzeln oder zu zweit abwechselnd auf, vorgesprochene Sätze zu wiederholen.
Es handelt sich um folgendes Set:

(13) Der Kopf des Drachen ist im Briefkasten.
(14) Das Bett des Kindes steht im Krankenhaus.
(15) Das ist der Stempel des Unterpostmanns.
(16) Hier steht der Besen der Putzfrau.

In der vorhergehenden Stunde war die Geschichte ausführlich mit mit den Kindern von einer Studentin besprochen worden; (m. E. kindertümelnde) Ausdrücke wie 'Unterpostmann' waren erklärt worden.

Mit 6 bis 7 Wörtern sind die Sätze relativ kurz, ihr Inhalt ist der Geschichte entnommen, außer dem Genitiv-Attribut und dem Kompositum

'Unterpostmann' ist keine syntaktische Komplexität vorhanden. Die zwei ersten Sätze sind bezüglich des Genitiv stärker links- bzw. kopflastig, die zwei letzten stärker rechts- oder endlastig.

(In der Transkription kennzeichne ich Wiederholungen der Lehrerin durch '(wh)', Pausen der Kinder durch '-' je 1/3 sec.)

Gülizar, die zuerst an die Reihe kam, lächelte zunächst verlegen und wiederholte trotz freundlicher Ermutigung nichts. Als letzte erneut befragt, schaffte sie nach mehrfacher Wiederholung durch die Lehrerin, begleitet wieder von freundlicher Ermutigung, in der folgenden Reihenfolge:

(16a) (wh) Der Putzfrau steht dem Besen.
(15a) Das (wh 2 x) Das des Briefträgers.
(14a) Das Bett des Kindes -- in dem Haus.

Caner (b) und *Ali* (c) wurden, weil sie zusammen arbeiteten, abwechselnd befragt:

(13b) Der K - nee (wh) Der Kopf des Drachen ist im Briefkasten.
(15b) Das ist der Stempel -- ähm (wh) der Stempel von Unterpostmann.
(14c) Das Bett der Junge steht in Krankenhaus.
(16c) Hier steht der Besen na(?) Putzfrau.

Murat 1 (d):

(13d) Der Kopf ist bei ähm Drachen im Briefkasten.
(wh) Der Kopf des Drachen ist im Briefkasten.
(14d) Das Bett des Jungen steht in nem Krankenzimmer.
(15d) Das ist der Stempel des Unterpostmanns.
(16d) Das ist der Besen der Putzfrau.

Erdogan (e):

(13e) Der Kopf das Drache ist das Briefkasten.
(14e) Das Bett das Kindes steht auf dem/n Krankenhaus.
(15e) Das ist der Stempel Unterpostmanns.
(16e) Hier steht der Besen der Putzfrau.

Murat 2 (f):

(13f) Der Kopf --- (wh) Der Kopf des Drache im Briefkasten.
(14f) Das Bett --- (wh) Das Bett -- die Jungen im Krankenhaus.
(15f) Hier steht der Besen der Putzfrau.

Necip (g):

(13g) Der Kopf de - Der Kopf der Drachen ist im Briefkasten.
(14g) Das Bett des Jungen steht in der Krankenhaus.
(15g) Das ist der Stempel des Unter - Unterpostmanns.
(16g) Hier steht der Besen des Putzfrau. (wh) der Besen der Putzfrau.

Önder (h):

(13h) Der Kopf dem Drachen ist im Briefkasten.
(14h) Das Bett dem Kin Kin Kindes sitzt im Krankenhaus.
(15h) Ist des Stempel mit dem Postmann.
(16h) Der Besen mit dem Putzfrau. (wh) Hier steht der Putzfrau.

Gülcan (i) und *Nahide* (k) wechselten sich beim Antworten ab.

(13i) --- (wh) Der Kopf des Drachen ist im Briefkasten.

(14i) Das Bett der Kinder -- (wh) Bett des Jungen steht im Krankenhaus.

(15i) Das ist der Stempel des Unterspostmann.

(16i) Hier steht der Besen der Putzfrau.

(13k) Der Brief -- (wh) Der Kopf ist - Der Kopf des Drachen ist in der Brief.

(14k) Das Bett des Jungen steht in/m Krankenhaus.

(15k) Das Stempel ist unter dem Postmann. (wh) Das ist das Stempel - Sagen Sie nochmal! (wh) Das ist das Stemp -- Das ist der Stempel unter der Postmann.

(16k) Hier steht die Besen inne Putzfrau. (wh) der Putzfrau.

Quantitative Auswertung mit max. 8 möglichen Punkten:

	Gülcan	Gülizar	Nahide	Ali	Caner
(13)	8		8		8
(14)	8	4	8		4
(15)	5	2	3	4	
(16)	8	2	3	3	

	Erdogan	Murat 1	Murat 2	Necip	Önder
(13)	4	4; 8	8	4	4
(14)	4	8	4	8	4
(15)	3	8		8	4
(16)	8	8	8	4; 8	4

Nach dieser Wertung liegt Murat 1 absolut am höchsten, gefolgt von Gülcan. Trotzden verursachen die so positiv dastehenden Punkte ein Unbehagen, wenn man die Äußerungen betrachtet. Auch der numerische Vergleich befriedigt nicht, etwa wenn Necip und Önder für verschiedene Leistungsniveaus gleiche Punktzahlen bekommen, obwohl ja nicht der Lernfortschritt gemessen wird, sondern die Reproduktion.

Die qualitative Überprüfung ergibt, daß trotz weiterer Konfrontation mit Genitiven in schriftlichen Texten und in der Rede der Lehrerin diese Artikelform nicht nur nicht produktiv, sondern auch kaum rezeptiv erworben worden war. Es ist schwierig, eine Reihenfolge bezüglich der Qualität der Wiederholungen zu bilden. Auf der unteren Ebene waren Erdogan (e) und Gülizar (a) anzusiedeln, wobei aber sicher Gülizars schüchternes Lächeln und Erdogans schnelles Darüberhuschen als Angst vor dem Mißerfolg zu deuten sind und daher mindere Leistungen provozierten. Murat 2 (f) war noch nicht imstande und/oder nicht motiviert genug, deutsche Sätze korrekt zu paraphrasieren oder nachzusprechen. Önders (h) Sätze möchte ich insofern als Fortschritt deuten, als er keine Juxtapositionen mehr gebrauchte, sondern den weniger frequenten Dativ oder (wenn auch nicht korrekte) Präpositionalgruppen. Ali (c) hatte seinen Stand aus den vorherigen Versuchen nicht wieder erreicht,

Caner annähernd, auch wenn er eine (nicht ganz korrekte) Präpositionalgruppe als Paraphrase gebildet hatte, als seine Aufmerksamkeit von 'Unterpostmann' beansprucht wurde. Necips (g) Fehler gingen nach meiner Deutung mittlerweile auf eine gewisse Erfolgssicherheit zurück, an die er aber selbst nicht fest glaubte. Es fehlt (nach meiner begrenzten Kenntnis) an einer exakteren Methode, das Zwischenfeld der manifesten Vordergründigkeit und der dahinterliegenden Unsicherheit auszuloten. Nahide (k) brauchte die meisten Wiederholungen durch die Lehrerin und brachte trotzdem keine korrekten Sätze zustande, trotz ihrer allgemeinen Reproduktionsbereitschaft. Die höchste Trefferquote bei den Jungen zeigte Murat 1 (d) mit lauter exakten Wiederholungen. Verwirrend war aber sein erster Versuch (13d), weil dieser bewies, wie hartnäckig die fossilierten Wendungen sich der Überlagerung durch neue Strukturen widersetzen. Daß Gülcan (i) alle Sätze richtig wiederholte, lag nicht an einer mit Murat 1 vergleichbaren Beherrschung des Deutschen, sondern an Reproduktionswillen und Kurzzeitgedächtnis. Auch sie brauchte für die zwei ersten Sätze Wiederholungen. Es wäre also fehlinterpretiert, Gülcan aus dieser einen Leistung oberhalb von Necip anzusiedeln, weil deren Stile ganz unterschiedlich waren und eindimensional nicht erfaßt werden können. Insofern täuscht die numerische Übersicht.

Auch das Wort 'Unterpostmann' lieferte ein Indiz für die Sprachkompetenz der Kinder. Gülizar ersetzte es durch das normalsprachliche 'Briefträger' und bewies damit ihr Verständnis. Necip (15g) mußte zweimal ansetzen, um es zu produzieren. Önder vereinfachte es zu 'Postmann'. Diese Simplifikation bestand nicht nur im Auslassen eines Bestimmungsworts des Kompositums, sondern operierte gleichzeitig auf dem übergeneralisierten Wortbildungsmuster <Gegenstand + Mann>, vgl. 'Briefmann' bei Serkan, Kap. 3.1. oder 'Müllmann', 'Busmann'. Gülcan (15i) verschob das Genitivsuffix *-s* als Infix oder Fugungsmorph. Diese Verwirrung konnte eine Mischung aus struktureller Unsicherheit und Produktionsbedingungen sein. Nahide schließlich dekomponierte nach mehreren Anläufen das Kompositum in Präposition, (fehlerhaften) Artikel und Restkompositum, was keinen Sinn ergab.

Insgesamt gesehen, hatten die stark sprachmotivierten Kinder ihre Leistungen über ca. ein Jahr ausgebaut, indem sie unter Anleitung der korrekten Benutzung der Artikelformen näherkamen.

Den Lernerfolg der Kinder versuche ich über den gesamten Versuch in der folgenden Tabelle zusammenzufassen. Um einen Quotienten bilden zu können, zähle ich, wie oft ein Kind geantwortet hat, wieviel Punkte es dabei von wieviel möglichen erreicht hat, vergebe für die richtige Nominalgruppe nach falscher Form vorher einen Sonderpunkt und errechne aus dem Verhältnis der Gesamtpunktzahl zum Maximum für die richtigen Antworten den Prozentrang der Sprachrichtigkeit.

Name	Anzahl der Antworten	Punkte absolut	mögliche Punkte	Sonder-punkte	Punkte gesamt	%
Gülcan	9	54	64	-	54	84,4%
Gülizar	8	23	44	2	25	56,8%
Nahide	4	22	32	-	22	68,8%
Ali	8	37	52	1	38	73,1%
Caner	5	32	40	1	33	82,5%
Erdogan	11	37	72	-	37	51,4%
Murat 1	13	73	80	2	75	93,8%
Murat 2	5	28	40	-	28	70,0%
Necip	17	85	104	9	94	90,4%
Önder	11	39	72	-	39	54,2%

Diese Tabelle ist so zu lesen: Murat 2 ist 5mal aufgerufen worden (ungleich Zahl seiner freiwilligen Meldungen) und hat geantwortet. Dabei hat er in allen Versuchen zusammen 28 Punkte erreicht von 40, die für die betreffenden Sätze möglich gewesen wären. Einen Sonderpunkt für eine richtige Äußerung nach einer fehlerhaften bekommt er nicht. Seine Antworten liegen insgesamt bei einem Richtigkeitsanteil von 70 Prozent.

Im Vergleich sieht man, daß Murat 2 selten an die Reihe gekommen ist. Gleich wenige Äußerungen hat Caner, der im zweiten Versuch fehlte und im dritten Versuch nur zwei Sätze zum Nachsprechen bekam. Gründe für geringe Antwortzahl sind aber aus der Tabelle nicht ersichtlich. Der Vergleich weist Murat 1 als den erfolgreichsten Lerner aus, gefolgt von Necip durch dessen viele Sonderpunkte. Erdogan hat schlechter abgeschnitten als Önder; ihnen nahe ist Gülizar.

Abschließend soll zusammengefaßt werden, wie diese Entwicklungen gedeutet werden können.

6. Ergebnisse für Sprachlernen und Unterricht

All dies widerspricht eher dem Bild einer einheitlichen Sprachprogression je nach Sprachstand durch Unterricht. Bei ähnlichen Voraussetzungen in Biografie und Milieu hatten die Kinder ja auch schon in den zwei ersten Schuljahren unterschiedlich deutsch gelernt. Es spielen Leistungs- und Erfolgsmotivation in jedem einzelnen Lernbereich zusammen mit dem Integrationswillen eine Rolle, vgl. Caner. Bleibeabsichten allein reichen nicht, vgl. Önder sowie Erdogan.

6.1 Schwierigkeiten bei der Analyse zielsprachlicher Äußerungen

Für Lernende mit geringem Sprachkontakt und ohne Sprachlernerfahrung sind bestimmte Sprachstrukturen auf ungesteuertem Wege nur sehr schwer oder gar nicht erlernbar. Der Hauptgrund sind fehlende Selbst- und Fremdkorrekturen durch Hören der richtigen Sprachstruktur. Das heißt im Prinzip, daß der Lernende nicht einer Zahl von Sprachdaten eines Typs ausgesetzt ist, die nicht ausreicht, daraus eine interne Regel abzuleiten. Neue - und damit vielleicht weniger häufige - Strukturen werden auf der Folie vorhandener ziel-, aber auch muttersprachlicher Regeln und Strukturen interpretiert.[32] Die Unterscheidung, ob ein Fehler interferenz- oder lernphasenbedingt ist, ist im Einzelfall schwer zu treffen. Deswegen würde ich monokausalen Erklärungen eher skeptisch begegnen und ein wechselseitig sich verstärkendes Zusammenwirken mehrerer Komponenten für den Normalfall halten.

Beim Erkennen und Verarbeiten neuer Sprachstrukturen kategorisieren Schüler leicht fehl, wie wir gesehen haben. Folgende Fehler bei der Reproduktion von Strukturen erscheinen vor allem plausibel:

- Simplifikation. Durch Konzentration auf den Fokus werden in der Umgebung der neuen Struktur notwendige Äußerungsteile ausgelassen (1b), oder es werden hypotaktische Konstruktionen in Parataxe überführt (4a-f).
- antizipative Assimilation. Durch Konzentration auf einen Fokus weiter rechts im linear gesprochenen Satz wird dessen Struktur bereits weiter links angewendet, wo sie fehlerhaft ist (1a, 4d) Vielleicht hängt dies mit Interferenz aus dem Türkischen zusammen, wo abhängige Teile links stehen. Es könnte sich dabei aber nur um eine Intereferenz sehr allgemeiner Art handeln. Darüberhinaus begünstigt das Kurzzeitgedächtnis Foki links (Kopflastigkeit) eher als solche, die rechts stehen (Endlastigkeit).
- wechselseitige Hemmung durch Kontamination zweier Strukturen. Das Erkennen der neuen Struktur trifft zusammen mit dem Reaktivieren einer bekannten (nur einer funktional ähnlichen?) Struktur, so daß Merkmale von beiden miteinander gebraucht werden, obwohl sich diese Strukturen im Sprachsystem gegenseitig ausschließen (1a, 2a, b, 3, 4d).

Die Fähigkeit der Fokussierung an sich ist ein so wichtiger Faktor im Sprachlernprozeß (vgl. Necip als erfolgreichen Sprachlerner), daß Versprecher im Umfeld in Kauf genommen werden und höchstens beiläufig korrigiert werden sollten, zumal diese auch bei Muttersprachlern toleriert werden.

---

[32] So ist es im zweiten Schuljahr einigen dieser Kinder nicht gelungen, die deutsche Entscheidungsfrage als solche zu erfassen, wohl 1. weil sie außerstande waren, das türkische Fragemorphem *mi/mü/mu* in eine deutsche Stellungsregel zu übersetzen (Inversion, evtl. mit Klammerstellung der verbalen Teile) und 2. weil die deutsche Inversion für sie nicht als signifikant für irgendetwas erkannt wurde, denn Erststellung des Verbs gehört zu den typischen Merkmalen des Gastarbeiterdeutsch, vgl. hier Önder (10h): "Hab geseht die." Man beachte aber die häufige Elision des pronominalen Subjekts der 1. Pers. Sg., bei der Deutsche dann den Verbalteil diskontinuierlich und das Partizip unregelmäßig bauen: "Hab die gesehn."

6.2 Sensible Lernphasen

Nun zeigt die tägliche Beobachtung, daß die Sprachlernbereitschaft der Kinder in gewissen Phasen größer ist, in anderen geringer. Über die Abhängigkeit von der Tagesform habe ich schon gesprochen. Manches kann mit persönlichen Erfahrungen der Kinder (Geburt eines Geschwisters, schwierige Familiensituation usw.) zusammenhängen, die ich nicht immer im einzelnen kenne, aber auch mit dem Verlauf des Schuljahrszyklus oder auch mit dem Klima. Meßbar scheint mir das nicht zu sein. Solche Kausalzusammenhänge können meist nur interpretiert werden, und sie beziehen sich nicht nur auf eine Ursache. Dies verführt zu dem Gedanken, Montessoris Idee der 'sensiblen Phasen' des Kindes hier aufzunehmen, in denen dann auch Leistungs- und Erfolgsmotivation stärker wären. Dann wären sprachsensible Phasen solche, in denen die Lernenden aus den angebotenen Sprachdaten (input) neue Strukturen aufnehmen (intake), daraus Hypothesen bilden und überprüfen, daran durch neue Hypothesenbildung und Prüfung weiterarbeiten bis zum Erwerb der Struktur. Das würde sprunghafte Sprachentwicklungen erklären helfen, welche Krenn 1976 mit seiner 'Regelbündelhypothese'[33] zu fassen suchte. In unseren Beispielen befand sich Ali offenbar im Sommer in einer solchen sensiblen Phase, im Winter aber nicht mehr, während die Entwicklung von Caner und Murat 1 stetiger verlief durch das Ziel, in die Realschule überzugehen (was sich als nicht erfüllbar erwies). Gülizar zeigte sich im Sommer sprachsensibler als im Dezember, desgleichen Necip auf anderem Niveau.

6.3 Schulische Konsequenzen

Als einen Nachteil für das Sprachlernen auch bei größter Motivation erscheint mir das freiwillige oder auferlegte Verharren in der nationalen Gruppe, weil dadurch der Sprachkontakt auf das deutsche Lehrpersonal und den deutschsprachigen Unterricht beschränkt bleibt. Aufgrund dieser Ergebnisse sind Veränderungen des Modellversuchs vorgesehen, die die Schleusenfunktion dieser Klassen verstärken und frühzeitige Übergänge in Regelklassen ermöglichen sollen.

Eine andere mögliche Folgerung könnte sein, daß der Zweitsprachenunterricht in individualisierteren Formen angeboten werden müßte, etwa in Kleinstgruppen je wechselnder Zusammensetzung. So wichtig eine solche extrem individuelle Orientierung der Lehrer für das Sprachlernen sein kann und so nützlich sie in Förderstunden ist, so bedenklich erscheint sie mir auf ganze für die Entwicklung der Klasse und des sozialen Verhaltens, weil dadurch die Inbesitznahme eines Lehrers und die Rivalität unter den Schülern noch verstärkt werden könnten. Individuelle Orientierung während des Unterrichts sollte eingebettet sein in den Rahmen einer sozialen Bezugsnorm. Das bedeutet, daß Lehrer, während

[33] Krenn 1976, Bes. S: 125 und 132 ff.

sie einerseits auf die einzelnen Schüler eingehen, jedem doch auch die Ansprüche aller Kinder bewußt halten.

Für die Lehrer allerdings ergibt sich eine anspruchsvolle Forderung: Zweitsprachenlehrer müßten in die Lage versetzt werden, ihre Schüler individuell beobachten und 'sensible Sprachlernphasen' diagnostizieren zu können und mit jeweils besonderen Lernangeboten zu reagieren. Das setzt Interesse am einzelnen Schüler sowie gründliche Kenntnis der Sprache und des Spracherwerbs voraus. Übungsmaterialien liegen mittlerweile reichlich vor, ihr Einsatz sollte zur "optimalen Passung" führen. Das erfordert Sprachbeobachtung. Da manche grammatische Strukturen, zum Beispiel das Kasussystem und besonders die selteneren Kasus, auf natürlichem Wege nicht oder nur lückenhaft erworben werden, folgt als erstes, daß diese durch Unterricht vermittelt werden müssen , um Fehlinterpretationen und damit hartnäckige Sprachfehler zu vermeiden.

Vorrangiges Ziel der Lehrer(fort)bildung müssen demnach Aspekte sein, denen die Unterrichtsforschung ihr Interesse zuwendet: Lernprozesse der einzelnen Schüler.

6.4 Messen und Deuten des Sprachlernens türkischer Kinder

Über mein Unbehagen an den eigenen unzureichenden Meßversuchen hinaus besteht wohl eine generelle Schwierigkeit, sprachlichen Lernfortschritt in einzelnen Bereichen zu messen, denn das Eingangsniveau bleibt diffus; mündliche Äußerungen unterliegen vielen persönlichen und situativen Einflußfaktoren, die nicht kontrollierbar sind; es ist zwar ein allgemeiner Sprachlernfortschritt feststellbar, aber kein am behandelten Phänomen kontrollierbarer. Daß die Kinder durch ihr Verhalten sich dem Testen und Messen eher entziehen als es zu begünstigen, wurde oben in Kap. 1.3. schon gesagt.

Man könnte hier noch weitergehen und den Sprachlernfortschritt numerisch erfassen: die Textlänge am Anfang und am Ende des Schuljahrs (vgl. Caner), das Setzen von Artikeln überhaupt, den Gebrauch des Dativs, die Differenzierung der Präpositionen, den Gebrauch und die Art des Anschlusses von Attributen. Im Zusammenhang der Didaktik scheint mir hier jedoch eine Gefahr zu bestehen: daß nämlich durch solche Übersichten der individuelle Schüler in seiner persönlichen Spezifik eher verdeckt als erkannt wird. Tabellen veranlassen zum Vergleichen, Vergleiche zu Reihenfolgen, die oft absolut genommen werden. Dadurch wendet sich die Aufmerksamkeit der Untersuchenden ab von der Art der Produktionsversuche, die über ablaufende Prozesse Aufschluß geben kann und für das einzelne Kind qualitativ auf dem Hintergrund seines Niveaus zu interpretieren sind.

6.5 Für eine differentielle Betrachtung der Schülerpersönlichkeiten

Obwohl die Schüler meiner Untersuchung von ihrer Biografie, ihren sozialen Daten, Lernerfahrungen und vom Sprachstand her nur geringfügige Unterschiede aufwiesen, also eigentlich eine homogene Gruppe bildeten, die nach der vierten Klasse geschlossen in die Hauptschule überging, lassen sich die eingangs gestellten Fragen zum Lernen nicht für alle gleich beantworten. Folgende Punkte erschweren allgemeinere Schlüsse und Prognosen:

- Die zehn vorgestellten Schüler (aber zum Beispiel auch Serkan) haben sich in ihrem Lernverhalten im Beobachtungszeitraum von drei Jahren immer wieder verändert. Bei den Versuchen hier sieht man an Ali am deutlichsten, daß er zu verschiedenen Zeitpunkten verschieden reagiert. Deswegen scheint es mir wichtig, die für das Lernen des einzelnen Schülers sensiblen Phasen zu erkennen.
- Die Schule und in unserem Beispiel der Sprachunterricht stellen nur einen kleinen Teil des Lernumfelds der Schüler dar. Die (wenigen) Kontakte mit Muttersprachlern und die (häufigeren) Kontakte zu anderen Ausländern sowie die (wechselnden) Einstellungen der Eltern zur deutschen Schule erfordern immer wieder die Anpassung der Interpretation von Lernverhalten an diese Variablen.
- Schüler sind keine einheitlichen Persönlichkeiten. Wir haben sie hier beim Auffassen einer grammatischen Struktur beobachtet, aber darauf hingewiesen, daß sie sich in anderen Bereichen ganz anders verhalten: Nahide ist beim Nachsprechen nicht so exakt wie bei schriftlichen Reproduktionen, im Gegensatz zu Murat 1, der schwierige Sätze fehlerlos nachsprechen, jedoch kaum ein Wort fehlerlos (ab)schreiben kann. Desgleichen ist die Leistungs- und Erfolgsmotivation nicht in allen Arbeitsbereichen gleich und darf nicht nach vordergründigen Äußerungen beurteilt werden.

Daraus ergibt sich, daß jede Diagnose den betreffenden Schüler unter mehreren Aspekten erkennen muß und daß sie immer nur vorläufig sein kann. Infolgesessen plädiere ich für eine differentielle Betrachtung der Schüler im Lernverhalten und für pluralistische Erklärungsversuche dieses Verhaltens, sowie Abdallah-Pretceille 1987, S. 93 es für den kulturellen Bereich insgesamt tut:

> "... toute tendeance de réduction du réel à un seul type d'interprétation, ici le culturel, est à refréner."

Unter Berücksichtigung dieser Warnung lassen sich auf die Eingangsfragen einige Antworten finden, die in dieser Allgemeinheit aber nicht neu sind:

- Was wird gelernt? Inhaltliches wird vor Formalem gelernt, häufig Gehörtes wird vor weniger Häufigem analysiert und gelernt. Die Quantität und die Qualität des Sprachkontaktes spielen dabei eine Rolle. Schon (falsch) Gelerntes widersetzt sich beharrlich dem Neulernen, fossilierte Fehler sind kaum zu beseitigen. Im sprachstrukturellen Bereich sind vor allem homonyme Formen schwierig zu lernen.
- Wie wird gelernt? Durch Aufmerksamwerden auf einen Fokus, durch Vergleich mit bereits Bekanntem, durch Hypothesenbildung und durch Selbst- und Fremdkorrektur, bis die Aufmerksamkeit erlahmt oder keine Korrektur mehr erfolgt. Dabei kann die Konzentration auf den Fokus zu Fehlleistungen im Umfeld führen, die bei sprechbereiten Kindern zunächst zu tolerieren sind.

- Sprechen Schüler auf unterschiedliche Angebote an? Zurückhaltendere und konzentrationsfähige Schüler wie Gülcan und Nahide brauchen visuelle Stützen und sprechen auf schriftliche Angebote an, spontane und sprechbereite Schüler wie Necip und Murat 1 sprechen meist auf mündliche Angebote an. Extravertierte und konzentrationsschwache Schüler wie Erdogan melden sich zwar auf mündliche Angebote hin, können diese aber manchmal nicht bearbeiten. Mißerfolgsbezogene Schüler wie Önder brauchen zu jedem Versuch neue Aufmunterungen und verstärken oft durch neue Mißerfolge ihre Resignation. Wenig sprechbereite, aber begabte Schüler mit unterschiedlichem Leistungswillen wie Murat 2 sind schwer kalkulierbar.
- Gibt es bestimmte Lernertypen? Unter den beobachteten Kindern gab es solche, die schnell und solche, die langsam reagierten. Dabei hing die Geschwindigkeit nicht mit der Beständigkeit des Lernens zusammen. Beispiel für einen langsamen und beständigen Lerner ist Caner; Beispiel für einen Lerner, der oft (nicht immer) schnelle und nicht korrekte Versuche macht, ist Erdogan; langsam und nicht korrekt Önder; Ali meist langsam, manchmal schnell, manchmal korrekt, oft nicht; Gülizar immer langsam, auf Probleme nicht reaktionsfähig, sondern nur auf Lernfakten. Nahide und Caner lernen durch fleißiges Üben, Murat 1 und Necip durch Mitdenken. Önder lernt wenig, weil er weder konzentriert mitdenkt noch übt. Verbleiben die Schüler, die nicht üben und sich nur gelegentlich konzentrieren.
- Ist aus Beobachtungen das Lernverhalten prognostizierbar? Prognosen müßten neben der altersgemäßen Entwicklung der Schüler das soziale Umfeld und seine Entwicklung berücksichtigen. Das fällt bei einer Gruppe besonders schwer, bei der unsichere Verweildauer im Immigrationsland sowie Kultur- und Sprachkonflikte normal sind und damit verbundene Mißerfolge. Durch den Schulwechsel verändert sich die Altergruppe der Kinder, an der sie sich orientieren, und das bedeutet wieder einen Unsicherheitsfaktor für Prognosen. Zum Beispiel müßte aus Caners stabiler Motivation und steigender Leistung über eineinhalb Schuljahre ein beständiges Lernverhalten prognostizierbar sein, das aber durch die Enttäuschung, die Realschule nicht zu erreichen, in Resignation und Mißerfolgsmotivierung umschlagen kann. Mit anderen Worten: Die Faktoren, die das Lernverhalten beeinflussen, lassen sich nennen, doch können sie nicht über längere Zeitspannen stabil gehalten oder gar als Prädiktoren gedeutet werden. Das Sprachlernverhalten dieser Schülerpopulation ist nur über recht kurze Fristen prognostizierbar, jedenfalls in Lernbereichen ohne kursmäßige Abfolge.

Literatur

Abdallah-Pretceille, Martine (1987): L'interculturel comme approche méthodologique; in: Migrants formation 69. S. 91 - 94.

Apeltauer, Ernst (1985): Verbale und nonverbale Bewertungshandlungen türkischer und deutscher Grundschullehrer im Unterricht mit türkischen Schülern; in: Jochen Rehbein (Hrsg.): Interkulturelle Kommunikation. Kommunikation und Institution 12. Tübingen, Narr Vlg. S. 242 - 257.

Apeltauer, Ernst (1987): Einführung in den gesteuerten Zweitsprachenerwerb; in: Ernst Apeltauer: Gesteuerter Zweitsprachenerwerb - Voraussetzungen und Konsequenzen für den Unterricht. München, Hueber Vlg. S. 9 - 52.

Börsch, Sabine (Hrsg. 1987): Die Rolle der Psychologie in der Sprachlehrforschung. Tübinger Beiträge zur Linguistik Bd. 280. Tübingen, Narr Vlg.

Boos-Nünning, Ursula/ Ingrid Gogolin/ Margret Vollerthun (1985): Sind Tests der richtige Weg zur Sprachstandfeststellung bei ausländischen Schülern? in: Ausländerkinder 22. S. 37 - 58.

Chrysakopoulos, Christos/ Ingelore Oomen-Welke (1986): Griechische und türkische Muttersprachenklassen; in: Diskussion Deutsch 90. S. 389 - 401.

Clahsen, Harald/ Jürgen M. Meisel/ Manfred Pienemann (1983): Deutsch als Zweitsprache - Der Spracherwerb ausländischer Arbeiter. Language Development 3, Tübinger Beiträge zur Linguistik Series A. Tübingen, Narr Vlg.

Coburn-Staege, Ursula u.a. (1984): Sprachliche und soziale Verhaltensmuster türkischer und pakistanischer Kinder in mulitieth(n)ischen Klassen; in: Ausländerkinder 16. S. 18 - 39.

Corder, S.P. (1967: The significance of learner's errors; Error Analysis - Perspektive on second language acquisition. London, 1974. S. 19 - 30.

Ehlich, Konrad/ Bernd Switalla (1976): Transskriptionssysteme - Eine exemplarische Übersicht; in: Studium Linguistik 2, S. 78 - 105.

Ersen-Rasch, Margarete J. (1980): Türkisch für Sie - Grammatik. München, Hueber Vlg.

Gogolin, Ingrid (1984): Lehrer als Tester; in: Hans H. Reich/ Franz Wittek (Hrsg.): Migration - Bildungspolitik - Pädagogik. Publikation alfa. Essen. S. 151 - 170.

Hofer, Adolf (1977): Neue Beiträge zum Erstleseunterricht: Linguistik - Psycholinguistik - Lerntheorie und curriculare Didaktik; in: Kurt Meiers/Erwin Schwartz (Hrsgg.): Lesenlernen - das Lesen lehren. Beiträge zur Reform der Grundschule Bd. 30/31. Frankfurt a. M. S. 323 - 341.

Klein, Wolfgang (1984): Zweitspracherwerb. Athenäum - Tb Linguistik 2171. Königsstein/Ts.

Klein, Wolfgang/ Bernd-Olaf Rieck (1982): Der Erwerb der Personalpronomina im ungesteuerten Spracherwerb; in: Lili 45. S. 35 - 71.

Krenn, Herwig (1976): Beobachtungen zur syntaktischen Entwicklung eines zweijährigen Kindes; in: Gabarell Drachmann (Hrsg.): Akten des 1. Salzburger Kolloquiums über Kindersprache, Salzburger Beiträge zur Linguistik 2. Tübingen, Narr Vlg. S. 123 - 137.

Kühn, Peter (1979): Der Grundwortschatz - Bestimmung und Systematisierung. Reihe Germanische Linguistik 7. Tübingen, Niemeyer Vlg.

List, Gudula (1987): Die Rolle der Psychologie in der Sprachlehrforschung; in: Sabine Börsch (Hrsg.): Die Rolle der Psychologie in der Sprachlehrforschung. Tübinger Beiträge zur Linguistik Bd. 280. Narr Vlg. S. 17 - 36.

Luchtenberg, Sigrid/ Hans-Joachim Neumann/ Manfred Wespel (1982): Informeller Test zur Sprachstandsdiagnose bei ausländischen Kindern und Jugendlichen, in: Ursulas Coburn-Staege u.a.: Türkische Kinder in unseren Schulen - Eine pädagogische Herausforderung. Stuttgart, Klett Vlg. S. 134 - 176.

Meisel, Jürgen M. (1980): Linguistic simplification; in: Sascha W. Felix (Hrsg.): Second language development. Tübinger Beiträge zur Lingusitik 125. Tübingen, Narr Vlg. S. 13 - 40.

Meyer-Ingwersen, Johannes / Rosemarie Neumann / Matthias Kummer (1977): Zur Sprachentwicklung türkischer Schüler in der Bundesrepublik Bd. 1. Scriptor-Tb 105. Kronberg/Ts.

Mayring, Philipp (1988): Neuere Ansätze qualitativer und interpretativer Analyse - Ihre Bedeutung für die Unterrichtsforschung; in diesem Band.

Nelson, Keith E. (1981): Towards a rare-event cognitive comparison theory of syntax acquisition; in: P. S. Dale/D. Ingram (Hrsgg.): Child Language, An International Perspective. Baltimore, University Press. S. 229 - 240.

Oomen-Welke, Ingelore (1985a): Erfahrungen mit türkischen Jungen und Mädchen in der Grundschule; in: Praxis Deutsch 73. S. 28 - 39.

Oomen-Welke,Ingelore (1985b): Innenansicht einer Türkenklasse: Erfahrungen und Reflexionen aus der Arbeit in einem 'nationalen Modell'; in: Deutsch lernen 2. S. 3 - 45.

Oomen-Welke, Ingelore (1987): Türkische Grundschüler erzählen und schreiben: "da macht der raus - Er riß den Baum aus"; in: OBST 36. S. 110 - 132.

Oomen-Welke, Ingelore/Zeki Şen (1986): Modellversuch 'türkische Grundschulklasse in Baden-Württemberg'; in: Projekt Ausländerkinder in der Schule - Studienmaterialien für türkische und deutsche Lehrerinnen und Lehrer. Bd. 2: Muttersprachlicher Unterricht, hg. v. Atilla Yakut und Gabriele Steffen. Tübingen, Deutsches Institut für Fernstudien 1986. S. 171 - 175.

Rahmenvorgaben Schulversuch Muttersprachliche Klassen für türkische Schüler der Grundschule, hg. v. Ministerium für Kultus und Sport Baden-Württemberg. Suttgart, März 1985. (Hektogramm, 2. überarbeitete Aufl.)

Schmalt, Heinz-Dieter (1988): Über den Einsatz des LM-Gitters zur Messung der Leistungsmotivation in Schul- und Unterrichtssituationen; in diesem Band.

Sen, Zeki (1984): Probleme der Zweisprachigkeit Heft C: Sprachvergleich Türkisch - Deutsch; hg. v. d. Landesstelle für Erziehung und Unterricht Baden-Württemberg, Stuttgart.

Spies, Otto (1967): Türkische Volksmärchen, Märchen der Weltliteratur, Düsseldorf, Diederichs Vlg.

Türkische Märchen s. Spies.

Stölting, Wilfried (1987): Affektive Faktoren im Fremdsprachenerwerb; in: Ernst Apeltauer: Gesteuerter Zweitsprachenerwerb - Voraussetzungen und Konsequenzen für den Unterricht. München, Hueber Vlg. S. 99 - 110.

Stork, Heinrich (1988): Stufen der kognitiven Entwicklung nach Piaget und ihre mögliche Berücksichtigung im naturwissenschaftlichen Unterricht; in diesem Band.

Todt, Eberhard (1988): Erfassung von Interessen gegenüber Physik und Technik; in diesem Band.

Wilms, Heinz (1984): Deutsch als Zweitsprache - Grenzen des Sprachunterrichts; in: Deutsch lernen 4. S. 25.

Wode, Henning (1981): Learning an second language I. An integrated view of language acquisition. Language development 1. Tübinger Beiträge zur Linguistik Series A. Tübingen, Narr Vlg. 2. Aufl. 1983.

Zimbardo, Philip G. (1967): Lehrbuch der Psychologie. Bearb. u. Hrsg. v. W. F. Angermeier/J. C. Brengelmann/Th. J. Thiekötter. Heidelberg, Springer Vlg. [3]1978.